# 現代税務会計論

## 第7版

Tax Accounting

成道秀雄 [監修]　坂本雅士 [編著]
Narimichi Hideo　Sakamoto Masashi

中央経済社

# 監修のことば

　抜本的な税制改革といえば「公平，中立，簡素」を目指すことになりますが，そのうちの簡素化が昭和41年度の税制改正で進められ，法人の課税所得の計算は，会計制度や会計慣行をベースとすることが法制化されました。要するに税務会計は企業会計に多くを依存しているので，企業会計を相応に修得していれば，それほど怖がる相手ではなかったのです。

　しかし，現在に至っては国際会計基準，国内会計基準（企業会計原則を含む），中小会計指針，中小会計要領等いくつもの会計基準が混在するようになり，どの会計基準に軸足を置けばよいか迷ってしまうこともあります。また，平成14年度の税制改正で新たに連結納税制度が創設され，法人単体だけでなく法人グループで活動するケースへの税務対応も進められてきました。単純にいうと単体納税のみと比較して連結納税が加わったことで，条文の数が倍近くになってしまったのです。さらに多国籍企業の海外への事業展開に伴って国際的な租税回避を防止するための措置も，国内税法だけでなく各国間の協調のもとに租税条約等で講じられてきています。将来的には，国際税務会計基準を構築すべきとのコンセンサスのもとに，新たな研究領域に発展していくかもしれません。

　結局のところ，税務会計は簡素化どころか，複雑化，精緻化の方向にあります。しかし，考えてみてください。現在，株式会社の数は約250万社ですが，そのうちの99％以上は資本金が1億円以下の，いわゆる中小法人です。現在は冠たる大法人であっても，元はといえば零細な同族会社であったはずです。

　それゆえ，本書では，中小法人のための基礎的な税務会計を中心としつつ，デジタル化をも見据えての外国法人との取引や，将来的には海外進出を目論む中小法人に役立つ国際課税を扱った章も設けました。

　是非，本書を中小法人の経理担当者はもとより，これから大法人の経理担当となられる方が机上に置いて活用されることをお勧めします。また，税理士や公認会計士の資格取得を目指している人には受験用のテキストとなるだけでなく，税務会計の本質を知るという意味で極めて有用な著書です。もちろん，大学での講義用のテキストとしても有用であることは言うに及びません。

　本著の執筆者は坂本雅士 立教大学教授を中心にして学識者，実務家として第一線で活躍されている方々です。決して読者の期待を裏切らない内容と自負しています。

　　　　　　　　　　　　　　　　　　　　成蹊大学名誉教授　**成道　秀雄**

# はしがき

「税務会計は非常に難しいということをよく耳にします。」

　これは，本書の前身『税務会計論』（新井益太郎監修，成道秀雄編著，1999年初版発行）の「はしがき」に成道秀雄先生がしたためた冒頭の一節です。その声は，20年余り経った今でも変わらないといえるでしょう。

　大きな理由として，税務会計を学ぶには簿記や会計学の知識が前提になることが挙げられます。そのうえで，法人税法をはじめとする税法を修得しなければなりません。必然的に，税務会計は会計学の応用領域，あるいは発展科目と位置づけられ，多くの大学で3年次以降に配置されています。

　さらに，税務会計の学習を困難ならしめていることに，近年の税務会計領域の変容と拡大が挙げられます。1990年代後半以降，経済および企業のグローバル化の進展によって，税務会計の内容は企業会計との関係をはじめ大きく様変わりしました。また，毎年の税制改正により，法人税法の範囲は拡大の一途を辿り，国内税制の整備や国際課税の進展には目覚ましいものがあります

　本書は，このような「現代」の税務会計を学ぶための入門書です。初学者を対象に，税務会計の基礎的な概念や考え方，税務処理を理解できるように編まれています。基本的な内容に多くを費やし，税法規定には深入りすることなく最小限の記述にとどめるよう配慮しました。なお，本書は入門書を謳ってはいますが，ところどころに研究の成果を織り込んでいます。これは，研究と教育は表裏一体をなすという考えからです。本書では税務会計領域を大きく4つに分けていますが，このアプローチも，筆者が座長を務めた統一論題報告「グローカル時代の税務会計」（日本会計研究学会第75回大会，2016年）から着想を得たものです。

　本書の利用にあたっては，まず，序章を読み，税務会計という学問に触れ，その見取り図を描いてみましょう。この作業により，税務会計を学ぶうえで欠かせない基礎知識を身につけ，その後の学習項目をマッピングすることができます。5部構成となっている各パートの扉頁には，「学習の動機づけ」を置い

てあります。学習内容が簡潔にまとめられ，そのパートを俯瞰できるように
なっているので，本書を読み進める際の一助にしてください。また，テキスト
中のCOLUMNには，本文の内容とリンクする重要論点や最新の内容を盛り込
みました。こういった本書の特徴が，税務会計を学ぼうとする読者にとって，
少しでもお役に立てば幸いです。

　本書の執筆者は皆，新井益太郎先生，または武田昌輔先生の弟子，あるいは
孫弟子にあたります。お二人の先生方からの学恩に深謝しつつ，監修の労を引
き受けていただきました成蹊大学特任教授 成道秀雄先生に執筆者を代表しま
して心より感謝の意を表します。こうして「はしがき」を綴っていると，前身
の書で，先生のお計らいにより執筆者の末席に加えていただいた時のことが想
起されます。その後，今に至るまで先生の温かいご指導があったからこそ，本
書を書き上げることができたと感謝しております。

　なお，資料の整理や校正などは，立教大学大学院経済学研究科大学院生（博
士後期課程）の平松智史君と髙橋絵梨花の協力を得ました。

　最後に，本書の出版にあたって中央経済社会計編集部の田邉一正氏に大変に
お世話になりました。心より御礼申し上げます。

平成30年3月

編著者　坂本　雅士

## 第7版　はしがき

　読者の皆様にご支持いただき，第7版を刊行することができました。執筆者
一同，心より御礼申し上げます。令和6年度税制改正に合せて記述内容を見直
すと共に，各項目やCOLUMNについて改善を試みました。なお，改訂作業に
当たり，立教大学大学院経済学研究科大学院生（博士後期課程）の吉原一帆君
と松永真理子君の協力を得ました。今後も本書が活用されることを願っており
ます。

令和6年2月

編著者　坂本　雅士

# 目　　次

## 第Ⅱ部 ● 国内税制の整備

# 第❷章　グループ通算制度 ——————————————— 180

## 第Ⅲ部 ● 国際課税の進展

# COLUMN

# 索　引・272

## ◆凡　例

法法‥‥‥法人税法
法令‥‥‥法人税法施行令
法規‥‥‥法人税法施行規則
法基通‥‥法人税基本通達
措法‥‥‥租税特別措置法
措令‥‥‥租税特別措置法施行令
措通‥‥‥租税特別措置法関係通達（法人税編）
耐省‥‥‥減価償却資産の耐用年数等に関する省令
所法‥‥‥所得税法
国通法‥‥‥国税通則法
国徴法‥‥‥国税徴収法
租特透明化法‥‥‥租税特別措置の適用状況の透明化等に関する法律
民‥‥‥‥‥民法
会社‥‥‥会社法
金商法‥‥金融商品取引法
財務諸表等規則‥‥‥‥財務諸表等の用語，様式及び作成方法に関する規則
財規ガイドライン‥‥‥‥「財務諸表等の用語，様式及び作成方法に関する規則」の取扱いに
　関する留意事項について
**＊引用例**
　法令32①三　→　法人税法施行令第32条第1項第3号
　法基通2-1-2　→　法人税基本通達2-1-2

# 序 章

# 税務会計を学ぶにあたって

**学習の動機づけ**

　税務会計を義務づけられる企業は他の会計分野（金融商品取引法会計，会社法会計）に比べ，圧倒的に多く，その社会的需要は高いといえます。とりわけ企業実務に携わっている方々には必須の知識です。その一方で，税務会計は難しいという声もよく耳にします。税務会計を学ぶには，法人税法のみならず，簿記や会計学の知識も必要になるからです。「税の勉強をするのに，なぜ簿記が必要なの？」と思う人もいることでしょう。その理由は，法人税の課税所得の計算構造にあります。法人税法では，課税所得の計算原理の相当部分を企業会計の慣行に委ねているのです。

　さらに拍車をかけているのが，昨今の税務会計をめぐる状況です。1990年代後半以降，税務会計の内容は企業会計との関係をはじめ大きく様変わりしました。また，毎年の税制改正により法人税法の範囲は拡大の一途を辿り，国内税制の整備や国際課税の進展には目覚ましいものがあります。

　序章では，税務会計を学ぶための出発点として，税務会計の内容と歴史を概観し，本書がとるアプローチと各章の位置づけを確認します。

## 第1 ● 税務会計とは ～学際的領域を学ぶために～

### (1) 税務会計と企業会計

　税務会計とは法人税法上の課税所得を計算するための会計であり，一般的には制度会計の一類型と理解されている。制度会計としては，さらに金融商品取

引法会計と会社法会計があり，両者を合わせて企業会計という。このような３つの制度会計が，各法における会計包括規定（金商法193，会社431，614，法法22④）を根拠に密接に結びついている。

金融商品取引法会計が開示の対象とするのは株主を中心とする一般投資家で，投資判断に必要な経営成績や財政状態を開示して株主等の意思決定を誤らせないことを使命としている。また，会社法会計は適正な配当可能利益を算定し，債権者や株主の保護を図っている。債権者にとって十分に担保力のある財産が保全されているか，あるいは株主にとって拠出資本が効率よく運用され，かつ維持されているかが重要な関心事である。税務会計は，税務当局に対して，課税の公平性から，適正な租税負担能力を表した課税所得を明らかにすることを目的としている。

現在，わが国の申告普通法人数は約287.4万社である（『第147回　国税庁統計年報（令和３年度版）』令和４年）。そのうち金融商品取引法会計によってディスクロージャーが要求されるのは約4,000社にすぎない。また，会社法は営利を目的とする会社に適用されるが，利害関係者が少ないために会社法会計を厳格に実施しているとはいえない中小企業もある。これに対して，営利目的の会社はもちろんのこと，非営利組織も収益事業を営む場合には納税申告義務を免れることはできないので，税務会計に対する社会的需要は企業会計よりも大きいといえる。法人の種類と課税内容をまとめると**図表序－１**のとおりである。

## (2) 法人税法上の所得概念

法人税法では，担税力を増加させる経済的利得はすべて所得を構成するという考え方をとっており，原則としてその源泉を問題にしない。したがって，反復的・継続的利得のみならず，一時的・偶発的・恩恵的利得も所得に含まれることとなる。このような考え方を包括的所得概念（純財産増加説）という。なお，これとは対照的に，一時的・偶発的・恩恵的利得を所得の範囲から除外す

**図表序－1　法人の種類と課税内容**

| 法人の種類 | | | 申告法人税（単位:万社） | | 各事業年度の所得に対する法人税 | 退職年金等積立金に対する法人税 |
|---|---|---|---|---|---|---|
| 内国法人 | 普通法人（法法2九） | 株式会社　合名会社合資会社　合同会社医療法人　等 | 287.4 | ⇨ | 各事業年度の所得すべてに課税（法法4，5） | 退職年金業務等を行う法人に課税（法法8） |
| | 協同組合等（法法2七） | 農業協同組合消費生活協同組合漁業協同組合　等 | 4.2 | | | |
| | 人格のない社団等（法法2八） | 同窓会　PTA同業者団体　等 | 2.4 | ⇨ | 収益事業から生じた所得に課税（法法4①ただし書） | |
| | 公益法人等（法法2六） | 宗教法人　学校法人社会福祉法人　等 | 5.8 | | | |
| | 公共法人（法法2五） | 地方公共団体国立大学法人　等 | － | ⇨ | | 非課税（法法4②） |
| 外国法人 | 普通法人 | | 0.5 | ⇨ | 国内源泉所得に課税（法法4③） | 退職年金業務等を行う法人に課税 |
| | 人格のない社団等 | | | ⇨ | 国内源泉所得のうち収益事業から生じた所得に課税（法法4③） | |

（注1）退職年金等積立金に対する法人税は，現在課税が停止されている（措法68の5）。
（注2）上記の他に，法人課税信託についてはその受託者に対して法人税が課される（法法4の6）。
（注3）公共法人は法人税法別表第一に，公益法人等は同第二に，協同組合等は同第三に，それぞれ27，110，34名称が掲げられている。

る考え方を制限的所得概念という。

　今日では，包括的所得概念が一般的に支持されているが，その理由として，一時的・偶発的・恩恵的利得であっても，利得者の担税力を増加させるものである限り，課税対象とすることが公平負担の要請に合致することが挙げられる。また，すべての利得を課税対象とし，累進税率を適用することにより，所得税の再分配機能を高めることができ，さらに，所得の範囲を広く構成することによって所得税制度のもつ景気調整機能も増大する。なお，実際の課税所得計算では，包括的所得概念をそのまま用いてはいない。後述する租税原則や租税政策上の理由から，包括的所得概念に修正が加えられている。

4

**COLUMN❶　租税研究のアプローチ**

　租税研究にはさまざまな学問分野からのアプローチがあります。本書で取り上げる会計学からのアプローチ（税務会計）はそのうちの1つにすぎません。そのほかにも，法律学からのアプローチ（租税法）や経済学からのアプローチ（財政学，租税論）もあり，それぞれ内容を異にしますが密接な関連を有しています。

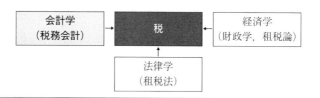

**COLUMN❷　不当利得も所得？**

　違法な行為によって得た収入も課税されるのでしょうか。たとえば，金融業者が債務者から不法な利息（利息制限法違反のため無効）を受け取ったケースです。裁判所は民法上無効な収入であっても返還請求がされるまでは当人の収入として返還されることはないので，これを所得と認定しても差し支えはない，と判断しています（最判昭和46年11月9日民集25巻8号1220頁）。このように包括的所得概念のもとでは合法な利得のみならず，不当な利得も課税対象になるのです。

## (3)　法人税の課税所得の計算構造

　法人税法では，課税所得の算定を税法だけで完結的，網羅的には定めておらず，むしろ，その相当部分を企業会計の慣行に委ねている。よって，税務会計を学ぶためには，法人税法のみならず，簿記や会計学の知識が必要になる。

　このことを端的に表している条文が法人税法22条4項であり，法人の収益・費用等の額は「別段の定め」があるものを除き，「一般に公正妥当と認められる会計処理の基準」（公正処理基準）に従って計算される。同条項は，法人の各事業年度の所得の計算が原則として企業利益の算定の技術である企業会計に準拠して行われるべきこと（企業会計準拠主義）を定めた基本規定と位置づけられる。

　なお，公正処理基準とは，一般社会通念に照らして公正で妥当であると評価されうる会計処理の基準を指す。もっとも，公正処理基準によってのみ法人の所得金額が算定されるわけではない。図表序-2のように，実際には，法人税法や租税特別措置法の規定によって，準拠すべき公正処理基準が大幅に制限を

受けている。

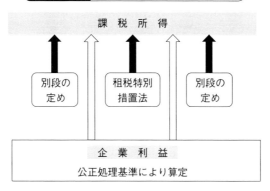

図表序－2の「別段の定め」が法人税法の規定である。「別段の定め」は，主に租税原則や租税理論からの要請により設けられている。また，特定の政策目標を達成するため，税制上の特例として租税を減免，あるいは増徴する措置として，租税特別措置法の規定が置かれている。公正処理基準により算定された企業利益をベースに「別段の定め」による調整を行って本質的な課税所得が計算され，さらに租税特別措置法等による調整によって包括的な課税所得が計算される。それゆえ，税務会計を学ぶということは，「別段の定め」の本質を学ぶといっても過言ではない。

　なお，法人税法と租税特別措置法には，細かい取扱いや手続きを規定する施行令や施行規則がそれぞれ定められている。施行令は内閣が制定する「政令」，施行規則は各省大臣が制定する「省令」である（図表序－3参照）。

　ところで，なぜ法人税法は課税所得の算定について完結的，網羅的に規定を用意せず，その大部分を企業会計に委ねているのだろうか。それは，そうすることで税制の簡素化につながるからである。課税庁の立場からは，必要最小限度の税法独自の計算原理を規定することで足り，また，納税者（企業）にとっても二度手間を省くことができ，会計処理の煩雑さを解消することができる。

　諸外国においても，程度の差こそあれ，企業会計準拠の計算構造を確認できる。課税ベースを所得に求める限り，その算定の基礎を共通の観念である法人の利益に求めるのは当然ともいえよう。法人所得課税の根底には企業会計に基

**図表序－3　法人税法と租税特別措置法の体系**

（注）このほかに国税に共通する基本的な事項を定めた通則法として国税
通則法，国税徴収法，国税犯則取締法がある。法人税法に特別の定め
がない限り，通則法の規定によることになる。法人税法は通則法に優
先して，租税特別措置法は法人税法に優先して適用される。

づくという自然な前提が存在している。

---

**COLUMN❸　税務会計は会計学？　それとも税法？**

　税務会計は，会計学と法律学（税法）という異なる学問分野にまたがる領域です。この
ように2つ以上の科学の境界領域にあることを学際（interdisciplinary）といいます。税
務会計の学習にあたっては，会計学のみならず，法律学からの視点（どのように条文を解
釈するか：解釈論，どのような法律を制定するか：立法論）も大切にしなければなりません。

---

▷　公正処理基準について詳しく（☞第Ⅰ部第1章第1(3)）

▷　租税法の解釈について詳しく（→第Ⅰ部第1章第2　COLUMN❾，同第7
COLUMN⓮）

▷　租税原則について詳しく（☞第Ⅰ部第1章第3(1)）

▷　「別段の定め」と租税特別措置法について詳しく（☞第Ⅰ部第1章第3，第2章，第3章）

## (4)　条文の流れと実際の計算

　ここまでの内容を法人税法の条文で確認してみよう。「各事業年度の所得の
金額の計算の通則」は法人税法22条に定められており，内国法人の各事業年度
の所得の金額は，当該年度の益金の額から損金の額を控除した金額である（法
法22①）。

$$\text{所得の金額　＝　益金の額　－　損金の額　……①}$$

　益金の額とは「別段の定め」があるものを除き，資本等取引以外の収益の額であり（法法22②），損金の額とは「別段の定め」があるものを除き，資本等取引以外の原価，費用，損失の額である（法法22③）。収益および原価，費用，損失の額は「別段の定め」があるものを除き，先に述べた公正処理基準により算定される（法法22④）。したがって，益金・損金の概念は基本的に企業会計上の収益・費用の概念によって基礎づけられることとなる。「別段の定め」が置かれている部分が両者のズレに相当し，税務上の調整が必要になる。なお，資本等取引とは法人の資本等の金額の増加または減少を生ずる取引や法人が行う利益または剰余金の分配であり（法法22⑤），所得金額には影響しない。

　以上より，収益・益金と費用・損金の関係，税務調整項目を示したものが**図表序−4**である。

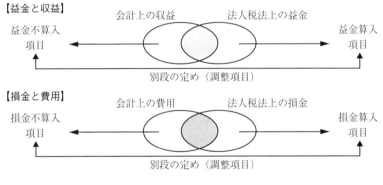

**図表序−4　収益・益金と費用・損金の関係**

【益金と収益】

会計上の収益　　　法人税法上の益金

益金不算入項目　←──────────────→　益金算入項目

別段の定め（調整項目）

【損金と費用】

会計上の費用　　　法人税法上の損金

損金不算入項目　←──────────────→　損金算入項目

別段の定め（調整項目）

▶ **企業利益と課税所得が一致しない項目** ◀
- 益金算入項目：益金であるが収益ではない
- 益金不算入項目：収益であるが益金ではない
- 損金算入項目：損金であるが費用ではない
- 損金不算入項目：費用であるが損金ではない

　ここまでを踏まえると，①の等式は次のように表すことができる。

$$\text{所得の金額} = \begin{matrix}(\text{益金の額})\\ +\text{益金算入}\\ \text{収　益}\\ -\text{益金不算入}\end{matrix} - \begin{matrix}(\text{損金の額})\\ +\text{損金算入}\\ \text{費　用}\\ -\text{損金不算入}\end{matrix} \quad \cdots\cdots②$$

　なお，条文上は益金の額から損金の額を控除して課税所得を求めているが，実際の計算はそのような形式では行われない。所得計算に先立ち，企業会計により当期利益が計算されているからである。よって，実務上は企業会計上の当期利益から出発し，法人税法上必要な項目につき修正（加算（＋）ないし減算（－））して，所得金額を導出している。

　　　│企業会計│：収益－費用＝当期利益
　　　　　　　　　　　（実際の計算）
　　　　　　　　　　　当期利益を「別段の定め」により調整
　　　　　　　　　　　　　　　　　　　　　　　［加算・減算］
　　　│法人税法│：益金－損金＝課税所得

　　　　（条文の流れ：法人税法22条）

　別段の定めの調整（修正）は，益金算入項目と損金不算入項目は企業利益に加算し，益金不算入項目と損金算入項目は企業利益から減算することになる。②の等式を変形させて考えると（③），わかりやすいだろう。

　　　　│収益－費用│……企業会計により計算
　　　　　　　↓
　　所得の金額 ＝ 当期利益 ＋ （益金算入項目 ＋ 損金不算入項目）
　　　　　　　　　　　－ （益金不算入項目 ＋ 損金算入項目）　……③

　法人税の納税義務は事業年度終了の時に成立するが，これを受けて法人税法74条は，内国法人は各事業年度終了の日の翌日から2か月以内に税務署長に対し，確定した決算に基づいて作成した申告書を提出しなければならないとしている。この申告書提出の手続きを「確定申告」という。なお，法人税申告書は「別表」と呼ばれ，所得金額は別表四「所得の金額の計算に関する明細書」で算定する。企業会計上の当期利益との関係を示したものが**図表序-5**である。

　▷　税務調整について詳しく（☞第Ⅰ部第1章第4）
　▷　益金について詳しく（☞第Ⅰ部第1章第5，第2章）
　▷　損金について詳しく（☞第Ⅰ部第1章第6，第3章）
　▷　税額の計算について詳しく（☞第Ⅰ部第4章）
　▷　申告，納付，還付等について詳しく（☞第Ⅰ部第5章）

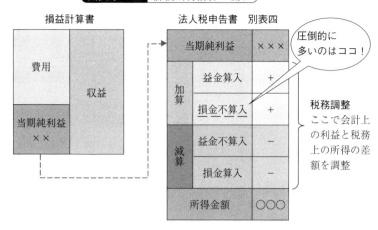

**図表序－5 課税所得計算の流れ**

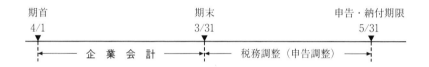

## 第2 ● 税務会計の生成と発展

### (1) 税務会計の沿革

　1990年代後半以降，税務会計の内容は企業会計との関係をはじめ大きく様変わりし，また，毎年の税制改正により法人税法の範囲は拡大の一途を辿っている。税務会計は会計学の枠に収まらない射程を有しているため，必然的に税法（特に法人税法）との調整が大きな論点になる。企業会計と税法の調和をどこまで図るかは立法政策の問題だが，いかなる経緯を経て今日に至っているのだろうか。ここでは現代の税務会計を学ぶための予備知識として，両者の関係から，その歴史を振り返っておこう。

　わが国における税務会計の発展過程は，①黎明期（賦課課税制度の時代：1899（明治32）〜1947（昭和22）年度改正前），②形成期（申告納税制度導入後：1947（昭和22）〜1965（昭和40）年度改正前），③発展期（法人税法全文改正後：1965

（昭和40）〜1998（平成10）年度改正前），④変革期（課税ベースの拡大期：1998
（平成10）年度改正後〜）の４つの時代に区分することができる。

### ① 黎明期（賦課課税制度の時代：1899〜1947年度改正前）〜萌　芽〜

　法人の所得金額に対する課税は，第一種所得税として1899年に始まり，その
後，1940年に法人税として独立したが，1947年に改正されるまで，継続して賦
課課税制度が採用されていた。納税義務者は課税当局に対して，財産目録，貸
借対照表，損益計算書その他所定の書類を添付して所得金額を申告していたが，
この課税標準たる所得金額および納付税額は課税当局が決定していた。所得金
額および納付税額を最終的に決定する主体が課税当局であるとの制度的前提か
らは，この時期の特徴として，課税当局とその課税・徴収の事務に携わる官吏
またはその経験者が税務会計の主たる担い手であった。

　なお，賦課課税制度の時代においても，所得金額の計算と会計との関係につ
いて「國家が営業税，所得税を賦課するに當っても正確な會計の存在が要求さ
れる」（太田哲三『改訂増補會計學概論』經濟圖書，1935年，22頁）と指摘されて
おり，第一種所得税の課税標準の決定に際して会計が果たす役割は大きかった
といえる。税務会計と銘打つ書籍（片岡政一『税務會計』森山書店，1931年）が
初めて刊行されたのもこの時代のことである。

### ② 形成期（申告納税制度導入後：1947〜1965年度改正前）〜仲の悪い兄弟〜

　1947年に申告納税制度が導入され，税務会計研究は徐々に活発になった。そ
の理由として，「企業会計原則（1949年7月9日経済安定本部企業会計制度対策調
査会）」および「法人税基本通達（1950年9月25日国税庁）」が公表されたことが
挙げられる。企業会計原則が公表されたことで，税務の執行面においてもその
存在を無視できない状況となり，また一方で，法人税基本通達が公表されたこ
とによって，企業会計と税法の双方において所得金額計算のあり方という主題
が検討の対象として明確にされたのである。いわば「全面的な理論闘争の素材
が提供」（湊良之助「税務會計原則の在り方」『産業経理』11巻7号，1951年，21
頁）されたといえる。

　もっとも，両者の調整には困難が伴い，その状況は「会計原則と税務の原則
とは同根から生じた兄弟である。が，極めて仲の悪い兄弟である。」（太田哲三

「会計原則と税務」『企業会計』3巻9号，1951年，2頁）と喩えられるものであった。

### ③　発展期（法人税法全文改正後：1965〜1998年度改正前）〜蜜月時代〜

　1965年に法人税法が全文改正され，続く1967年に法人税法22条4項，いわゆる公正処理基準に係る規定が創設されたが，これに大きな影響を及ぼしたものと考えられるのが，大蔵省企業会計審議会特別部会税務会計小委員会による「税法と企業会計との調整に関する意見書（1966年10月）」であり，それに先行した日本会計研究学会税務会計特別委員会の「企業利益と課税所得との差異およびその調整について（第一次）（1965年7月），（最終）（1966年5月）」である。さらに，その後も，法人税の所得金額の計算と企業会計との関係を中心とした研究が広く行われ，各種の意見書が公表されている。

　この時期は，「税法と会計との蜜月時代」（井上久彌「企業課税原理と会計基準の交錯」『企業会計』42巻5号，1990年，15頁）といわれるほど，企業会計と税法の調整は着実に進み，両者が急速かつ大幅に接近した。

### ④　変革期（課税ベース拡大期：1998年度改正後〜）〜乖　離〜

　法人課税小委員会報告（税制調査会・法人課税小委員会，1996年11月）において示された「課税ベースを拡大しつつ税率を引き下げる」という方向性のもと，課税ベースの拡大策として，法人税法上，各引当金の廃止や減価償却制度の見直しなどが行われた。本改正は，わが国産業の国際競争力が維持され，企業活力が発揮できるよう，産業間・企業間で中立的で経済活動に対する歪みを少なくするという観点からのものである。

　企業会計と税法との乖離は進み，かつての蜜月時代は終焉を迎えた。現行税制には企業会計と乖離している項目が多くみられるが，これは法人課税小委員会報告が示した「法人税の課税所得は，今後とも，商法・企業会計原則に則った会計処理に基づいて算定することを基本としつつも，適正な課税を行う観点から，必要に応じ，商法・企業会計原則における会計処理と異なった取扱いとすることが適切と考える。」（四・3(ウ)）という方針を具現した結果である。

▷　企業会計と税法との関係について詳しく（☞第Ⅰ部第2章第1　COLUMN❻，終章 COLUMN❺❽）

## COLUMN❹　税務会計学の先達

　昭和30年代に入ると，各大学において，税務会計科目の講座が開設されました。申告納税制度の目的を達成するために導入された青色申告制度により，会計の知識・技術が不可欠となり，会計学的なアプローチによる税法研究が活発に行われるようになったことが背景にあります。

**（関東）**

　新井益太郎助教授（1956（昭和31）年，明治学院大学経済学部（肩書きは当時のもの，以下同））

　富岡幸雄講師（1958（昭和33）年，中央大学商学部）

**（関西）**

　増谷裕久助教授（1955（昭和30）年，関西学院大学商学部）

　小倉栄一郎助教授（1958（昭和33）年，滋賀大学経済学部）

　渡辺進教授（開講時期不明，神戸大学経済経営研究所，経営学部）

## COLUMN❺　人的系譜にみる税務会計学の学問的起源

　課税所得計算は，近年別段の定めに該当する項目が増加しているとはいえ，財務会計上の利益計算にその多くを依存する構造をとっています。

　これは，税務会計学という学問が，会計学ないし財務会計とある程度独立した形で創始されたのではないことを示しています。すなわち，元々会計学という大きな括りの中に複数の学問領域が内包されており，そこから原価計算や監査論，そして税務会計学といった分野が，理論体系の整備や複雑さの拡大に応じて次第に派生した歴史的経緯があります。その点を，当時の税務会計学の論文の著者の人的系譜によって跡づけてみましょう。

　以下には，会計学の巨人と称される太田哲三門下の一部を抜粋して例示しています。そこには，黒澤清氏，岩田巌氏，番場嘉一郎氏といった，会計学の多くの分野に通暁し，日本の会計学をリードした面々が見受けられます。また，当該系譜には新井益太郎氏や，黒澤門下の富岡幸雄氏など，税務会計学の生成と発展に尽力したプロパーの学者も名を連ねていることから，人的系譜により，会計学から税務会計学への分化過程が垣間見えるといえます。

　研究と教育は表裏一体であり，多少のタイムラグはあっても，研究内容は講義やテキストを通じて後学に波及しますから，たとえ人的系譜において直接の関わりがなくとも，後進は間接的にこれらの先生方の薫陶を受けているといえるでしょう。

## (2)　現代の税務会計

　長きにわたり，わが国では会計基準と税法規定とをできる限り一致させ，両者の差異を最小にする方向での調整が行われてきたが，このような国内的調整を重視する方式は，1990年代後半以降，経済および企業のグローバル化のなかで転換を余儀なくされた。先の時代区分によると今日は税務会計の「変革期」にあたるが，もう一歩踏み込んでその内容を浮き彫りにしてみよう。

　昨今の税務会計をめぐる状況については，新たに２つの観点からのグローバル化の波を指摘することができる。１つは企業会計のグローバル化が課税所得計算に及ぼす影響であり，もう１つは法人税制それ自体のグローバル化である。ともに「グローバル」でありながら，前者は会計基準の国際的統合化に法人税法がどのように対応するかという喫緊の課題を，また，後者は国際課税の進展に伴い顕在化した税制のあり方を指している。

　それに加えて，従来からの国内的（ローカル）な企業会計と税法との調整は続いており，さらに，組織再編税制（2001年），連結納税制度（2002年 ※2022年にグループ通算制度に改組），グループ法人税制（2010年）といった新たな国内税制が次々と創設されている。

## 第3 ● 本書の構成　〜現代の税務会計を紐解く４つの視点〜

　税務会計をめぐる現況を踏まえ，本書で扱う内容をレベル別に一覧できるようにしたのが**図表序−6**である。本書がマトリックス構造をとっていることがわかっていただけるだろう。本書は，税務会計の入門書にあたるため，基本的な内容に多くの記述を費やしている。それゆえ，「中級編」，「上級編」と銘打つパートもアウトラインをしっかりと理解することに主眼を置き，税法規定には深入りすることなく最小限の記述にとどめている。

　序章『税務会計を学ぶにあたって』では，税務会計という学問がもつ特徴や企業会計との相違点，課税所得計算のしくみについて概説する。税務会計を学ぶために欠かせない基礎知識を身につけ，その後の学習項目のマッピングに役立ててほしい。

　第Ⅰ部『税務会計総論』では，課税所得の計算構造，企業会計と法人税法と

**図表序－6　本書で扱う税務会計の内容**

| | ローカル（国内） | グローバル（国際） |
|---|---|---|
| 企業会計と課税所得計算 | 序章　『税務会計を学ぶにあたって』<br>第Ⅰ部　『税務会計総論』<br><div align="right">＜初級編＞</div> | 終章　『会計基準の変容と課税所得計算』<br><div align="right">＜上級編＞</div> |
| 法人税制 | 第Ⅱ部　『国内税制の整備』<br>● 同族会社課税<br>● グループ通算制度<br>● グループ法人単体課税制度<br>● 組織再編税制<br><div align="right">＜中級〜上級編＞</div> | 第Ⅲ部　『国際課税の進展』<br>● 国際課税の概略<br>● 国際的二重課税の排除<br>● 租税回避への対応<br>● BEPSプロジェクト<br><div align="right">＜上級編＞</div> |

の調整項目，税額計算，申告・納付等を扱っている。本書のボリュームの約6割を占めており，税務会計を学ぶうえでの必須項目である。

第Ⅱ部『国内税制の整備』では，国内税制を同族会社課税からグループ法人税制まで幅広く取り上げる。グループ通算制度，グループ法人単体課税制度，組織再編税制はやや複雑なので最初はスキップしてもよいだろう。

第Ⅲ部は『国際課税の進展』である。ここでは，国際的二重課税をどのように排除するか，外国の国民や企業に対してどのように課税するか，国際的な脱税や租税回避にどのように対抗するかが重要な論点となる。国際課税を学ぶための基礎知識を身につけてほしい。

終章『会計基準の変容と課税所得計算』では，会計基準の国際的統合化と法人税法との関係を扱う。中心になるのは国際財務報告基準（IFRS）であり，税務対応の考え方を示している。現在進行形の問題であり，これからの税務会計を理解するうえでも，ぜひ目を通してもらいたい。

---

**COLUMN❻　大学における税務会計教育の実態**

　大学の研究教育科目として，昭和30年代前半に産声をあげた税務会計学は，今日，四年制大学117校，短期大学8校に設置されるまでになりました（2022年5月時点）。これは簿記や会計学といった会計系科目が展開されている四年制大学（403校）の29％にあたります。

　うち約75％の大学で3年次以降に配置されており，会計学の応用領域あるいは発展科目と位置づけられています。また，扱われる税目は法人税をはじめとして，所得税，消費税，相続・贈与税と多岐にわたっています。

# 第Ⅰ部

# 税務会計総論

## 学習の動機づけ

　序章で学んだように，法人税法では企業会計上の確定した決算利益を基礎として，そこに法人税法（別段の定め）や租税特別措置法の規定によって修正を加え，誘導的に課税所得を計算しています。これを「確定決算主義」といいます。企業会計上の収益・費用が，法人税法上の益金・損金と同じならば所得計算はとても簡単です。しかし，実際には収益・費用には所得の計算上，修正（税務調整）が必要な部分があり，そこを法人税法等が規定していると考えればよいでしょう。「別段の定め」という名称からも，企業会計準拠の姿勢が窺えますね。この「別段の定め」ですが，大きく分けると益金に関する規定（法法22の2～27）と損金に関する規定（法法29～60の3）に分かれます。条項数からも損金に係る項目が圧倒的に多いことがわかります。

　税務会計を身につけるためには企業会計と法人税法等の知識が必要ですが，実は，これだけでは十分とはいえません。企業会計では法人税の「通達」による処理が行われることが多々あるからです。通達とは国税庁長官が各税務署等に対して法令の解釈や運用方針を連絡したもので法源（法として援用できる法形式）ではありません。しかし，個別の事例について具体的な取扱いが示してあるため，実務上は納税者（企業）に大きな影響を与えています。

　そして，最後に申告と納付です。納税者は自らの税額を自ら算定するだけではなく，申告と納付も行わなければなりません。このようなしくみを申告納税制度といい，戦後の1947年に導入されました。民主的納税思想に根ざしており，税務当局にとっても効率的に税を徴収することができます。

　第Ⅰ部では，税務会計論の総論として，より詳細に課税所得の計算構造を学びます。ここでは税法等の規定のみならず通達も意識してみましょう。また，申告・納付については，納税者の申告内容に誤りがあった場合の手続きや，税務当局から税額の変更を求められた場合の対応も取りあげます。

# 課税所得の計算構造

## 第1 ● 確定決算主義

わが国の課税所得の計算構造は，一般に確定決算主義とよばれるが，法人税法にはその明確な定義は存在していない。本書では，確定決算主義の内容を次の3つに整理する。

(1)　会社法上の確定した決算に基づき課税所得を計算し申告すること（法法74①）。

(2)　課税所得計算において，決算上，費用または損失として経理されていること（損金経理）等を要件とすること（法法2二十五等）。

(3)　別段の定めがなければ，「一般に公正妥当と認められる会計処理の基準」（公正処理基準）に従って計算すること（法法22④）。

すでに，序章で(1)と(3)には触れているが，ここではその内容にもう一歩踏み込んでみよう。

### (1)　確定した決算に基づく申告

法人が各事業年度の所得の金額を計算する場合，内国法人は，各事業年度終了の日の翌日から2か月以内に，税務署長に対し，確定した決算に基づき次に掲げる事項を記載した申告書を提出しなければならない（法法74①）。

ここで「確定した決算」とは，会社法438条の規定により株主総会で承認された（会計監査人設置会社の場合，その計算書類が会計監査人や監査役により相当と認められたならば，株主総会での承認を要せず，報告でもって足りる（会社439））決算だと解されている。すなわち，会社法会計による決算利益を基礎と

して課税所得が計算されることになる。このような「確定した決算」に基づく申告が定められたのは1947年のことであり，申告納税制度が採用されたのを契機として，当時の法人税法18条において条文上明らかにされた。

### (2) 損金経理要件

損金経理とは，法人が確定した決算において費用または損失として経理することをいう（法法２二十五）。法人の取引には外部取引と内部取引があり，外部取引については当事者間での客観的で検証可能な経理処理が望めるが，内部取引（減価償却費や評価損の計上，引当金の設定等）については法人の判断によって経理処理がなされるため恣意性が介入しやすい。かかる恣意性を法人の最高機関による意思決定を要することにより可能な限り排除し，計算の信頼性ないし客観性を担保し，もって課税の安定性ないし法的安定性を得ることができる。

減価償却を例にとると，税法上の償却限度額の範囲内で，損金経理した金額は損金として算入される（**図表Ⅰ－１－１**のケース①）。損金経理した金額が償却限度額を超えた場合，超過金額は損金不算入となる（同ケース②）。

損金経理要件により会計と税法とのリンクは密になるが，この副作用として企業会計自体も税法からの影響を受けやすくなる。先の減価償却を例にとれば，節税等を目的に，会計上で本来必要な計上額を超えて税法上の限度額いっぱいまで損金経理を行うといった行為がこれにあたる（**図表Ⅰ－１－２**参照）。

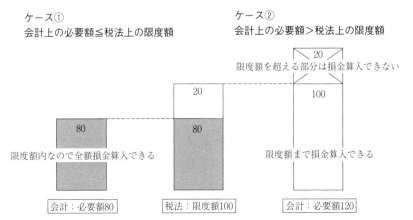

**図表Ⅰ－１－１　損金経理要件**

ケース①
会計上の必要額≦税法上の限度額

ケース②
会計上の必要額＞税法上の限度額

20
限度額を超える部分は損金算入できない

20
100

80
80

限度額内なので全額損金算入できる

限度額まで損金算入できる

会計：必要額80　　税法：限度額100　　会計：必要額120

　本来は会計がベース（基準）になるところを，税主導の処理が行われるため，これを「逆基準性」とよぶ。企業の実態開示が歪められる等の弊害をもたらし，特に損金経理が要請されている項目で生じる。

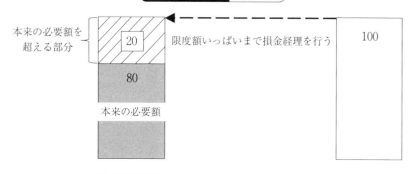

**図表Ⅰ－1－2　逆基準性**

本来の必要額を超える部分 ← 20　限度額いっぱいまで損金経理を行う　100

80

本来の必要額

会計：必要額80　　　　　　　　　　　税法：限度額100

▷　損金経理要件から派生する問題について詳しく（☞第Ⅰ部第3章第2　COLUMN㉙，第Ⅰ部第3章第12　COLUMN㉚，第Ⅰ部第5章第3(1)②)

---

**COLUMN❼　確定決算基準から損金経理要件へ**

　申告納税制度導入（1947年）後，わが国では確定した決算に基づく経理，すなわち今日の損金経理の思考をして「確定決算基準」（国税庁『昭和40年　改正税法のすべて』，100頁；大蔵省主税局『昭和40年2月　第48回国会　法人税法関係想定問答　第1分冊（所得計算）第一次案』，第2条（定義）関係）と公称していた時期があります。このような状況は，1965年の法人税法全文改正で損金経理の規定が実際に導入されるまで続きました。

---

### (3)　公正処理基準

　公正処理基準とは一般社会通念に照らして公正で妥当であると評価されうる会計処理の基準を指し，法人の収益・費用等の額は，「別段の定め」があるものを除き公正処理基準に従って計算される（法法22④）。この規定は，法人の各事業年度の所得の計算が原則として企業会計に準拠して行われるべきことを定めている。このような考え方自体は従前より存在していたが，「税制簡素化についての第一次答申」（昭和41年12月　税制調査会）を受け法人税法の簡素化の

一環として1967年に設けられた。企業利益を基礎とすることにより，税法では必要な部分修正事項だけを規定すればよいことになり，課税の簡便性ないし便宜性を得ることができる。

　公正処理基準の中心をなすのは，企業会計原則・同注解，企業会計基準委員会（ASBJ）の会計基準・適用指針等，中小会計指針や，会社法，金融商品取引法，これらの法律の特別法等の計算規定・会計処理基準等であるが，それに止まらず，確立した会計慣行を広く含むとされている。ただし，注意すべきは，これらの会計基準等や確立した会計慣行が必ずしも公正妥当とは限らないこと，そして決して網羅的であるとはいえないことである。何が公正処理基準であるかを判定するのは，国税庁や国税不服審判所の任務であり，最終的には裁判所の任務である。

　同条項の立法趣旨にも，公正処理基準とは，明文の基準が予定されているものではなく，また，一般に行われている企業の会計処理をすべて認めるものでもなく，それらが認容されるかどうかは種々の事例についての判断（裁判所の判例を含む）に委ねられる，と述べられている。

---

**COLUMN❽　公正処理基準って？　～大竹貿易事件～**

　「別段の定め」が置かれていない部分の計算は公正処理基準に……。そうであれば，企業会計上の処理はそのまま課税所得計算にも用いられるはずです。「はず」としたのは，近年，納税者の会計処理が否認される傾向にあるからです。かねて学説上では，公正処理基準が企業会計制度そのものを指すのか，あるいは，そこには租税法的な要素（税法の趣旨や目的）も入り込む余地があるのか，といった解釈の対立がみられますが，司法の場では大竹貿易事件（最判平成5年11月25日民集47巻9号5278頁）以降，後者が支配的です。

　最高裁では「法人税法22条4項は，現に法人のした利益計算が法人税法の企図する公平な所得計算という要請に反するものでない限り，課税所得の計算上もこれを是認するのが相当である」と同項制定の趣旨・目的を判示しています。

▷　公正処理基準の解釈について詳しく（☞終章第2(2)）

---

## 第2 ● 企業会計と課税所得計算 ～通達の取扱い～

　企業会計上，法人税関係の通達による処理が行われ，課税所得計算にも用いられることがある。通達とは，国税庁長官が各税務署等に対して法令の解釈や

運用方針を連絡したものであり，法源ではない。しかし，個別の事例について具体的な取扱いが示してあるため，実務上は納税者に大きな影響を与えている。では，なぜ通達を企業会計や課税所得計算で用いることができるのだろうか。確定決算主義のもとでは，会社法会計による決算利益を基礎として課税所得が計算されるため，会社法の計算規定からこの問題を考えてみる。

　会社法は，「会計の原則」（2編5章1節）として，「株式会社の会計は一般に公正妥当と認められる企業会計の慣行に従うものとする」（会社431）と定めている。通達による処理も，それが一般的かつ合理的であり，反復継続して相当期間行われている場合には，会社法431条を介し「一般に公正妥当と認められる企業会計の慣行」として，法規としての効力を取得することになる。なお，「会計慣行」とは，すでに行われている事実に限らず，新たに合理的な慣行が生まれようとしている場合にはそれも含むと解するのが近年では多数説であることから，発遣されて間もない通達もこれに相当するといえよう。

　また，当該処理を課税所得計算上用いることについては，公正処理基準とは確立した会計慣行を広く含むものと解されていることから，この場合の通達は公正処理基準を構成すると考えられる。

### 図表Ⅰ－1－3　課税所得計算と通達

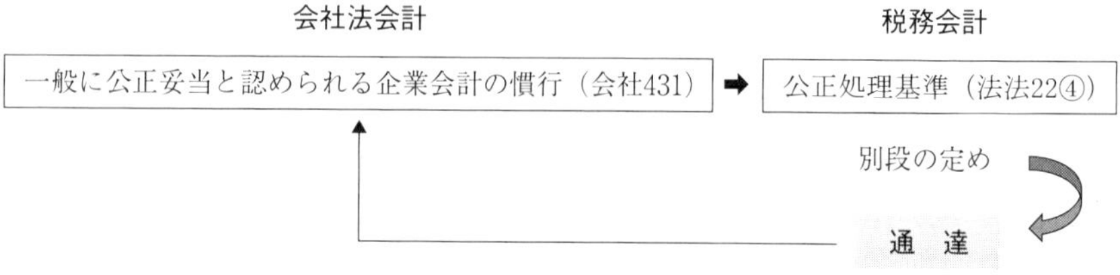

会社法会計　　　　　　　　　　　　　　　　　　税務会計

一般に公正妥当と認められる企業会計の慣行（会社431）　➡　公正処理基準（法法22④）

別段の定め

通　達

---

### COLUMN⓽　法解釈と「社会通念」

　法の世界では「社会通念」という概念をよく耳にします。制定法（民95，400，412の2等，相法令18一ト）や判例（興銀事件　※COLUMN㊴参照），通達（「この通達の具体的な運用に当たっては，法令の規定の趣旨，制度の背景のみならず条理，社会通念をも勘案しつつ，…」（法基通・前文））といった具合です。なお，社会通念とは「社会一般で受け容れられている常識または見解」『広辞苑第7版』とされています。

## 第3 ● 「別段の定め」と租税特別措置法

　法人税では，企業利益に「別段の定め」による調整を行って本質的な課税所得を計算し，さらに租税特別措置法等による調整によって包括的な課税所得を計算する。いかなる理由によって種々の「別段の定め」が設けられているかを理解することが重要であり，次に挙げる租税原則や租税理論からの要請がその中心になる。なお，「別段の定め」とは，具体的には法人税法22条の2から64条の14までをいい，そのうち益金の額に関しては22条の2から27条まで，損金の額に関しては29条から60条の3までである（**図表Ⅰ－1－4**参照）。

▷　法人税関係法令等の全体像について（☞巻末資料2）

### 図表Ⅰ－1－4 「別段の定め」の構成

**（22条の2～27条：益金の額の計算）**
　収益の額（22条の2），受取配当等（23-24条），資産の評価益（25条），受贈益（25条の2），還付金等（26-27条）

**（29～60条の3：損金の額の計算）**
　資産の評価及び償却費（29条・31条・32条），資産の評価損（33条），役員の給与等（34条・36条），寄附金（37条），租税公課等（38-41条），圧縮記帳（42-50条），貸倒引当金（52条），譲渡制限付株式を対価とする費用等（54条・54条の2），不正行為等に係る費用等（55条），繰越欠損金（57-59条），契約者配当等（60条・60条の2），特定株主等によって支配された欠損等法人の資産の譲渡等損失額（60条の3）

**（61～64条の14）**
　利益の額又は損失の額の計算（61-61条の11），組織再編成に係る所得の金額の計算（62-62条の9），収益及び費用の帰属事業年度の特例（63-64条），リース取引（64条の2），法人課税信託に係る所得の金額の計算（64条の3），公益法人等が普通法人に移行する場合の所得の金額の計算（64条の4），完全支配関係がある法人の間の損益通算及び欠損金の通算（64条の5～64条の14）

（注1）法人税法65条「各事業年度の所得の金額の計算の細目」は，同法22条ないし64条に係る技術的細目的事項を政令に委任する規定であって別段の定めには該当しない（大阪高判平成21年10月16日税資259号順号11293）。

（注2）法人税法28条，30条，35条，51条，53条，56条は削除済み。

### (1) 租税原則

　租税法全体を支配する基本原則としては，租税法律主義（租税の賦課・徴収は必ず法律の根拠に基づいて行われなければならない）と租税公平主義（税負担は国民の間に担税力に応じて公平に配分されなければならない）の2つを挙げること

ができる。法的根拠は，それぞれ憲法30条（納税の義務）および84条（課税の要件），憲法14条（平等原則）である。なお，戦前の帝国憲法にも租税法律主義の内容は謳われていたが（21条「納税の義務」），憲法14条に当たる規定がなく，租税法律主義に対応する形で租税公平主義が基本原則として挙げられることはなかった。

わが国では伝統的に公平・中立・簡素の３つが租税原則として掲げられてきた。ここで，中立の原則とは税制が個人や企業の経済活動における選択を歪めないようにすることであり，簡素の原則とは税制のしくみを可能な限り簡素にし，理解しやすいものにすることをいう。前述の法人税法22条４項（公正処理基準）は簡素の原則のあらわれといえよう。

### (2) 租税理論からの要請

法人税法では租税理論から企業利益を修正・加工することがある。二重課税を排除する課税のしくみ等がこれにあたる。たとえば，受取配当等の益金不算入（法法23），所得税額控除（法法68），外国税額控除（法法69）等が挙げられる。

### (3) 租税政策からの要請

#### ① 国の肩代わり防止規定

課税の構造によって国が法人の支出の一部を肩代わりすることのないように，その支出の一部または全部を損金不算入とすることがある。法人にとって通常必要とされる費用であるか疑わしいもので，損金算入を認めると，国が納税者に代わって負担してしまうことを防止する処置である。

たとえば，罰科金等について損金算入を認めると税額が少なくなる分だけ罰科金の一部を国が負担するのと同じことになり，懲罰的効果を弱めないために全額損金不算入とされている（法法55④）。そのほかに，寄附金（法法37），交際費等（措法61条の４），使途秘匿金や使途不明金に対する規定（措法62，法基通９-７-20）などが挙げられる。

#### ② 租税の利用

これは主に租税特別措置法によるものが該当し，経済政策，金融政策，土地政策等のために租税が利用される。おのおのの政策を推進するために，税額控

除制度（措法42の4～42の12の5）や準備金制度（措法55～57の8，58，61の2）等によって税額の免除，軽減あるいは課税の繰延べが図られている。

### ③　国庫主義

　租税収入は財政収入の主たるものであり，それゆえ安定した租税収入確保に配慮した行政上の措置がとられている。これを国庫主義という。

　たとえば，欠損金の繰越し，繰戻しは純財産増加説からは永久的に認められるべきものだが，原則として繰越しは10年，繰戻しは1年とされている（法法57，80①，措法66の13）。また，繰戻しの期間が繰越しの期間と比較して短いのは，繰戻しの場合は返還のための資金を用意しなければならないという事情を考慮したものである。これも国庫主義のあらわれといえる。

---

**COLUMN⑩　従業員の給与を増やすには？　～租税の利用～**

　個人所得を拡大させるためには給与が増えなければなりません。それでは，企業に賃上げのインセンティブを付与するにはどうすればよいでしょう。租税を利用した措置として，賃上げ実施企業に税制上の支援（税額控除）を行うという方法があります。わが国の所得拡大促進税制（2013（平成25）年度創設）がこれにあたり，給与等の増加による負担を税制面から緩和しています。とりわけ中小企業者等に対する支援が手厚いのが特徴です。

---

## 第4 ◦ 税務調整

　法人税では，「別段の定め」や租税特別措置法により，企業利益を修正・加工して課税所得を計算する。これを税務調整といい，「決算調整」と「申告調整」の2つに大別することができる。

　決算調整とは，確定した決算において所定の経理処理をしていなければ税法上もこれを認めないものである。いきおい企業は決算整理に税法規定を織り込むため，税務会計の射程は企業会計上の決算整理にも及ぶことになる。申告調整とは確定した決算における経理処理を必要とせず，税務申告書（主に申告書別表四）で調整するものである。申告調整は，その調整を強制するか否かにより，必須的申告調整事項と任意的申告調整事項とに大別することができる。

## (1)　決算調整事項

### ①　損金経理が求められる事項

- 減価償却資産の償却費（法法31）
- 繰延資産の償却費（法法32）
- 利益連動給与（法法34）
- 圧縮記帳（交換差益，換地処分に限る）（法法50）
- 貸倒引当金繰入額（法法52）
- 少額減価償却資産の損金算入（法令133）
- 一括償却資産の損金算入（法令133の2）
- 少額繰延資産の損金算入（法令134）
- 役員に対する退職給与の損金算入の時期（法基通9－2－28）
- 貸倒損失（法基通9－6－2，9－6－3）
- 返品債権特別勘定への繰入額（法基通9－6－4）
- 中小企業者等の少額減価償却資産の損金算入（措法67の5）

### ②　損金または積立金経理が求められる事項

- 各種圧縮記帳（①に記載したものを除く）の損金算入（法令80ほか）
- 特別償却準備金（措法52の3）
- 各種準備金の積立額（措法55ほか）

### ③　一定の経理が求められる事項

- リース譲渡にかかる延払基準の適用（法法63）
- 長期大規模工事以外の工事の工事進行基準の適用（法法64）

## (2)　申告調整事項

### ①　任意的申告調整事項

- 受取配当等の益金不算入（法法23）
- 所得税額の控除（法法68）

② **必須的申告調整事項**

- 資産の評価益の益金不算入（法法25）
- 還付金等の益金不算入（法法26）
- 減価償却超過額（法法31）
- 資産の評価損の損金不算入（法法33）
- 一定の役員給与・過大な役員給与（過大な役員退職金を含む）・不正行為による役員給与の損金不算入，過大な使用人給与の損金不算入（法法34, 36）
- 寄附金の損金不算入（法法37）
- 法人税額等の損金不算入（法法38, 39）
- 法人税額から控除する所得税額および外国税額の損金不算入（法法40, 41）
- 貸倒引当金，準備金の繰入（積立）超過額（法法52, 措法55ほか）
- 青色欠損金，災害損失金の繰越控除（法法57, 58ほか）
- 交際費等の損金不算入（措法61の4）

**図表Ⅰ－1－5　企業会計と税務会計にみる税務調整**

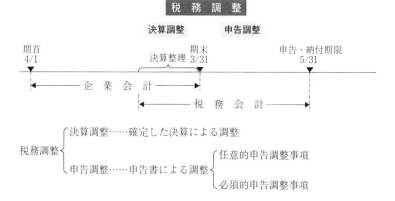

# 第5 ● 益金の範囲

## (1)　益金を構成する収益の額

　法人税法では，益金の額に算入される収益として，「別段の定めがあるものを除き，資産の販売，有償または無償による資産の譲渡または役務の提供，無

償による資産の譲受けその他の取引で資本等取引以外のものに係る当該事業年度の収益の額」を挙げている（法法22②）。同条項で規定されている，収益をもたらす取引をまとめると，①資産の販売，②資産（役務）の有償譲渡（提供），③資産（役務）の無償譲渡（提供），④資産の無償譲受，⑤その他の取引，である。この類型を実際の取引にあてはめると次のようになる。

- 原価100円の商品を200円で販売した。
  - ➡ ①資産の販売
- 簿価1,000万円の土地を時価（2,500万円）で譲渡した。
  - ➡ ②有償による資産の譲渡
- 現金500万円を年利率３％で貸し付けた。
  - ➡ ②有償による役務の提供
- 簿価1,000万円の土地を無償で譲渡した。
  - ➡ ③無償による資産の譲渡
- 現金500万円を無利息で貸し付けた。
  - ➡ ③無償による役務の提供
- 時価2,500万円の土地を無償で譲り受けた。
  - ➡ ④無償による資産の譲受け
- 簿価30万円の売買目的有価証券を決算時に40万円（時価）に評価替えした。
  - ➡ ⑤その他の取引

　包括的所得概念により，取引の種類に関係なく資本等取引以外の取引から生じた，「別段の定め」を除くすべての収益の額が益金に含められることになる。ここでいう収益とは企業会計の固有概念であり，その額は公正処理基準によって計算される（法法22④）。ただし，留意すべきは，企業会計では上記③の資産（役務）の無償譲渡（提供）が収益をもたらすか否かについて明らかにしていないことである。よって，ここでは「別段の定め」に準じた扱いをしているものといえる。なお，法人税法では，上記③と④を合わせて「無償取引」という。

---

### COLUMN⓫　奥が深い22条２項

22条２項を読むといろいろな疑問が浮かんできますね。たとえば……。

- なぜ，資産の販売には「有償」，「無償」の区別がないのか
- なぜ，資産の販売と有償による資産譲渡を区別しているのか

- なぜ，無償による資産譲渡（役務提供）から収益が発生するのか
- なぜ，有償による資産（役務）の譲受け（受入れ）からは収益が発生しないのか
- なぜ，無償による役務の受入れからは収益が発生しないのか

　　　　　　　　　　……等々，さあ，本文をヒントに考えてみましょう。

以下では，①から⑤の取引を順番に説明していく。

### ①　資産の販売

最初に「資産の販売」が例示されている。これはいわゆる売上による収益であるが，棚卸資産の販売とせずに資産の販売としたのは，法人税法では棚卸資産と有価証券を区別しているので（法法２二十一），商品たる有価証券（証券会社の所有する有価証券）をも含めるための扱いである。ところで次に「有償による資産の譲渡」が挙げられているが，法人税法では販売も譲渡の一形態としているので，わざわざ「資産の販売」を独立して挙げる必要はないともいえるが，棚卸資産たる商品，製品等の販売が収益の額の大部分を占めるため，ここで別建てしているのである。

### ②　資産（役務）の有償譲渡（提供）

有償による資産（上記①の資産を除く。）の譲渡による収益とは固定資産等の売却による収入で，役務の有償提供による収益とは現金の貸付けやビル，倉庫の賃貸，運送サービス，仲介サービス等の提供による受取利息や家賃，運送料，仲介料等の収入である。

### ③　資産（役務）の無償譲渡（提供）

法人税法では資産の無償譲渡によっても収益が生じる。企業会計では必ずしもこのような考え方を支持していないので，条文で明らかにしたものと解される。無償譲渡でも，受け入れた側において時価で受贈益を計上する以上，時価に相当する価値の移転があり，そこに収益の実現があったとするほうが適切としているのである。

たとえば，帳簿価額300万円，時価1,000万円の土地を寄附したとすれば，土地譲渡益1,000万円が益金に算入され，寄附金1,000万円と土地譲渡原価300万円の合計1,300万円が損金に算入されることになる。ただし，寄附金については損金算入に一定の限度が設けられており，その限度額を超えれば課税される

（法法37②，法令73）。仕訳で表せば次のようになる。

（単位：万円（仕訳は以下同じ））

|（借）|寄　附　金|1,000|（貸）|土地譲渡収益|1,000|
|  |土地譲渡原価|300|  |土　　地|300|

　これは，法人がいったん資産を適正時価で有償譲渡して収益を実現し，その対価たる時価相当額の現金を直ちに相手に寄附するという，二段階の取引があったものと考えることもできる（二段階説）。仕訳で表せば次のようになる。

|（借）|現　　金|1,000|（貸）|土地譲渡収益|1,000|
|  |土地譲渡原価|300|  |土　　地|300|
|（借）|寄　附　金|1,000|（貸）|現　　金|1,000|

　法人税法では無償譲渡による収益の額は時価で測定すると規定しているわけではないが，外部取引においては取引日の時価でもって取引が行われ，収益の額が実現されたものとみなして課税関係を律している。また，寄附金の額については，資産を贈与した時の価額による（法法37⑦）。そして，この時価は「当該資産が使用収益されるものとしてその時において譲渡される場合に通常付される価額による」ので，売却価額とされる（法基通9－1－3）。

　なお，資産の低額譲渡は，無償譲渡との均衡から，譲渡対価として受け取った額のほか，これと資産譲渡時における適正な価額との差額も収益の額に含まれる。つまり，低額譲渡の場合であっても，収益の額として認識されるのは，譲渡した資産の適正な価額（時価）ということになる。上の例で，現金500万円で土地を譲渡したとすれば，次のように仕訳される。

|（借）|現　　金|500|（貸）|土地譲渡収益|1,000|
|  |寄　附　金|500|  |  |  |
|（借）|土地譲渡原価|300|（貸）|土　　地|300|

　二段階の取引があったものと考えれば，次のように仕訳される。

|（借）|現　　金|1,000|（貸）|土地譲渡収益|1,000|
|  |土地譲渡原価|300|  |土　　地|300|
|（借）|寄　附　金|500|（貸）|現　　金|500|

　また，役務の無償提供も，考え方としては上述の資産の無償譲渡と変わらない。たとえば，現金を貸し付けることによる受取利息の額を益金に算入し，その同額を寄附金として損金に算入するのである。その受取利息を100万円とすれば次のように仕訳される。

　　（借）寄　　附　　金　　　　100　（貸）受　取　利　息　　　　100

　受取利息をいったん現金で受け取り，その現金を寄附したとする二段階の取引があったものと考えれば，次のように仕訳される。この場合も寄附金が損金算入限度額を超えれば課税されることになる。

　　（借）現　　　　　金　　　　100　（貸）受　取　利　息　　　　100
　　（借）寄　　附　　金　　　　100　（貸）現　　　　　金　　　　100

　ただし，親会社が子会社救済のために無利息の貸付けや債務引受け，債権放棄をなすことがあるが，その救済が結果的には親会社の利益になることが明らかであるならば，すなわち子会社倒産による甚大な被害を未然に防ぐことができたならば，反対給付のある事業関連支出として，寄附金でなく事業損失扱いとされる（法基通9－4－1，9－4－2）。

#### ④　資産の無償譲受等

　法人税法によると資産を無償で譲り受けた場合，その時価を受贈による収益の額として益金に算入することになる。資産の無償譲渡による収益の額も時価で益金に算入する以上，当然のことといえる。では，いかなる種類の時価によるかだが，棚卸資産，有価証券，減価償却資産については「その取得の時における当該資産の取得のために通常要する価額」（法令32①三，54①六，119①二十五）としており，再取得価額を用いることになる。

　なお，資産の低額譲受は，無償譲受との均衡から，譲受対価として支払った額のほか，これと資産譲受時における適正な価額との差額も収益の額に含まれることとなる。たとえば，当事者の事情を考慮して再取得価額が1,000万円とされる資産を400万円で譲り受けた場合，その差額600万円を受贈益として益金に算入する。仕訳で表せば次のようになる。

| （借）資 産 | 1,000 | （貸）現 金 | 400 |
|---|---|---|---|
| | | （貸）受 贈 益 | 600 |

なお，法人税法で無償による役務の受入れを例示に入れていないのは，受入れのための費用の額を損金に計上しない分だけ課税所得が増して自動的に課税されるからである。たとえば，無利息で借入れをした場合，利息を支払わない分だけ課税所得が増すので，結局その利息に課税されたのと同じことになる。

有償による役務受入れ：（借）支払利息 ××× （貸）現金 ×××

↕

無償による役務受入れ：支払利息未計上（所得増大）◀課税

### ⑤ その他の取引

上記①から④までの取引以外の取引で，たとえば債務免除益，税法上認められている評価益（法令24），引当金の取崩益，損害賠償金等が含まれている。

---

**COLUMN⓬ 無償取引をめぐる学説 ～清水惣事件～**

無償取引から収益を認識する根拠にはさまざまな学説があります。本書で取り上げた二段階説は昭和40年の法人税法全文改正時の解説で立案担当者が用いたものです。その後，清水惣事件（大阪高判昭和53年3月30日民集31巻1号63頁）を契機に学術論争が起こり，今日では適正所得算出説が有力な見解とされています。

**【二段階説（有償取引同視説）】**

無償取引を観念的に「有償取引＋受領対価の相手方への無償移転」と捉え，有償取引から想定される対価分の益金計上を求める説

**【適正所得算出説】**

正常な対価で取引を行った者との間の負担の公平を維持するとともに，法人間の競争中立性を確保するための擬制と考える説

**【清算課税説（実体的利益存在説，キャピタルゲイン課税説）】**

譲渡者側における資産の保有期間中の値上がり益について，譲渡時において清算課税を行う趣旨との説

**【同一価値移転説】**

譲受人側において収益が生ずることの対応関係として，譲渡者側においても等価の収益を計上する必要があるとの説

## (2)　権利確定主義

　権利確定主義とは，権利の確定するタイミングをもって収益や収入を計上する原則をいう。最高裁（最判平成 5 年11月25日民集47巻 9 号5278頁）においても「ある収益をどの事業年度に計上すべきかは，一般に公正妥当と認められる会計処理の基準に従うべきであり，これによれば，収益は，その実現があった時，すなわち，その収入すべき権利が確定したときの属する年度の益金に計上すべき」ものと判示され，法人税法でも所得税法同様に権利確定主義によることが明らかにされている。

　法人税法では，後述するように費用については「債務の確定」という法定基準を取り入れているが（法法22③），収益においては「権利の確定」という明文の規定が見当たらない。かつて，通達では「資産の売買による損益は，所有権移転登記の有無及び代金支払の済否を問わず売買契約の効力発生の日の属する事業年度の益金又は損金に算入する。但し，商品，製品等の販売については，商品，製品等の引渡の時を含む事業年度の益金又は損金に算入することができる。」と規定し（旧法基通249），原則として「売買契約の効力発生の日」という民法上の債権の成立時点で，すなわち権利確定主義でもって収益の計上を認めていた（民555）。しかし，会計慣行では一般に「売買契約の効力発生の日」以後の資産の引渡しの時点を収益の実現の時としているため，実際には旧通達の但書の規定によって運用されてきた。これは，売買の契約日を収益の計上時期とする民法の思考をそのまま借用することに問題があるとしたのであって，会計慣行により，資産の所有権の移転とそれに伴う代金請求権の発生した引渡時点に権利が確定したものとみなし，収益の計上時期とするほうが合理的とされたからである。このような経緯を考慮すると，権利確定主義を基礎としつつも継続して適用される実現主義に合致した会計処理は，恣意性の懸念がない限り尊重されてきたといえる。

　その後，2018（平成30）年度税制改正において，資産の販売等の収益計上に係る「別段の定め」として法人税法22条の 2 が制定され「引渡基準」および「役務提供日基準」が明文化された。必然的に，権利確定主義の影響が及ぶ範囲は狭まるが，これにより権利確定主義の終焉と解するのは誤りであろう。上述のとおり，引渡基準が権利確定主義と離齬なく運用され，かつその好例とさ

れてきた経緯に鑑みれば，権利確定主義の思考は依然として引き継がれているのである。

---

**COLUMN⓭ 幻の改正 〜その1〜**

明文の規定のない権利確定主義ですが，実は1965年の法人税法全文改正時にこれを顕す文言の明記が検討されていました。

『法人税法改正試案（第四次案）』（大蔵省主税局税制第一課，1964年10月）には「益金の額の帰属事業年度の通則」として27条1項（仮案）に「益金の額は，その益金の額を収入する権利が確定した日の属する事業年度（収入を伴わないものについては，その益金の額を計上して行なつた決算に係る事業年度）の益金の額とする。」と記されています。しかも，「収入する権利が確定した日」という文言は同年7月の『第三次案』28条1項（仮案）でも確認することができるのです。実際の法文には採用されませんでしたが，法令上明記するかどうかについての検討が行われていたことが窺えます。

---

### (3) 管理支配基準

収入すべき権利が確定した時期を判定する際，法的な観点を重視すると説明が困難な領域が存在する。たとえば，不法な原因により得た収益について法的な観点から権利の確定を観念することは難しい。しかし，法人税法が包括的所得概念を採用している以上，これらの経済的利益も所得を構成することになる。

そのため，判例実務は管理支配基準という考え方を，権利確定主義を補完修正するものとして部分的に導入してきた。管理支配基準のもとでは，納税者が対価等の管理支配を獲得した時点で収益を認識することが認められている。ここでは，法的権利の有無ではなく，事実上の支配が重視されるため，たとえば利息制限法に違反する利息を収受した場合でも，現実に納税者が受け取った部分は益金に算入されることになる（最判昭和46年11月16日刑集25巻8号938頁）。

管理支配基準は，給付や支配の移転は完了済みであるが，例外的事情（違法取引，訴訟等）により権利が確定しない場合のみ用いられるべきである。

# 第6 ● 損金の範囲

## (1)　損金を構成する原価・費用・損失の額

　法人税法では，損金の額に算入すべき金額として，別段の定めがあるものを除き，次に掲げる額を挙げている（法法22③）。

「一　当該事業年度の収益に係る売上原価，完成工事原価その他これらに準ずる原価の額

　二　前号に掲げるもののほか，当該事業年度の販売費，一般管理費その他の費用（償却費以外の費用で当該事業年度終了の日までに債務の確定しないものを除く。）の額

　三　当該事業年度の損失の額で資本等取引以外の取引に係るもの」

　包括的所得概念からは，このように3つに区別する必要はないが，法人税法では益金と同様に損金においても定義を示していないので，損金に何を含めればよいかを網羅的に示しているのである。原価，費用，損失は，先に述べた収益と同様に企業会計の固有概念であり，その額は公正処理基準によって計算される（法法22④）。次にこれらについて個別的に検討を加えてみる。

### ①　原価（1号）

　「当該事業年度の収益に係る」と規定しているように，そこには企業会計上の費用収益対応の原則が前提にある。収益との関係で個別対応しており，収益に対応する原価のみが損金の額に算入されることになる。

　「売上原価の額」は商品，製品等の売上高に対応する原価の額である。「完成工事原価の額」は建設業の受注に係る売上高に対応する原価の額であり，本業を役務提供とする法人の代表として建設業を挙げている。「その他これらに準ずる原価の額」は固定資産等の売却に係る原価の額や建設業以外の法人で役務提供を本業としている法人の役務提供の原価の額ならびに本業としない役務提供の原価の額を含んでいる。

### ②　費用（2号）

　「当該事業年度の」とあるように，期間対応の原則が前提にある。原価のよ

うに収益に直接対応するのではなく，間接対応するものである。「販売費，一
般管理費」には，たとえば以下の費用が該当する（財規ガイドライン84）。

- 販売手数料，荷造費，運搬費，広告宣伝費，見本費，保管費，納入試験費
- 販売および一般管理業務に従事する役員，従業員の給料，賃金，手当，賞
  与，福利厚生費ならびに販売および一般管理部門関係の交際費
- 旅費，交通費，通信費，光熱費および消耗品費，租税公課，減価償却費，
  修繕費，保険料，不動産賃借料およびのれんの償却額

「その他の費用」とは営業外費用を意味し，支払利息や割引料，売上割引等
が含まれる。ただし，減価償却資産と繰延資産の償却費を除いて，その事業年
度終了の日までに債務が確定していないものは含まれない。それゆえ，法人税
法では本来であれば引当金の計上は認められないのであるが，「別段の定め」
によって貸倒引当金の計上が認められている。これは公正な会計慣行を尊重し
ての立法政策的な措置である。

### ③　損失（3号）

費用と同様に「当該事業年度の」と規定しているが，上記の原価や費用とは
異なり，収益との対応関係は，個別的にも期間的にもみられない。その事業年
度の損失で，資本等取引以外の取引に係るものである。非経常的，あるいは臨
時的な性質を有する支出と考えることができる。

## (2)　債務確定主義

### ①　法的基準たる債務確定

法人税法では，公正処理基準に従って計算された損費の額を「別段の定め」
でもって修正，加工するとともに，債務確定の基準を満たしているものを損金
の額に含めることとしている。公正処理基準に従って会計処理がなされる場合，
費用は発生主義によって認識されるが，その帰属時期においては法人の判断に
委ねられる場合が多く，そのため利益操作がなされやすい。そこで外部取引に
ついては債務が確定した費用のみの損金への算入を認め，見越費用（「別段の
定め」で認められている貸倒引当金を除く。）や，用役の提供を受けたが請求金額
が合意されていないために債務の確定していない未払費用の損金算入を認めな
いことにしている。これを債務確定主義といい，その発生の見込み，またはそ

の金額が明確でない費用を損金算入すべき額から排除し，所得計算の客観性や法的安定性を担保することを目的としている。

　ただし，内部取引たる減価償却資産や繰延資産の償却費は，費用収益対応の原則に基づき会計上の技術としてなされるものであり，そもそも債務の確定を観念することはできない。そこで，債務確定主義に代わり，損金経理を要件とし，かつ法人税法が認める限度額の範囲内で損金算入を認めることにより，客観性を担保している。

　なお，売上原価等と損失については，「債務確定」の要件は付されていない。売上原価等については販売収益との直接的な対応関係という内部計算により決定されるからである。現に，通達では事業年度末までに確定していない発生費用の原価算入を認めている（法基通2-2-1）。また，損失はそもそも債務の確定が問題になり得ないケースが多いが，事故等の不法行為に基づいて損害賠償義務が生じるような場合には債務の確定が問題になる余地はある。損害賠償に係る支払債務が確定するまでは損金に算入することができないからである。

### ②　債務確定の要件

　通常，債務が確定したとされるには次の3つの要件が満たされなければならない（法基通2-2-12）。

(ｱ)　当該事業年度終了の日までに当該費用に係わる債務が成立していること

(ｲ)　当該事業年度終了の日までに当該債務に基づいて具体的な給付をすべき原因となる事実が発生していること

(ｳ)　当該事業年度終了の日までにその金額を合理的に算定することができるものであること

#### 設例Ｉ-１-１

　A社（3月決算法人）は翌期の7月に掲載する広告契約を本年2月10日に締結し，同日に代金を支払い費用計上した。

(ｱ)　広告契約を締結しており債務は成立している：○

(ｲ)　広告は翌期掲載のため，事業年度終了の日までに給付をすべき原因となる事実は発生していない：×

(ｳ)　契約書に金額は明記されている：○

　以上から，(ｲ)の要件を満たさないため債務が確定しているとはいえない。よって，当期に費用計上しても損金にはならない。

## 第7 ● 資本等取引

### (1)　法人税法上の資本等取引

　法人税法は，資本の部の金額を「資本金等の額」と「利益積立金額」とに区分している。資本金等の額は，企業会計上の資本金と資本剰余金に相当するものであり，また，利益積立金額は，企業会計上の利益剰余金に相当するものであるが，これらは必ずしも一致するものではない。

　法人税法上，資本等取引とは，法人の資本金等の額の増加または減少を生ずる取引ならびに法人が行う利益または剰余金の分配（中間配当を含む。）および残余財産の分配または引渡しのことであり（法法22⑤），それぞれ，「狭義の資本等取引」，「利益の分配等」と理解されている。それ自体は資本取引ではない利益または剰余金の分配を資本等取引に含めたのは，それらは課税済みであって損益取引といえないためである。

　資本等取引は法人税法上の所得計算に影響を与えないが（法法22②③），これは法人と株主の間で資本を直接出し入れする取引および支払配当に伴う純資産の増減を所得計算から排除することで，株主から受け入れた元手を運用した成果を所得として把握するのである。

　なお，資本金等の額とは，法人が株主等から出資を受けた金額として政令で定める金額をいう（法法2十六）。「政令で定める金額」とは，「法人の資本金の額または出資金の額」と，「前事業年度までの資本金の額以外の資本金等の額の増減額」および「当該事業年度の資本金の額以外の資本金等の額の増減額」とを合計した金額である。また，「資本金の額以外の資本金等の額の増減額」とは，法人税法施行令8条1項1号から12号に掲げる金額の合計額から13号から22号までに掲げる金額の合計額を減算した金額である。

### 図表Ⅰ－1－6　資本金等の額の計算

```
資本金等の額 ＝「法人の資本金の額または出資金の額」
            ＋「前事業年度までの資本金の額以外の資本金等の額の増減額」
                （法令8①一～十二号の合計－法令8①十三～二十二号の合計）
            ＋「当該事業年度の資本金の額以外の資本金等の額の増減額」
                （法令8①一～十二号の合計－法令8①十三～二十二号の合計）
```

## ⑵　資本等取引の類型

ここまでを踏まえて，資本等取引の類型を示したものが**図表Ⅰ－1－7**である。

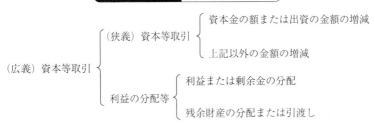

図表Ⅰ－1－7　資本等取引の類型

```
                              ┌ 資本金の額または出資の金額の増減
               ┌ (狭義) 資本等取引 ┤
               │              └ 上記以外の金額の増減
(広義) 資本等取引 ┤
               │              ┌ 利益または剰余金の分配
               └ 利益の分配等  ┤
                              └ 残余財産の分配または引渡し
```

## ⑶　利益または剰余金の分配

　ここで利益または剰余金の「分配」とあるのは，必ずしも利益処分という形式を重視するのではなく，実質的な分配であるか否かで資本等取引の判断を行うからだとされている。その具体的な内容は，以下のとおりである。

- 剰余金の配当：株式会社の配当で，利益の配当に加えて資本剰余金の減少による配当を含めた分配
- 利 益 の 配 当：持分会社（合資・合名・合同会社）の利益の分配
- 中 間 配 当：一事業年度の中間において行う金銭の分配
- み な し 配 当：実質的に利益の配当や剰余金の分配が行われたことと同じ経済効果が生ずる場合
- 剰余金の分配（協同組合等の場合）

## ⑷　剰余金の配当に係る税務

　会社法では株主に対する利益の配当および資本の払戻し等は「剰余金の配当」として一本化されているが，税法では配当原資（利益剰余金，資本剰余金）に応じ，利益配当と資本の払戻しに区分される（法法23，24）。

### ①　発行会社の税務処理

　利益剰余金からの配当とは異なり，資本剰余金からの配当は法人税法上本来の配当とはせずに「資本の払戻し」としてみなし配当の対象にする。この場合，

以下のプロラタ（Pro Rata，按分）計算によって，減少資本剰余金額を資本の払戻し部分とみなし配当部分に按分する（図表Ⅰ-1-8参照）。ここでは，資本金等の額あるいは利益積立金額がゼロまたはマイナスになることも想定されており，前者は資本の払戻し部分が，後者はみなし配当部分がゼロになるよう手当てされている。すなわち，払戻し直前の資本金等の額がゼロ以下の場合は算式中の分数の値（払戻資本割合）をゼロとし，払戻し直前の資本金等の額がゼロを超え，かつ，分母の簿価純資産額がゼロ以下の場合（あるいは残余財産の全部を分配する場合）や，分子が分母を超える場合は分数の値を1とする。また，計算式内の分母については，事業年度終了時から払戻し直前までの変動額を加減算する（法令8①十九，23①四）。

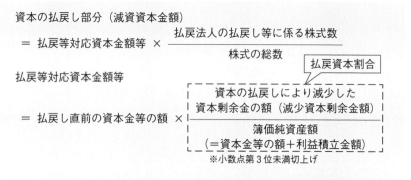

なお，資本剰余金と利益剰余金の双方を原資とする剰余金の配当（混合配

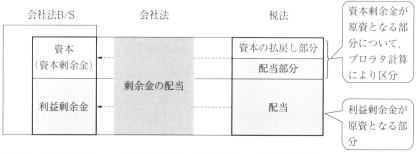

**図表Ⅰ-1-8　剰余金の配当に係る税務上の取扱い**

（出所）『改正税法のすべて〔平成18年度版〕』大蔵財務協会，2006年，262頁

当）は，その全体が資本の払戻しとなり（法法24①四），プロラタ計算の対象になる。この場合，払戻等対応資本金額等および減資資本金額は，減少資本剰余金額を限度とする（法令23①四）。たとえ，利益剰余金からの配当と資本剰余金からの配当をそれぞれ異なる配当決議として株主総会における決議事項を2つに区分しても，配当原資を同一の効力発生日に減少した場合には同様である（国際興業管理事件 最判令和3年3月11日民集75巻3号418頁）。このような取扱いがなされるのは，いずれの配当が先に行われるかによって資本剰余金を原資とする配当に係るプロラタ計算の算定上，課税関係（「資本の払戻し部分」および「みなし配当部分」）が異なる結果となり，そこに恣意性が介在して課税の公平性を損なう事態が想定され得るからである。これを「先後関係問題」という。

▷　みなし配当について詳しく（☞第Ⅰ部第2章第3(2)②）

### ②　株主の税務処理

　利益剰余金からの配当を受け取った場合は受取配当金として計上し，受取配当等の益金不算入規定が適用される（法法23①）。また，その他資本剰余金を原資とした剰余金の配当を受ける法人においては，資本金等の額の減少部分に対応する金額が株式の譲渡対価の額とされ，利益剰余金の減少部分に対応する金額（みなし配当の額）が受取配当金とされる。この金額は受取配当等の益金不算入規定の適用を受ける（法法23①）。

　法人が受ける剰余金の配当は配当の効力発生日の属する事業年度の収益とする（法基通2-1-27(1)イ）。配当落ち日に未収配当金を計上している場合であっても当該事業年度の益金の額に算入しない（同，注）。なお，発行法人は株主に対し，当該払戻し等に係る払戻割合を通知しなければならない（法令119の9②）。株主側の税務処理は，支払通知書に基づいて，次の内容に従い行う。

- みなし配当　　…支払通知書から把握
- 株式の譲渡対価…払戻額から源泉徴収の対象である受取配当金（みなし配当）の額を差し引いて把握
- 株式の譲渡原価…払戻直前の所有株式の簿価に払戻資本割合を乗じた額（法法61の2⑰，法令119の9①）。

　株主においては，株式の譲渡損か譲渡益のいずれかが生じることになる。仕訳で表せば次のようになる。

㊐　譲渡損が生じるケース　　　　　　　㊑　譲渡益が生じるケース

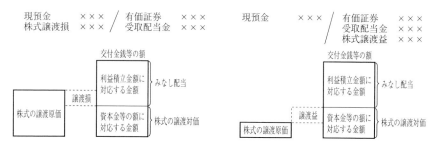

▷　配当落ち日について詳しく（☞第2章第3⑶　COLUMN❷）

**設例Ⅰ－1－2**

（単位：百万円）

資本剰余金を原資とする配当　100，払戻直前の資本金等の額　200
前事業年度終了時の簿価純資産額　500，株主側（100％保有）の有価証券の簿
価　100

【みなし配当の金額】

$$200 \times \frac{100}{500}(20\%) = 40（株式の譲渡対価），100 - 40 = 60（みなし配当）$$

【株主の仕訳】

| 現金預金 | 100 | 有価証券 | 20 |
|---|---|---|---|
| | | 受取配当金 | 60 |
| | | 株式譲渡益 | 20 |

※　株式の譲渡原価　100　×　20％　＝　20

---

**COLUMN⓮　文理解釈と目的論的解釈　～国際興業管理事件～**

　文理解釈とは，条文が書いてある文章にできるだけ忠実に，できるだけそこに歪みを生じさせないように理解するという考え方で法解釈の原則です。もっとも，文理解釈によって規定の意味内容を明らかにすることが困難な場合には，規定の趣旨目的に照らして考える必要があります。文理解釈の結果を，このような目的論的解釈（趣旨解釈，論理解釈）によって補完するという解釈態度は判例（最判平成22年3月2日民集64巻2号420頁）においてもとられているところです。

　国際興業管理事件では混合配当の取扱いが争われましたが，東京地裁は法人税法23条1項1号と同法24条1項3号（現4号）をめぐる文理の論理的帰結に，先後関係問題の発生を防ぐという同規定の立法趣旨を併せ考慮し，混合配当はその全体を資本の払戻しとする旨判示しました（東京地判平成29年12月6日税資267号順号13095）。

第**2**章

# 益金の会計

## 第1 ● 収益の計上基準

### (1) 棚卸資産の販売収益

収益の計上基準について，法人税法では，資産の販売若しくは譲渡による収益はその引渡しがあった日の属する事業年度の益金に算入することとしており，引渡基準によっている（法法22の2①）。

そして，この「引渡しがあった日」がいつであるかについての具体的判定は，継続適用を前提として，①出荷基準，②船積基準，③着荷基準，④検収基準，⑤使用収益開始基準によって行われることが想定されている（法基通2－1－2）（図表I－2－1参照）。

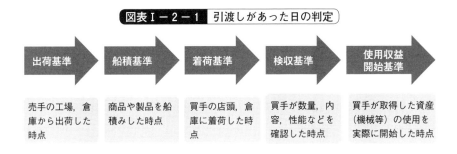

図表I－2－1　引渡しがあった日の判定

| 出荷基準 | 船積基準 | 着荷基準 | 検収基準 | 使用収益開始基準 |
|---|---|---|---|---|
| 売手の工場，倉庫から出荷した時点 | 商品や製品を船積みした時点 | 買手の店頭，倉庫に着荷した時点 | 買手が数量，内容，性能などを確認した時点 | 買手が取得した資産（機械等）の使用を実際に開始した時点 |

もっとも，これらの基準は例示であり，これら以外の基準であっても当該棚卸資産の種類および性質，その販売に係る契約の内容等に応じその引渡しの日として合理的であると認められる日をもって「引渡しがあった日」と判定する

場合も，当然に認められる。また，引渡しの日ではなくても，公正処理基準によって，引渡しの日に「近接する日」の属する事業年度の収益として経理した場合にも益金に算入する（法法22の2②）。この場合の近接する日とは，「仕切清算書到達日」「検針日」等である（法基通2－1－3，2－1－4等）。

さらに，近接する日の属する事業年度の確定申告書において申告調整した場合には，その日の属する事業年度に収益経理したものとみなして，その事業年度で益金算入する（法法22の2③）（図表Ⅰ－2－2①参照）。ただし，引渡しの日または近接する日に収益経理している場合には，申告調整により，これらの日以外の日に変更することはできない（図表Ⅰ－2－2②参照）。

**図表Ⅰ－2－2 別表調整による収益計上時期**

① 例外処理（法法22の2③）

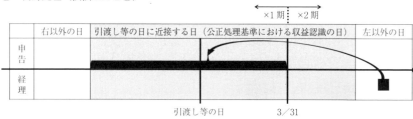

② 例外処理（法法22の2③）の適用不可

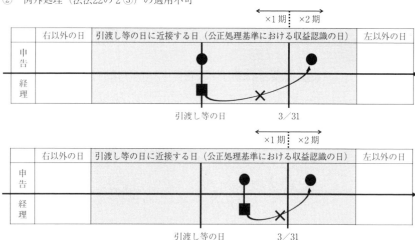

（出所）国税庁HP「『収益認識に関する会計基準』への対応について～法人税関係～」を一部加工。

　収益の計上額は「資産の引渡しの時における価額」（法法22の2④）である。これは，資産の販売等につき第三者間で取引されたとした場合に通常付される価額を指し（法基通2-1-1の10），いわゆる時価のことである。なお，貸倒れや返品が生じる可能性がある場合においても，その影響を織り込むことはできない（法法22の2⑤）。

---

**COLUMN⑮　ハネムーン時代再来!?**

　2018（平成30）年度税制改正において資産の販売等に係る収益に関する規定（法法22④，22の2，法令18の2）が改正されました。いずれも1965年の法人税法全文改正により制定された同法第22条（各事業年度の所得の金額の計算の通則）に係るもので，大規模な改正は1967年に第4項として公正処理基準の規定が置かれて以来，実に半世紀ぶりです。

　改正の背景には，新たな収益認識基準（企業会計基準第29号）の公表があります。金商法監査や会社法監査の対象法人（約1万社）とその連結子会社（約10万社）は強制適用ですが，中小企業には企業会計原則等に則った処理も認められます。税制改正も原則として新基準に平仄を合わせながら，新基準を用いない企業には従前の処理を許容する方針で行われました。こういった改正をみるにつけ，かつての「蜜月（ハネムーン）時代」（序章第2⑴③参照）を思い出すのは私だけではないでしょう。

---

▷　終章第2　COLUMN㊳

## (2)　請負（役務）収益

　請負とは，当事者の一方がある仕事を完成することを約し，相手方がその仕事の結果に対して報酬を支払うことを内容とする契約をいう。請負契約は，工事請負契約等の「物の引渡しを要するもの」と，保守や運送業務，清掃業務等の「物の引渡しを要しないもの（役務提供のみ）」に分類される。

---

**COLUMN⑯　建設業およびサービス業の占める割合**

　『第147回　国税庁統計年報（令和3年度版）』によると，申告普通法人数が約287.4万法人であるところ，小売業および卸売業，製造業に属する法人数の合計は約85.9万法人（29.9%），建設業およびサービス業に属する法人数の合計は約113.9万法人（39.6%）となっています。なお，製造業に属する法人のうちにも請負契約に基づいて製造を行う法人が存在することから請負収益の計上基準を確認することの社会的需要はさらに高いものとなります。

### ① 原則的な基準

請負による収益は，役務の提供があった日の属する事業年度の益金に算入するものとされており，役務提供日基準によっている（法法22の2①）。具体的には，物の引渡しを要する請負契約にあっては，その目的物の全部を完成して相手方に引き渡した日の属する事業年度の益金の額に算入し，また，物の引渡しを要しない請負契約にあっては，その役務のすべてを完了した日の属する事業年度の益金の額に算入するものとされている（法基通2-1-21の7）。すなわち，物の引渡しを要する請負契約の場合には，棚卸資産の販売による収益の計上の場合と同様に，「引渡基準」としての「工事完成基準」が採られている。

また，建設工事等（建設，造船その他これらに類する工事）の請負の場合に，その建設工事等の引渡しの日がいつであるかの判定も，棚卸資産の販売による収益の場合と同様に，継続適用を前提として，①作業完了基準，②搬入基準，③検収基準，④使用収益開始基準によること，または，その他当該建設工事等の種類および性質，契約の内容等に応じその引渡しの日として合理的であると認められる日をもって「引渡しがあった日」と判定することが認められている（法基通2-1-21の8）（図表Ⅰ-2-3参照）。

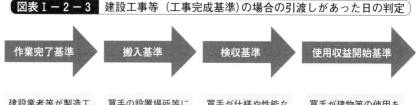

**図表Ⅰ-2-3** 建設工事等（工事完成基準）の場合の引渡しがあった日の判定

| 作業完了基準 | 搬入基準 | 検収基準 | 使用収益開始基準 |
|---|---|---|---|
| 建設業者等が製造工程のすべてを完了した時点 | 買手の設置場所等に機械等を搬入した時点 | 買手が仕様や性能などを確認した時点 | 買手が建物等の使用を実際に開始した時点 |

ところで，建設工事等のうち，長期大規模工事（法法64①）および期中に引渡しが行われない工事（法法64②）の場合は後述するが（「第2 工事の請負」），その建設工事等において次に掲げるような事実がある場合には，その建設工事等の全部が完成しないときにおいても，その事業年度において引き渡した建設工事等の量または完成した部分に対応する工事代金の額をその事業年度の益金に算入することとなる（法基通2-1-1の4，2-1-21の7）。

（ア） 一の契約により同種の建設工事等を多量に請け負ったような場合で，そ

の引渡量に従い工事代金を収入する旨の特約または慣習がある場合
(ｲ)　1個の建設工事等であっても，その建設工事等の一部が完成し，その完
　　成した部分を引き渡した都度その割合に応じて工事代金を収入する旨の特
　　約または慣習がある場合

　要するに，部分完成基準の採用となるが，これは法人の選択適用ではない点
に注意を要する。なお，建設工事等の範囲には，ソフトウェアの開発請負，請
負製作も含まれるので，その対象範囲は広範である。

### ②　特定業種における特有の収益の計上基準

　役務提供の態様は種々存在するところであり，収益の計上に関して，その業
種に特有の基準，方法が慣行化している例も少なくない。

　たとえば，事業者数が多い業種として不動産仲介業が挙げられるが，土地，
建物等の売買等（売買，交換または賃貸借）に伴い受け取る仲介料またはあっせ
ん料は，原則として，その売買等に係る契約の効力が発生した日の属する事業
年度の益金に算入するものとされる（法基通2－1－21の9）。これは，契約の
効力が発生することにより，その仲介料またはあっせん料に係る請求権が確定
することを根拠とするものと理解されるが，不動産仲介業の実態とは必ずしも
合致しない事態も想定される。それゆえに，税務会計上，継続適用を前提とし
て，その契約に係る取引の完了した日の属する事業年度の益金に算入する方法，
あるいは，取引完了日前に金員を受け取る場合には，その受取日の属する事業
年度の益金に算入する方法も認められている（法基通2－1－21の9後段）。

　また，近年，法人業務のアウトソーシングや，技術者等の専門性の高い人員
を自己において養成することに代えて，外部から必要な時機に必要な人数の派
遣を受ける手法の採用が珍しくない。こうした事業形態においても，その役務
提供の態様とその報酬の受取方法の多様性ゆえに，収益計上に関する特有の方
法が認められる。すなわち，技術役務の提供により受け取るその報酬は，原則
として，その役務のすべての提供を完了した日の属する事業年度の益金に算入
するものとされ（法基通2－1－21の10），これは，物の引渡しを要しない請負
に係る収益を計上する場合と同じ方法となっている。

　その一方で，その技術役務の提供について，次に掲げるような事実がある場
合には，その報酬の額が確定する都度，その確定した金額をその確定した日の

属する事業年度の益金に算入する（法基通2－1－1の5，2－1－21の10）。

　(ア)　報酬の額が現地に派遣する技術者等の数および滞在期間の日数等により算定され，かつ，一定の期間ごとにその金額を確定させて支払いを受けることとなっている場合

　(イ)　報酬の額が作業の段階ごとに区分され，かつ，それぞれの段階の作業が完了する都度その金額を確定させて支払いを受けることとなっている場合

　ただし，その支払いを受けることが確定した金額のうち役務の全部の提供が完了するまで，または1年を超える相当の期間が経過するまで支払いを受けることができない部分の金額については，その完了する日とその支払いを受ける日とのいずれか早い日まで収益計上を見合わせることができる。なお，技術役務の提供に係る契約に関連してその着手費用に充当する目的で相手方から収受する仕度金，着手金等の額は，後日精算して剰余金があれば返還することとなっているものを除き，その収受した日の属する事業年度の益金に算入する。

---

**COLUMN⓱　22条の2を惟みる　～その1　22条との関係～**

　新設された法人税法22条の2には，「別段の定め（前条第四項を除く。）があるものを除き」という条文表現がたびたび登場します（同条①②④）。たとえば，第1項には「内国法人の資産の販売若しくは譲渡又は役務の提供に係る収益の額は，別段の定め（前条第四項を除く。）があるものを除き，その資産の販売等に係る目的物の引渡し又は役務の提供の日の属する事業年度の所得の金額の計算上，益金の額に算入する。」とあります。

　いったい，なぜこのような複雑な規定が置かれたのでしょうか。これについては，規定の優先関係―22条の2が22条4項に優先して適用される―を明らかにするためと解説されています（『平成30年度改正税法のすべて』）。しかし，22条の2はそもそも「別段の定め」なので，「（前条第四項を除く。）」という文言がなくても，22条4項より先に適用されることは明らかです。また，ここでは「別段の定め」を当該法令・条項以外の法令・条項で定められた規定と捉え，22条4項も「別段の定め」に含めていますが，これに違和感を覚える方も多いのではないでしょうか。わが国では22条を所得計算の通則規定とし，それ以外を「別段の定め」と捉える解釈（たとえば，『会計学大辞典 第五版』（安藤英義他編2007，中央経済社，1226頁）を参照）も存在しているからです。

---

### (3)　固定資産の譲渡収益

　固定資産の譲渡収益については，その原則的な方法として「引渡基準」が採用される点および「引渡しがあった日」がいつであるかについての具体的判定

方法は，ともに上記(1)の棚卸資産の販売収益の場合と同様となっている。なお，固定資産が土地，建物等の場合において，法人が譲渡契約の効力発生日（譲渡契約締結日）に収益計上を行っているときは，当該効力発生日は引渡しの日に近接する日に該当する（法基通 2 - 1 -14）。

### (4)　リース譲渡

　リース取引（法法64の 2 ③）によるリース資産の引渡し，つまり，売買取引とされるリース取引については延払基準の適用が認められている（法法63）。税務会計上の延払基準の方法としては，(ア)定額法による延払基準の方法と(イ)利息法による延払基準の方法とが認められている（法令124①）。

#### ①　定額法による延払基準の方法

　これは，その対価の額およびその原価の額（手数料を含む。）に，そのリース取引に係る賦払金割合を乗じて計算した金額を収益の額および費用の額とする方法である。

$$収益の額 ＝ 対価の額 × 賦払金割合$$
$$費用の額 ＝ 原価の額 × 賦払金割合$$

なお，賦払金割合は，次の算式によって計算される割合をいう（法令124②）。

$$賦払金割合 ＝ \frac{当期中に支払期日が到来した賦払金}{対価の額}$$

#### ②　利息法による延払基準の方法

　この方法は，(i)および(ii)に掲げる金額の合計額を当該事業年度の収益の額とし，(iii)に掲げる金額を当該事業年度の費用の額とするものである。

$$リース譲渡に係る収益の額 ＝ (i) ＋ (ii)$$
$$リース譲渡に係る費用の額 ＝ (iii)$$

計算要素は，次のとおりとされている。

(i)　リース譲渡に係る元本相当額（その対価の額から利息相当額を控除した額）をリース期間の月数で除し，これに当該事業年度におけるリース期間

の月数を乗じて計算した金額

(ⅱ) 利息相当額がその元本相当額のうち支払いの期日が到来していないものの金額に応じて生ずるものとした場合に，当該事業年度におけるリース期間に帰せられる利息相当額

(ⅲ) 原価の額をリース期間の月数で除し，これに当該事業年度におけるリース期間の月数を乗じて計算した金額

▷　リースの取扱いについて詳しく（☞第 I 部第 3 章第15(3)）

## 第2 ● 工事の請負

### (1) 制度の趣旨と概要

請負収益の計上に係る原則的取扱いについては，すでに収益の計上基準（第 I 部第 2 章第 1 ）においてみたとおり，工事の請負による収益計上についても基本的にはこれによることとなる。したがって，工事の請負による収益は，その目的物の全部を完成して相手方に引き渡した日に計上する。つまり，工事完成基準の適用となる。

ただし，税務会計上，着工年度に引渡しが行われない工事の請負による収益および費用の計上に関しては，工事期間および工事に係る請負対価の額の規模に応じて，次のとおり定められている（法法64①②）。

① 長期大規模工事については工事進行基準

② 長期大規模工事以外の工事で 2 事業年度以上にわたるものについては工事進行基準と工事完成基準との選択適用

### (2) 長期大規模工事による収益の計上

税務会計上，工事進行基準が強制適用される長期大規模工事とは，①着工から引渡しまでの期間が 1 年以上，②請負対価が10億円以上，③契約上，請負対価の額の 2 分の 1 以上が引渡期日から 1 年経過日後に支払われることが定められていない，ことが要件とされている（法法64①，法令129①②）。

ここで，工事進行基準とは，工事の請負対価の額およびその工事原価の額に当該事業年度終了の時におけるその工事進行割合を乗じて計算した金額から，それぞれ前事業年度までに収益の額および費用の額とされた金額を控除した金

額をその事業年度の収益の額および費用の額とする方法である（法令129③）。

$$\begin{matrix}\text{工事に係る収益}\\\text{（費用）の額}\end{matrix} = \begin{matrix}\text{請負対価（工事}\\\text{原価）の額}\end{matrix} \times \begin{matrix}\text{工事進行}\\\text{割合}\end{matrix} - \begin{matrix}\text{前事業年度までに収益}\\\text{（費用）の額とされた金額}\end{matrix}$$

　上記の計算要素のうち工事原価の額とは，当該事業年度終了の時の現況によりその工事につき見積もられる工事の原価の額であり，工事進行割合は，工事原価の額のうちに，すでに要した原材料費，労務費その他の経費の額の占める割合をいう。ただし，その他の工事の進行度合を示すものとして合理的と認められるものに基づいて計算した割合を用いることも認められる。

　ところで，工事進行基準によって工事の請負収益の計上を行うためには，その請負対価の額が確定していることが不可欠であるが，長期大規模工事の性質上，工事着工後の状況に応じて最終的な請負対価の額を確定するものとしている場合などには，請負対価の額がその事業年度終了の時までに確定していない事態も生ずる。この場合には，工事進行基準の適用の可否を含めて問題となるが，その時の現況により見積もられる工事原価の額をその請負対価の額とみなすことで工事進行基準を適用するものとされている（法令129④）。

　工事進行基準を強制適用するための対応措置であるが，正確には，これは，

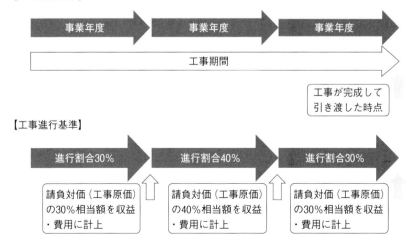

**図表 I－2－4　工事完成基準と工事進行基準**

【工事完成基準】

| 事業年度 | 事業年度 | 事業年度 |

工事期間

工事が完成して引き渡した時点

【工事進行基準】

| 進行割合30% | 進行割合40% | 進行割合30% |

請負対価（工事原価）の30％相当額を収益・費用に計上

請負対価（工事原価）の40％相当額を収益・費用に計上

請負対価（工事原価）の30％相当額を収益・費用に計上

いわゆる工事原価回収基準の採用となるものと理解される。

---

**COLUMN⓲ 22条の2を惟みる 〜その2 22条2項への影響〜**

法人税法22条2項では、収益をもたらす取引として、①資産の販売、②資産（役務）の有償譲渡（提供）、③資産（役務）の無償譲渡（提供）、④資産の無償譲受、⑤その他の取引、を定めています。では、本条項と22条の2との関係はどうなるのでしょう？

22条の2の対象は資産の販売等（資産の販売若しくは譲渡又は役務の提供）なので、上記の①〜③が含まれます。しかも、22条の2は「別段の定め」であり、22条2項に優先して適用されます。したがって、22条2項によって益金に算入される収益（公正処理基準により収益とされるもの）の範囲が著しく縮小（④、⑤のみ）することになります。

---

# 第3 ● 受取配当等

## (1) 制度の趣旨と概要

### ① 制度の概要

営利法人においては、その出資者に対して、出資割合等の一定の基準に従って儲けの分配等が行われるが、この儲けの分配、分け前が配当等である。法人が、他の法人から受け取る配当等については、企業会計においては営業外収益として処理されるが、税務会計では、その配当等の発生源泉となる株式等の区

**図表Ⅰ−2−5 株式等の区分と益金不算入割合**

| 株式等の区分・出資割合 | 保有要件 | 益金不算入割合 |
|---|---|---|
| 完全子法人株式等（100%（完全支配）） | 計算期間における全期間 | 100% |
| 関連法人株式等（3分の1超100%未満） | 基準日以前6か月以上継続保有 | 100%（注1） |
| その他の株式等（5%超）（注2） | なし（基準日時点） | 50% |
| 非支配目的株式等（5%以下） | なし（基準日時点） | 20% |
| 外国子会社株式等（25%以上） | 確定日以前6か月以上継続 | 95% |
| 保険会社が有する非支配目的株式等 | なし（基準日時点） | 40% |

（注1） 負債利子控除後の配当金の全額
（注2） 完全子法人株式等および関連法人株式等に該当するものを除く。その出資割合が3分の1超の法人の株式等、あるいは、完全支配関係にある法人の株式等であっても所有期間要件を充足しない場合には、その他の株式等となる。

分に従って，受取配当等の額の一定割合について益金不算入とされる（法法23
①④⑤⑥，法法23の2①，措法67の7）。「支配目的の株式（＝持株比率が高い株
式）」への投資については，経営形態の選択や企業グループの構成に税制が影響
を及ぼすことのないように100％益金不算入としつつ，「支配目的が乏しい株式
等（＝持株比率が低い株式等）」への投資は，他の投資機会（例えば，債券投資）
との選択を歪めないように益金不算入割合が低くなっている（**図表I-2-5**参照）。

　なお，完全子法人株式等，関連法人株式等および外国子会社株式等には出資
割合のほか，保有期間要件があり，それぞれ次のとおりである。

### ㋐　完全子法人株式等（法法23⑤，法令22の2）

　配当等の額の計算期間の初日から末日まで継続して内国法人との間に完全支
配関係があった他の内国法人（公益法人等および人格のない社団等を除く。）の株
式等をいう。

　▷　完全支配関係について詳しく　（☞第Ⅱ部第3章第2）

　配当等の額の計算期間とは，その直前の支払いを受けた配当等に係る支払基
準日の翌日から今回支払いを受ける配当等に係る支払基準日までの期間をいう。
支払基準日は，通常，決算期末（期末，中間期末，四半期末）となる（以下，同じ）。

### ㋑　関連法人株式等（法法23④，法令22）

　他の内国法人に対する出資割合が3分の1超であり，その株式等を基準日以
前6か月継続して有している場合のその他の内国法人の株式等（完全子法人株
式等に該当するものを除く。）をいう。出資割合は次の算式によって計算される。

$$出資割合 = \frac{その法人の所有株式等}{出資先法人の発行済株式等の総数等}$$

### ㋒　外国子会社株式等（法法23の2①，法令22の4①）

　外国法人に対する出資割合が25％以上であり，剰余金の配当等の額の支払義
務が確定する日以前6か月以上継続保有する株式等をいう。

### ②　制度の趣旨

　受取配当等について，その一部または全部が益金不算入とされる理由は同一
の発生源泉に対し法人と個人株主等とにおいて租税の二重課税が生ずることを
避けるべく，利益を稼ぐ法人とその出資者である個人株主との間に介在する法
人において租税負担を蓄積させないためである。

　この点を理解するためには，適正な租税負担のあり方と法人の捉え方を知る
必要がある。まず，適正な租税負担のあり方については，同じ源泉に何度も課
税することは許されるかが検討されなければならない。これについては種々の
見解が存在するが，所得を課税物件として課税する場合，所得に係る1つの発
生源泉に対して複数回課税することは避けるべきであるとする考え方は，その
主要なものの1つである。

　また，法人の捉え方については，民法における主要な法人概念として，法人
擬制説と法人実在説とがあり，わが国の法人税法は，基本的に法人擬制説に
拠っている。すなわち，法人擬制説においては，法人とは個人株主の集合体で
あり，その利益，所得金額についても個人株主に帰属するものと考えることか
ら，法人擬制説的な法人課税制度においては所得金額から負担すべき法人税に
ついては個人株主に対する所得税を前取りするものとして位置づけられる。

　したがって，法人の所得金額に対して法人税が課税されている場合に，個人
が法人から受け取る配当について課税することは，法人の所得金額という1つ
の発生源泉に対して二重に負担を発生させるものとして捉えられることとなる
（**図表Ⅰ-2-6**参照）。法人擬制説的な法人課税制度のもとでは，法人と個人株
主との一体的な課税による適正負担を志向するので，個人の配当所得に対する
課税の段階では，法人段階において前取りされた法人税（**図表Ⅰ-2-6**にお
いては300）と合わせて相応の負担を求めることとなる。わが国の現行所得税
法においては，配当控除のしくみが採用されている。

　なお，以上は，法人と個人株主との二重課税とその回避の必要性についての
説明であり，法人が他の法人から受け取る配当等について益金不算入とするこ
との直接的な説明とはなっていない。

　法人が他の法人から受け取る配当等について法人税の課税を行うことは，そ
れ自体が二重課税の問題を引き起こすので，その負担調整が必要となるが，さ
らに，法人と個人株主との一体的な課税を実現するためにも不可欠なしくみと

**図表Ⅰ－2－6　参考図1**

* 個人AがB社を100%所有している。
* 法人税率30%
* B社は税引後利益の全額を個人Aに配当する。

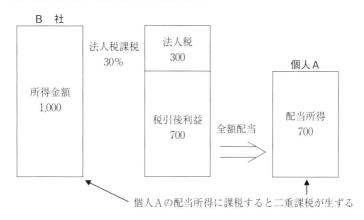

個人Aの配当所得に課税すると二重課税が生ずる

なっている。**図表Ⅰ－2－7**のB社において収益となる受取配当等を益金不算入として法人税負担を発生させない，つまり法人税の負担を蓄積させないことによって，法人税（**図表Ⅰ－2－7**のC社における300）が前取りされていることを前提に，個人の段階で配当所得に対する法人，個人を通じた一体的課税を行い得る状態となる。

---

**COLUMN⓳　法人擬制説的課税批判**

　わが国の法人税法が法人擬制説を基礎とすることについては，古くから現実の法人の機能や株式投資の実態等を反映していないとする批判があります。また，受取配当等の益金不算入制度についても，法人擬制説および法人実在説といった法人の性格論から，そのあり方を導き出そうとすることは「不毛であり，適当でもない」として辛辣な批判が唱えられています（『財政体質を改善するために税制上とるべき方策についての答申』昭和55年11月　税制調査会）。

---

▷　外国子会社配当益金不算入制度について詳しく（☞第Ⅲ部第3章第2）

### 図表Ⅰ－2－7 参考図2

- 個人AがB社を100％所有し，B社はC社を100％所有している。
- 法人税率30％
- C社はB社に，B社は個人Aに，それぞれの税引後利益の全額を配当する。
- B社の収益＝所得金額はC社からの受取配当のみとなっている。

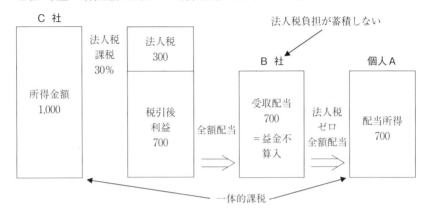

## (2) 受取配当等の範囲

受取配当等の益金不算入制度の対象となる配当等としては，まず，次のものが挙げられる（法法23①）。

### ① 法令上の配当

(ア) 剰余金の配当（株式等に係るものに限るものとし，資本剰余金の額の減少に伴うものならびに分割型分割によるものおよび株式分配を除く。）もしくは利益の配当（分割型分割によるものおよび株式分配を除く。）または剰余金の分配（出資に係るものに限る。）の額

(イ) 投資信託および投資法人に関する法律137条の金銭の分配（出資等減少分配を除く。）の額

(ウ) 資産の流動化に関する法律115条1項に規定する金銭の分配の額

(エ) 特定株式投資信託（外国株価指数連動型特定株式投資信託を除く。）の収益の分配額（措法67の6）

### ②　みなし配当

①の 4 つは，いずれも法令に定める利益の配当等に係る手続きを充足した上で行われる株主等に対する金銭等の交付であるが，株主等に対して交付される金銭等のうちには，法令に定める手続きは経ていないものの，その性質として利益の配当等となるものが存在する。そこで，その実質において，配当等の性質を有する株主等に対する金銭等の交付を配当等とみなして益金不算入制度の対象に含めるものとしている（法法24①）。

株主等が，次に掲げる事由により出資先法人から交付を受けた金銭等のうちの所定の金額がみなし配当となる。

(ア)　合併（適格合併を除く。）

(イ)　分割型分割（適格分割型分割を除く。）

(ウ)　株式分配（適格株式分配を除く。）

(エ)　資本の払戻し（剰余金の配当（資本剰余金の額の減少に伴うものに限る。）のうち分割型分割によるものおよび株式分配以外のものならびに出資等減少分配をいう。）または解散による残余財産の分配

(オ)　自己の株式または出資の取得（市場における購入による取得その他一定の取得および種類株式等の取得事由の発生による取得を除く。）

(カ)　出資の消却（取得した出資について行うものを除く。），出資の払戻し，社員その他法人の出資者の退社または脱退による持分の払戻しその他株式または出資をその発行した法人が取得することなく消滅させること

(キ)　組織変更（組織変更に際してその組織変更をした法人の株式等以外の資産を交付したものに限る。）

### ③　制度の対象外となる配当

以上の受取配当等の益金不算入制度の対象となる配当等となるものに対して，配当等の用語が使われる金銭等の支払いであっても，(ア)外国法人，公益法人等または人格のない社団等から受ける配当等の額（法法23①），(イ)保険会社の契約者配当の額（法法60①），(ウ)協同組合等の事業分量配当等の額（法法60の 2）などは益金不算入制度の対象とならない。

### (3)　短期保有株式等に係る配当等の適用除外

#### ①　制度の概要

　短期保有株式等に係る受取配当等は益金不算入となる対象から除外される（法法23②）。ここで，短期保有株式等とは，その配当等に係る支払基準日以前1か月以内に取得し，かつ，支払基準日後2か月以内に譲渡した株式等をいう。所有期間要件の関係から，短期保有株式等に係る配当等の適用除外は，その他の株式等に係る配当等および非支配目的株式等に係る配当等についてのみ生ずる。

　なお，同一銘柄の株式等を2回以上にわたって取得または譲渡したときの短期保有株式等に該当する株式数は，次の算式によって計算する（法令19①）。

$$短期保有株式等の数 = A \times \frac{B \times \dfrac{E}{D+E}}{B+C}$$

A：支払基準日後2か月以内に譲渡した株式等の数
B：支払基準日において所有する株式等の数
C：支払基準日後2か月以内に取得した株式等の数
D：支払基準日以前1か月前の日において所有する株式等の数
E：支払基準日以前1か月以内に取得した株式等の数

　計算要素が多いので複雑に見えるが，算式の趣旨は，平均的に短期保有株式等の数を算定しようとするものである。

#### ②　制度の根拠

　短期保有株式等に係る配当等の額が制度の適用対象から除外されるのは配当権利落ちの現象を利用した租税回避を防止するためである。

　理解のための前提事項を整理すると，配当等は株主等に支払われるものなので，まず株主等が誰であるかを確定しなければならない。しかしながら，株式等は譲渡可能な資産であり，いつの時点で株式等を所有する者が配当等を受け取ることができるかの問題もある。配当等は，一定期間にわたる事業活動の成

果＝利益を原資として行われるので，理屈の上では，その計算期間のうちの所有期間の割合に応じて配分する手法も採り得るが，現実には，形式基準によって判定するものとし，支払基準日においてその株式等を所有する者を，配当等を受け取る権利を有する者としている。それゆえに支払基準日は権利確定日ともいわれる。

ついで，配当権利落ちの現象を利用した租税回避のしくみについて確認すると，手法の初手は，支払基準日の直前に株式等を取得することであり，配当等を受け取る権利の確定後，株価が配当相当額だけ値下がりしたところで売却することが租税回避の決り手となる。つまり，益金不算入となる収益（受取配当等）と損金算入される損失（株式の譲渡損失）との組み合わせによって租税回避が可能となる。計数を用いて示すと以下のとおりである。

**設例Ⅰ－２－１**

前提：決算見込みとして 利益＝所得金額200万円 の状態
① 支払基準日の直前に，現金1億円で配当利回り(注)2％の株式を取得
　（借）有価証券（株式）100,000,000 （貸）現　　　　金 100,000,000
　（注）配当利回りとは？

$$配当利回り ＝ \frac{1株当たり年間配当金}{株価} \times 100$$

② その株式を支払基準日の翌日（配当権利確定後），配当権利落ち（2％値下がり）したところ（＝9,800万円）で譲渡
　（借）現　　　　金 98,000,000 （貸）有価証券（株式）100,000,000
　　　 有価証券譲渡損 2,000,000
③ 後日，配当200万円を受け取る
　（借）現　　　　金 2,000,000 （貸）受 取 配 当 2,000,000

［資金の投下・回収状況］　　　　　　　　　（円）

| 投下資金 | 回収資金 | |
|---|---|---|
| 株式取得　100,000,000 | 株式譲渡 | 98,000,000 |
| | 受取配当 | 2,000,000 |
| | 合　計 | 100,000,000 |

株式を取得するために投下した1億円は，まず，株式の譲渡代金により9,800万円が回収され，その後，配当等の受取りによって200万円が回収され，損得は発生していない。

以上の設例Ⅰ－２－１で示したところをまとめると，配当権利落ちの現象を

利用して，損金算入される譲渡損失を発生させるとともに，益金不算入となる配当を受け取ることで，当初の所得金額（＝営業利益）200万円を消失させることができる。一方で，資金については，譲渡代金および受取配当によって全額が回収される，つまり資金流出がないところが妙味となる。

　本来は，支払基準日を挟んだ株式の取得とその譲渡および配当等の受取りについて，租税回避の意図，目的によって行われたものかどうか，また，事業遂行上のやむを得ない理由または合理的な理由による行為であるのかといった実質判断に基づいて，受取配当等について益金算入が認められるものと，益金不算入とすべきものとを区分すべきである。しかしながら，このような実質判断には，実行上の困難が伴うことから，保有期間という形式基準を採用した簡便法が用いられている。

---

**COLUMN⑳　配当権利落ちとは？**

　権利付最終日の翌日（翌営業日）には，配当等を受け取る権利が消失しているため，配当相当額（配当期待値）だけ株価が値下がりする現象が生じます。つまり，１株当たり５円の配当が行われるとすれば，権利付最終日の翌日に取得した株式には，この５円の配当を受け取る権利がついていないので株価は５円値下がりをすると考えられます。この現象が配当権利落ちです。なお，支払基準日（権利確定日）の２営業日前を「権利付最終日」，１営業日前を「配当落ち日（権利落ち日）」といいます。

---

### ⑷　負債利子控除

#### ①　制度の概要

　負債利子とは，借入金の利子のことである。法人が関連法人株式等に係る借入金の利子を支払っている場合には受取配当等の益金不算入となる金額の計算上，この負債利子の額を控除する。つまり，関連法人株式等に係る受取配当等については控除負債利子相当額だけ法人税の課税対象になる。

　この場合，控除負債利子の計算方法として，従前は総資産按分方式（原則法）と実績割合方式（簡便法）の選択適用が認められていた（法令22①，法令22④）。しかし，2020年度税制改正におけるグループ通算制度の改正に伴い，

2022年 4 月 1 日以後に開始する事業年度の控除負債利子の計算には，関連法人
株式等に係る配当金額の 4 ％相当額か，あるいは事業年度において支払う負債
利子の金額の10％のいずれか低いほうが適用される（法法23①，法令19①，②）。
なお，上記改正により，別表八㈠付表一「支払利子等の額及び受取配当等の額
に関する明細書」が追加された。

| 原則法（法法23①，法令19①） | 特例法（法令19②） |
|---|---|
| 関係法人株式等に係る配当等の額× 4 ％ | 当期支払負債利子の額×10％ |

（注）　特例法に関しては，グループ通算制度を適用する際には通算グループ全体の負債利子
　　　の合計金額の10％相当額が上限となる。

### ②　制度の根拠および問題点

　負債利子控除も，受取配当等が益金不算入とされることに着目した租税回避
を防止するために措置されたものである。たとえば，利率 2 ％で借り入れた資
金によって配当利回り 2 ％の株式を購入し，利子を支払う一方で配当を受け取
ると，支払利子は損金算入，受取配当等は益金不算入となって配当権利落ちの
現象を利用した租税回避の場合と同じ状況を作り出すことができる。

　借入金によって株式を取得して，受取配当等の益金不算入制度を利用した租
税回避の防止も，本来は，その借入金によって株式を取得することが租税回避
を意図，目的としたものであるかどうかの実質判断に基づいて行われるべきで
あるが，現行制度においては，負債利子の支払いがあれば，その借入金の使途
に関係なく負債利子控除が行われるしくみとなっている。

---

**COLUMN㉑　外国子会社かどうかが判断の分かれ目**

　同じ外国法人でも，外国子会社（持株割合25％以上）かどうかは慎重に確認しましょう。
配当等は，外国子会社からのものは95％益金不算入，それ以外は益金算入です。これに伴
い，外国源泉税の取扱いも次のように異なります。二重課税を避けるため，外国子会社以
外には税額控除が適用されます。配当等が益金不算入の外国子会社とは対照的ですね。

| | 外国子会社 | 外国子会社以外の外国法人 |
|---|---|---|
| 別表四 | 加算：外国源泉税の損金不算入額 | 加算：控除対象外国法人税額 |
| 別表一 | 税額控除なし | 税額控除あり（控除外国税額） |

▷　国際的二重課税への対応について詳しく　（☞第Ⅲ部第 3 章）

## 第4 ● 有価証券の譲渡損益および評価損益

### (1) 有価証券の範囲

　税務会計上の有価証券とは，国債，地方債，社債券，株券等，金融商品取引法2条1項に規定する有価証券その他これに準ずるものとして法人税法施行令に定めるもの（自己株式等およびデリバティブ取引に係るものは除く。）に限定されている（法法2二十一，法令11）。

### (2) 有価証券の取得価額

　有価証券の取得価額は，譲渡損益または評価損益を計算するにあたって極めて重要な計算要素となる。すなわち，譲渡損益の計算上は譲渡原価の基礎となり，評価損益の計算上は，時価と対比する帳簿価額の基礎を構成する。その取得の態様によって27の取得価額に関する定めが置かれているが（法令119），ここでは，一般的な取得の場合に限定して取得価額を掲げる（図表Ⅰ-2-8）。

　これらのほかに，組織再編成行為（組織変更）に伴って取得した場合（法令119①五～十四，二十六），種類株式等の取得事由の発生により取得した場合（法令119①十五～十九，二十二，二十三），新株予約権の行使により取得した場合（法令119①二十，二十一）の取得価額について定められている。そして，これらの区分以外の態様により有価証券を取得した場合には，その取得のために通常要する価額をもって取得価額とするものとされている（法令119①二十七）。

### 図表Ⅰ-2-8　取得の態様と取得価額

| 取得の方法 | | 取得価額 |
|---|---|---|
| 購入 | | 購入対価＋付随費用 |
| 金銭の払込等<br>（新株発行） | 下記以外 | 払込金額＋付随費用 |
| | 有利発行（株主割当を除く） | 時価 |
| 贈与 | | 時価 |

### (3)　有価証券の譲渡損益

#### ①　譲渡損益に関する基本的取扱い

　棚卸資産は，その事業年度における販売収益と売上原価をそれぞれ総額として算定し，販売収益から売上原価を控除したその損益（売上総利益）を計算することとなっている。固定資産の譲渡損益についても同様である。これに対して，有価証券の譲渡損益は，その事業年度における総額ではなく，取引ごとにその譲渡損益を計算するしくみとなっている。有価証券の譲渡損益は，次の算式によって計算するものとされている（法法61の2①）。

$$譲渡損益 ＝ 譲渡対価の額 － 譲渡原価の額$$

　この計算結果のプラスの金額が譲渡益，マイナスの金額が譲渡損失であり，それぞれ，その譲渡に係る契約をした日の属する事業年度の益金または損金に算入される。ところで，有価証券の取得および譲渡は一度に行われるわけではなく，複数回にわたって行われ，また，その取得および譲渡のつど異なる数で行われることもあるので，譲渡原価の額は1単位当たりの帳簿価額を算出し，この金額に譲渡した有価証券の数を乗じて計算する必要がある。

　この1単位当たりの帳簿価額の算出の方法として，㋐移動平均法と㋑総平均法とがあり，いずれの方法を選定するかは事業年度の確定申告書の提出期限までに納税地の所轄税務署長に届け出なければならない。算出の方法を選定しなかった場合または選定した方法により算出しなかった場合には，移動平均法（法定算出方法）が適用される（法法61の2①二，法令119の2①，109の7）。

> **設例 I－2－2**　移動平均法による譲渡原価の額の計算

| 取得時期 | 取引内容 | 取得価額 | 1単位当たり<br>の帳簿価額 |
|---|---|---|---|
| 第1回 | 200円×20,000株 | 4,000,000円 | 200円 |
| 第2回 | 150円×30,000株 | 4,500,000円 | 170円 |

【1単位当たりの帳簿価額の算出】
第1回：4,000,000円÷20,000株＝200円
第2回：（4,000,000円＋4,500,000円）÷（20,000株＋30,000株）＝170円

　なお，有価証券の譲渡損益に関しては，組織再編成に伴う譲渡の場合につい

て別に規定が定められているところであり（法法62~62の5），これらの規定の
対象となる組織再編成に伴う譲渡の場合には，その別に定めるところによる。

　有価証券の譲渡損益に対する基本的な取扱いは極めて明解であるが，譲渡の
形態に応じて，計算要素である譲渡対価の額または譲渡原価の額について特別
の取扱いが行われている。すなわち，一定の組織再編成（組織変更を含む。）に
伴い，その所有する有価証券の代わりに有価証券の交付を受ける場合も，税務
会計上は，所有する有価証券の譲渡が行われたものとして捉えることになる。
この場合の譲渡対価の額は，本来，時価となるが，投資の継続性が認められる
場合には，その所有する有価証券の直前の帳簿価額を譲渡対価の額とすること
で，実質，譲渡損益を発生させない取扱いが行われている（法法61の2②~⑫）。
つまり，課税の繰延べである。

　具体的には，㈦旧株を発行した法人の行った合併（合併法人またはその完全親
法人の株式等以外の資産の交付がなかったものに限る。）によりその株式の交付を
受けた場合または旧株を発行した法人の適格合併（無対価合併に限る。）により
旧株を有しないこととなった場合，㈦自己を合併法人とする適格合併により合
併親法人株式（法法2十二の八）を交付した場合，㈦自己を分割承継法人とす
る適格分割により分割承継親法人株式を交付した場合，㈥旧株を発行した法人
の行った株式交換（株式交換完全親法人の株式等以外の資産の交付がなかったもの
に限る。）により当該株式の交付を受けた場合または旧株を発行した法人の行っ
た適格株式交換（無対価株式交換に限る。）により当該旧株を有しないこととと
なった場合について規定されている。

　また，種類株式等の取得事由等の発生により有価証券の移転（譲渡）が行わ
れる場合にも，その直前の帳簿価額を譲渡対価の金額とするものとされている
（法法61の2⑭）。

### ② 信用取引等の場合の譲渡損益の計算

　有価証券の取引においては，手持ちの現金によって取得し，または，その所
有する有価証券を譲渡するばかりではなく，金融機関に一定額以上の証拠金
（現金以外の資産を含む。）を提供する場合には，手持ちの現金の有無にかかわ
らず，その与信の枠内で有価証券の取得を行い，または，現に所有していない
有価証券を譲渡する（その後買い戻す）ことも行われる。いわゆる信用取引で

ある。この信用取引は，通常一般の有価証券の取引とは異なる点があることから，その譲渡損益の計算については，次の算式によって計算するものとされている（法法61の2㉑）。

> 譲渡益の金額 ＝ 売付けに係る対価の額 － 買付けに係る対価の額
>
> 譲渡損の金額 ＝ 買付けに係る対価の額 － 売付けに係る対価の額

　この信用取引の場合の譲渡損益の計算に関する規定は，信用取引等（発行日取引を含む。以下同じ。）により株式の売付け（売建て）または買付け（買建て）をし，その後にその株式と銘柄を同じくする株式の買付けまたは売付けをして決済をした場合に適用される。この規定の適用対象は，株式の信用取引等に限定される。なお，発行日取引とは，有価証券が発行される前にその有価証券の売買を行う取引であって，その発行日から一定の日を経過した日までにその有価証券等をもって受渡しをするものをいう（法規27の4②）。

　ところで，譲渡損益は，その譲渡に係る契約をした日の属する事業年度に計上され，信用取引等の場合のその譲渡に係る契約をした日は，その決済に係る買付けまたは売付けの契約をした日とする。また，信用取引等の場合の譲渡損益の計算は，その取引ごとに行われるので，ある銘柄について買付けを行い，その後，同じ銘柄の買付けを行ったとしても，その銘柄の買付金額を平均するようなことは行わないので，この点に注意を要する。さらに，有価証券の空売りの場合の譲渡損益の計算についても，別に定められている（法法61の2⑳）。

> 譲渡利益額 ＝ A － 買戻しに係る対価の額
>
> 譲渡損失額 ＝ 買戻しに係る対価の額 － 売付けに係る対価の額
>
> $$A = \frac{売付けの直前の帳簿価額 ＋ 売付けに係る対価の額}{売付けに係る有価証券の総数} × 買戻し有価証券の数$$

　一般的には，空売りは信用取引による売付けから買付けによる決済と同義であるが，この規定の適用対象となる空売りは，次の取引をいう（法規27の4①）。
- (ア)　売買目的外有価証券の同一銘柄有価証券を短期的な価格の変動を利用して利益を得る目的で売り付け，その後にその同一銘柄有価証券を買い戻して決済する取引
- (イ)　保険会社売買目的勘定に属する有価証券の同一銘柄有価証券を他の保険

会社売買目的勘定において，短期的な価格の変動を利用して利益を得る目
　的で売り付け，その後にその同一銘柄有価証券を買い戻して決済する取引
(ウ)　保有有価証券と価額の変動が類似する有価証券（類似有価証券）をその
　保有有価証券の価額の変動に伴って生ずるおそれのある損失の額を減少さ
　せる目的で売り付け，その後にその類似有価証券を買い戻して決済する取
　引（類似有価証券を保有していない場合の取引に限る。）

## (4)　有価証券の評価損益およびみなし譲渡損益

### ①　有価証券の評価損益

　法人が所有する有価証券は，その所有目的によって，①売買目的有価証券と
②売買目的外有価証券とに区分し，**図表Ⅰ-2-9**のように，①はその事業年
度終了の時における時価評価金額，②はその事業年度終了の時における帳簿価
額で評価する（法法61の3①）。

**図表Ⅰ-2-9　有価証券の区分と評価方法**

| 有価証券の区分 | 評価方法 |
|---|---|
| ①売買目的有価証券 | 時価法 |
| ②売買目的外有価証券<br>● 満期保有目的等有価証券<br>● その他有価証券 | 原価法 |

　まず，①売買目的有価証券とは，短期的な価格の変動を利用して利益を得る
目的で取得した有価証券をいい，ディーリングルームや専門部署を設けて専任
担当者が有価証券についての売買業務を行う場合が想定される。時価評価金額
とは，市場有価証券の公表最終価格（それがない場合は直近公表最終価格に基づ
き合理的な方法により算出した価格）をいう。市場有価証券以外の有価証券の時
価評価金額は，類似有価証券の最終売買価格または合理的な方法により算出さ
れた価格をいう。なお，合理的な方法により価格を算出した場合，その方法を
採用した理由その他その算定の基礎となる事項を記載した書類を保存しなけれ
ばならない。事業年度終了の時における帳簿価額と時価評価金額との差額は，
評価益（帳簿価額よりも時価評価金額が高い場合のその差額）または評価損（帳簿
価額よりも時価評価金額が低い場合のその差額）として益金または損金に算入す

る（法法61の3②）。

　次に，②売買目的外有価証券とは，①以外の有価証券をいい，その時の帳簿価額で評価する。ただし，償還期限および償還金額の定めのある有価証券については，一定の方法によりその帳簿価額と償還金額との差額のうち当該事業年度に配分すべき金額を加算または減算した金額とする。原則として，資産の評価損益については益金または損金に算入しないが（法法25，33），売買目的有価証券については期末に時価評価を行い，その評価益または評価損が益金または損金に算入する。なお，この益金または損金に算入された評価益または評価損は翌期に戻入れが行われる（法令119の15①）。

### 設例 I - 2 - 3

帳簿価額　@100円：100,000株
**【事業年度終了時】**
時価@120円　→　評価益（益金算入）2,000,000円（＝20円×100,000株）
　（借）　売買目的有価証券　　　2,000,000　　（貸）　売買目的有価証券　　　2,000,000
　　　　　　　　　　　　　　　　　　　　　　　　　　　評価益
時価@ 85円　→　評価損（損金算入）1,500,000円（＝15円×100,000株）
　（借）　売買目的有価証券　　　1,500,000　　（貸）　売買目的有価証券　　　1,500,000
　　　　　評価損
**【翌事業年度】**
［前期末評価益を計上した場合］
　（借）　売買目的有価証券　　　2,000,000　　（貸）　売買目的有価証券　　　2,000,000
　　　　　評価益戻入損
　　　　　　　↑
　　　　　損金算入
［前期末評価損を計上した場合］
　（借）　売買目的有価証券　　　1,500,000　　（貸）　売買目的有価証券　　　1,500,000
　　　　　　　　　　　　　　　　　　　　　　　　　　　評価損戻入益
　　　　　　　　　　　　　　　　　　　　　　　　　　　　　↑
　　　　　　　　　　　　　　　　　　　　　　　　　　　益金算入

### ②　売買目的有価証券のみなし譲渡損益

　売買目的有価証券については，その後において，その所有株式数が増えて満期保有目的等有価証券の要件（持株割合20％以上）に該当することとなる場合やディーリング業務を廃止する場合などには，売買目的外有価証券への区分変更を行うことになる。この場合には，その売買目的有価証券を譲渡し，売買目

的外有価証券を取得したものとみなして，その時点における含み損益について
益金または損金に算入する（法法61の2㉒）。

---

**設例Ⅰ－2－4** 業務廃止により売買目的有価証券から満期保有目的等有価証券へ区分変更

業務廃止

| 売買目的有価証券 | | | 満期保有目的等有価証券 | |
|---|---|---|---|---|
| （帳簿価額 1,000,000円） | | | （時価 1,200,000円） | |
| （借）満期保有目的等<br>有価証券 | 1,200,000 | （貸）売買目的有価証券<br>売買目的有価証券<br>譲渡益 | 1,000,000<br>200,000 | |

---

## (5) 信用取引等に係るみなし決済損益

上記(3)で述べたとおり，有価証券の譲渡損益は，その譲渡に係る契約をした
日の属する事業年度に計上するので，信用取引等の場合のその譲渡に係る契約
をした日は，その決済に係る買付けまたは売付けの契約をした日となる。つま
り，反対売買による決済を行った日に，上記の算式によって譲渡利益額または
譲渡損失額の双方について両建てで計算することとなり，たとえば，信用取引
による買付けを行ったときに株式を所有したものとする処理（仕訳）などは行
われない。

ただし，信用取引（法法61の2㉑）のほか，有価証券の空売り（法法61の2⑳），
発行日取引（法法61の2㉑），有価証券の引受けおよびデリバティブ取引を行っ
た場合に，その事業年度終了の時までに決済されていないものがあるときには，
事業年度終了時に決済をしたものとみなして，その利益または損失を益金また
は損金に算入する（法法61の4①，61の5①）。ここで，未決済デリバティブ取
引に係るみなし決済損益額を合理的な方法で算定した場合，その方法を採用し
た理由その他その算定の基礎となる事項を書類に記載し，保存しなければなら
ない。

なお，この益金または損金に算入されたみなし決済に係る利益または損失は，
翌事業年度の損金または益金に算入する（法令119の16①）。

# 第5 ● その他の収益

## (1) 受贈益

### ① 原則的な取扱い

　受贈益とは，贈与，寄附を受けることによる収益であり，税務会計上は，「無償による資産の譲受け」による収益は益金に算入すべきものとされている（法法22②）。贈与を受ける場合，一般的には，金銭による贈与が想定されるが，現物の贈与や経済的利益の無償の供与を受けた場合も受贈益となる。この場合，受贈益となる金額は，その現物または経済的利益の時価となる。

### ② 特別の取扱い

　資産の贈与または経済的利益の無償の供与を受けた場合には，その受贈益が益金に算入されることになるが，その贈与が行われた理由やその資産の性質によっては，受贈益として益金に算入して法人税を課すことが必ずしも適当ではない場合もあり得る。それゆえ，次の(ア)および(イ)に示すとおり，受贈益の益金算入について調整を図る取扱いが講ぜられている。また，完全支配関係がある法人間の受贈益でグループ法人税制の対象となるものは益金に算入されない。

　▷　グループ法人税制について詳しく　(☞第Ⅱ部第3章)

　なお，受贈益自体については益金算入されるものの，一方で，圧縮損失の計上や欠損金との相殺によって，実質的に法人税が課されないしくみが採用されている例も存在するが，これらについては，別に解説されているところを参照されたい。

　▷　圧縮記帳について詳しく　(☞第Ⅰ部第3章第11)

　▷　欠損金との相殺について詳しく　(☞第Ⅰ部第4章第1(5))

### (ア) 広告宣伝用資産等の受贈益

　自動車ディーラーや各種製品の販売代理店，飲食店における路上看板や店頭のオーナメント，店舗内に設置される陳列ケース，冷蔵庫，什器類にメーカー等の供給業者の社名やロゴ，シンボルマーク，コーポレートサインがあしらわれている光景を日常的によく目にする。

　これらは，供給業者が自己の広告宣伝の意図をもって飲食店や小売店舗，販売業者等に対して無償あるいは低額で提供するものである。提供を受ける販売業者等においては，無償あるいは低額による資産の譲受けとなるので，受贈益として益金に算入すべきものとなる。ただし，これは提供者側の目的によるものであり，また，一般に少額の物品の提供であることから，この益金算入については特別の取扱いが定められている（法基通4－2－1）。すなわち，その益金に算入する経済的利益の額は，供給業者における，その資産の取得価額の3分の2相当額から販売業者等がその取得のために支出した金額を控除した金額とされる。

　たとえば，飲食店業を営むA社が，飲料メーカーであるB社からB社製品のロゴとイメージカラーが表示された路上看板の提供を無償で受けた場合に，B社における看板の取得価額が60万円という場合には，その3分の2相当額（＝40万円）からA社の取得価額（＝ゼロ円）を控除した40万円が受贈益として益金に算入すべき金額となる。ただし，その金額（同一の供給業者から2以上の資産を取得したときはその金額の合計額）が30万円以下であるときや広告宣伝用の看板，ネオンサイン，どん帳のように，専ら広告宣伝の用に供される資産については，その取得による経済的利益の額はないものとされる。

　この取扱いは，供給業者の広告宣伝用資産を取得する資金として充当するために金銭の贈与を受けた場合についても準用される（法基通4－2－2）。

▷　広告宣伝用資産等の税務処理について　（第Ⅰ部第3章第2(2)　COLUMN㉖）

### ㈡　未払給与の免除益

　法人が業績不振に陥った場合，種々の対応，対策が採られるが，コスト削減のための人件費の引下げはその主要なものの1つである。

　給与については，仮に未払いであっても，その支払債務が確定した時点で損金に算入されるので，その後，給与の一部または全部を支払わないこととなった場合には，これは支払債務の一部または全部の免除という経済的利益の無償の供与を受けたこととなり，その経済的利益相当額について益金に算入される。

　ただし，未払いの役員給与のうちそもそも損金算入されない役員給与について，取締役会等の決議により，その一部または全部を支払わないこととなる場合で，その支払わないことが会社の整理，事業の再建および業況不振のためのものであり，かつ，その支払われないこととなる金額がその支払いを受ける金

額に応じて計算されている等，一定の基準によって決定されたものであるときには，その免除益について益金算入しないことができる（法基通4－2－3）。

## (2)　評　価　益

法人税法の規定上は，原則として，評価益は益金不算入，評価損は損金不算入となることが明らかにされている（法法25，33）。ただし，短期売買商品および売買目的有価証券の評価損益については，特別の定めが存在する（法法61③，61の3②）。

▷　短期売買商品について詳しく　（☞第Ⅰ部第2章第5(3)）

▷　売買目的有価証券について詳しく　（☞第Ⅰ部第2章第4(4)）


また，上記の原則に対する例外として，①会社更生法または金融機関等の更生手続の特例等に関する法律に基づき評価換えを行う場合，②再生計画認可の決定があったこと等により評価換えを行う場合に生ずる評価益は益金に算入する（法法25②③）。もっとも，これらの場合の評価益の益金算入は欠損金との相殺が想定されていることから，実際に法人税の負担が生ずることはない。

## (3)　短期売買商品の譲渡損益および評価損益

### ①　短期売買商品の譲渡損益

金や銀，白金などは，製品の原材料として取得される資産であり，また，顧客に販売するための棚卸資産として取得される資産でもあるが，その一方で，これらの商品は短期的な価格変動を利用して利益を得るために取得されることもある。ここで想定されるのは，売買目的有価証券の場合と同様に，ディーリングルームや専門部署を設けて専任担当者がその商品についての売買業務を行う場合である。

これらの資産が短期的な価格変動を利用して利益を得る目的において取得される場合は，棚卸資産や固定資産とは異なる資産＝短期売買商品として位置づけられている。この短期売買商品を譲渡した場合の損益は，次の算式により益金または損金に算入される（法法61①）。

$$譲渡損益 \; = \; 譲渡対価の額 \; - \; 譲渡原価の額$$

　この計算結果のプラスの金額が譲渡益，マイナスの金額が譲渡損失であり，それぞれ，その譲渡に係る契約をした日の属する事業年度の益金または損金に算入される。

### ② 短期売買商品の評価損益

　事業年度終了時において有する短期売買商品は時価法によって評価を行い，この評価益または評価損を益金または損金に算入する（法法61②③）。つまり，この評価損益の益金算入または損金算入は，資産に係る評価損益の益金不算入または損金不算入の原則（法法25，33）の例外となる。

　なお，この益金または損金に算入された評価益または評価損は，翌事業年度の損金または益金に算入するものとされている（法令118の8①）。

### (4) 外貨建資産等の期末評価差損益

　わが国の事業活動の国際化が進展する状況にあって，その取引についてドルやユーロその他の国際通貨によって表示されることは最早稀有な事象とはいえない。その一方で，税務会計およびその基礎となる企業会計においては，円により表示されるので，ここで円換算の必要性が生ずる。したがって，まずはその外貨建取引を行った場合には，その取引によって生じた収益，原価，費用および資産，負債について，その時における外国通貨の売買相場により換算した金額によって処理（表示）する（法法61の8①）。

　そして，その事業年度終了時において外貨建資産等（外貨建資産および外貨建負債）を有する場合には，**図表Ⅰ-2-10**のとおり，資産および負債の区分に応じて，それぞれに定められた方法によって円換算を行う（法法61の9①）。

**図表Ⅰ-2-10　外貨建資産等の区分と換算方法**

| 外貨建資産等の区分 | | 換算方法 |
|---|---|---|
| 外貨建債権および外貨建債務 | | 発生時換算法または期末時換算法 |
| 外貨建有価証券 | | |
| | (ア)　売買目的有価証券 | 期末時換算法 |
| | (イ)　売買目的外有価証券 | 発生時換算法または期末時換算法 |
| | (ウ)　(ア)および(イ)以外の有価証券 | 発生時換算法 |
| 外貨預金 | | 発生時換算法または期末時換算法 |
| 外国通貨 | | 期末時換算法 |

(注)　換算方法が複数認められている場合には，法人が適用する換算方法を選定する。

　ここで，事業年度終了時において有する外貨建資産等のうち事業年度終了時における円換算に際して期末時換算法によった場合には，その換算額と帳簿価額との差額について為替換算差額として益金または損金に算入する（法法61の9②）。ただし，この益金または損金に算入された換算差額は，翌事業年度の損金または益金に算入される（法令122の8①）。

---

**COLUMN㉒　仮想通貨から「暗号資産」へ**

　2018年12月に，金融庁はビットコイン，イーサリアムに代表される仮想通貨の呼称を暗号資産（Erypto Asset）に改めると発表しました。暗号資産のスタートは2008年にサトシナカモト氏によって執筆された1本の論文「Bitcoin: A Peer-to-Peer Electronic Cash System」。サトシナカモト氏が誰なのかは不明，暗号資産を支える技術をブロックチェーン，生み出す行為をマイニングといいます……ミステリアスで難解ですね。

　改正資金決済法（2017年7月施行）により支払手段と位置づけられることになり，平成31年度税制改正では，法人税における評価方法等について時価法が導入されました（法法61②，法令118の7）。

---

### (5)　自己発行ポイント等

#### ①　収益の計上の単位

　自己発行ポイント等で下記の要件をすべて満たすものは，継続適用を条件として当初の資産の販売等とは別の取引に係る収入の一部または全部の前受けにすることができる（法基通2-1-1の7）。

(ア)　その付与した自己発行ポイント等が当初資産の販売等の契約を締結しな
ければ相手方が受け取れない重要な権利を与えるものであること。

(イ)　その付与した自己発行ポイント等が発行年度ごとに区分して管理されて
いること。

(ウ)　法人がその付与した自己発行ポイント等に関する権利につきその有効期
限を経過したこと，規約その他の契約で定める違反事項に相手方が抵触し
たことその他の当該法人の責に帰さないやむを得ない事情があること以外
の理由により一方的に失わせることができないことが規約その他の契約に
おいて明らかにされていること。

(エ)　次のいずれかの要件を満たすこと。

1　その付与した自己発行ポイント等の呈示があった場合に値引き等をす
る金額が明らかにされており，かつ，将来の資産の販売等に際して，た
とえ1ポイントまたは1枚のクーポンの呈示があっても値引き等をする
こととされていること（一定単位数等に達しないと値引きの対象にならな
いもの，割引券やスタンプカードのようなものは該当しない）。

2　その付与した自己発行ポイント等が当該法人以外の者が運営するポイ
ント等または自ら運営する他の自己発行ポイント等で，1に該当するも
のと所定の交換比率により交換できることとされていること。

## ②　収益の帰属の時期

前受けとした額は，将来の資産の販売等に際して値引き等をするに応じて，
失効をすると見積もられる自己発行ポイント等も勘案して，その値引き等をす
る日の属する事業年度の益金の額に算入する。なお，自己発行ポイント等の付
与の日から10年が経過した日（同日前に次に掲げる事実が生じた場合には，当該
事実が生じた日）の属する事業年度終了の時において行使されずに未計上となっ
ている自己発行ポイント等がある場合には，当該自己発行ポイント等に係る前
受けの額を当該事業年度の益金の額に算入する（法基通2－1－39の3）。

(ア)　法人が付与した自己発行ポイント等をその付与に係る事業年度ごとに区
分して管理しないことまたは管理しなくなったこと。

(イ)　その自己発行ポイント等の有効期限が到来すること。

(ウ)　法人が継続して収益計上を行うこととしている基準に達したこと。

**設例Ⅰ-2-5**

① 商品の売買時

　当社はポイント制度を運営している。顧客の100円（税込）の購入に対して5ポイントを付与する（ポイント使用分についてはポイント付与なし）。顧客は当社商品購入にあたり1ポイントを1円として利用できる。当社は×1年度に商品11,000円（税込）を販売し，550ポイントを付与した。消費税は10%とする。

| | | | |
|---|---|---|---|
| 現　金 | 11,000円 / | 売　上 | 9,479円（10,000×10,000/（10,000+550）） |
| | | 契約負債 | 521円（10,000×550/（10,000+550）） |
| | | 仮受消費税 | 1,000円 |

＜従来の処理＞

| | | | | | |
|---|---|---|---|---|---|
| 現　金 | 11,000円 / | 売上 | 10,000円 | → | 課税所得 |
| ポイント引当金繰入 | 550円 | ポイント引当金 | 550円 | → | 損金不算入 |
| | | 仮受消費税 | 1,000円 | | |

※　新基準によると資産の販売等を行った事業年度の課税所得が減少（課税繰延）

② ポイント使用時

　上記設例において，×2年度にポイントのうち70%が利用された。なお，過去の経験から期限満了により失効するポイントは10%である。

| | | | |
|---|---|---|---|
| 契約負債 | 380円 / | 売　上 | 365円（521×70%） |
| | | 雑収入 | 15円 |

（非行使部分：521−365=156，収益計上額：156×10% =15）

③ ポイント失効時

　上記設例において，×3年度に残りのポイントの利用がなく，ポイントは失効した。

| | | | |
|---|---|---|---|
| 契約負債 | 141円 / | 雑収入 | 141円（521−380） |

---

**COLUMN㉓　ポイント・マイレージ，2025年度には1兆3,000億円を突破**

　国内11業界の主要企業（家電量販店，キャッシュレス決済（クレジットカード・デビットカード・電子マネー・コード決済），携帯電話，ガソリンスタンド，航空，コンビニエンスストア，総合スーパー，インターネット通販，百貨店，ドラッグストア，外食）が1年間に発行するポイント・マイレージの発行量を金額換算した民間発行額，どのくらいになると思います？　2020年度こそコロナ禍の影響で1兆399億円と初の減少でしたが，2025年度には1兆3,000億円を突破する見込みです（（株）野村総合研究所　ニュースリリース2021/11/25）。

第  章

# 損金の会計

## 第1 ● 売上原価

### (1) 売上原価と期末商品棚卸高

　売上原価とは，一期間中に販売された商品（製品）の仕入原価（製造原価）のことであり，次の算式により計算される。

　　　　売上原価 ＝ 期首商品棚卸高 ＋ 当期商品仕入高 － 期末商品棚卸高

　売上高から売上原価を控除することにより売上総利益が計算されるため，その金額が利益の多寡を左右することになる（図表Ⅰ-3-1参照）。売上原価の計算要素のうち，「期首商品棚卸高」は前期末の棚卸高であり，金額はすでに確定している。また，「当期商品仕入高」は外部取引であり客観的に証明可能な金額である。これに対して，売れ残った商品の「期末商品棚卸高」の評価には納税者の恣意性が介入する可能性がある。よって，法人税法では，納税者が棚卸資産の金額を操作できないように詳細な規定を置いている。

### (2) 棚卸資産の範囲

　棚卸資産とは，販売または消費することを目的として所有する資産であり，売上原価または消費額が棚卸手続きによって決定されるものである。法人税法では，棚卸資産を「商品，製品，半製品，仕掛品，原材料その他の資産で棚卸しをすべきものとして政令で定めるもの」（法法2二十）としており，さらに政令では，次の資産を例示している（法令10）。

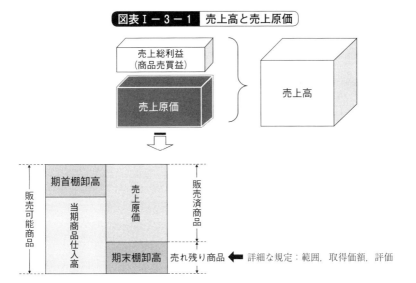

図表 I－3－1　売上高と売上原価

1　商品または製品（副産物および作業くずを含む。）

2　半製品

3　仕掛品（半成工事を含む。）

4　主要原材料

5　補助原材料

6　消耗品で貯蔵中のもの

7　1～6に掲げる資産に準ずるもの

　有価証券や短期売買商品については，別に評価方法が定められているので棚卸資産には含めない（法法2二十かっこ書き）。ここで短期売買商品とは，短期的な価格変動を利用して利益を得る目的で取得した資産として政令で定めるもの（有価証券を除く。）であり，金，銀，白金等を指す（法法61①，法令118の4）。

### (3)　棚卸資産の取得価額

　法人税法では，棚卸資産の取得価額を取得態様別に次の3つに区分し，それぞれ取得価額に算入される費用の範囲を規定している。

### ①　購入した棚卸資産の取得価額（法令32①一）

(ア)　購入代価

㈣　購入のために要した費用：引取運賃，荷役費，運送保険料，購入手数料，関税等

㈥　消費または販売の用に供するために直接要した費用の額

- 買入事務，検収，整理，選別，手入等に要した費用
- 販売所等への移管のために要した費用
- 特別の時期に販売するために要した保管費用

㈥の費用の合計額が少額（購入代価のおおむね３％以内）の場合は，取得価額に算入しないことができる（法基通５−１−１）。この場合，支出時に損金算入することになる。また，不動産取得税，固定資産税および都市計画税，借入金の利子等の費用は棚卸資産の取得または保有に関連して支出するものであっても，取得価額に算入しないことができる（法基通５−１−１の２）。

### ②　製造等した棚卸資産の取得価額（法令32①二）

㈠　製造原価：原材料費，労務費，経費

㈣　消費または販売の用に供するために直接要した費用

- 検査，検定，整理，選別，手入等に要した費用
- 販売所等への移管のために要した費用
- 特別の時期に販売するために要した保管費用

①と同様，㈣の費用の合計額が少額（製造原価のおおむね３％以内）の場合は，取得価額に算入しないことができる（法基通５−１−１）。また，法人の算定した製造等の原価の額が，上記㈠㈣の金額の合計額と異なる場合において，その原価の額が適正な原価計算に基づいて算定されているときは，その金額をもってその取得価額とみなされる（法令32②）。

### ③　その他の方法により取得した棚卸資産の取得価額（法令32①三）

㈠　取得のために通常要する価額

㈣　消費または販売の用に供するために直接要した費用の額

贈与，交換，債権の弁済等により取得したものをいい，適格分社型分割，適格現物出資または適格現物分配による分割法人，現物出資法人または現物分配法人からの取得を除く。

## ⑷　棚卸資産の評価方法

　法人税法では棚卸資産の評価方法として，6種類の原価法およびこれを基礎とする低価法を定めている（法令28）（図表I－3－2参照）。税務上の法定評価方法は最終仕入原価法であり，評価の方法を選定しなかった場合または選定した方法により評価しなかった場合は，最終仕入原価法で計算する（法令31①）。

　個別法と売価還元法を除き，種類等（種類，品質，型）の異なるごとに区別して計算する。売価還元法については，種類または通常の差益率の異なるごとに区分して計算する。

図表I－3－2　棚卸資産の評価方法

評価方法 ┤原価法┤最終仕入原価法／個別法／先入先出法／総平均法／移動平均法／売価還元法／低価法

### ①　原価法

#### ⑦　最終仕入原価法

　事業年度終了の時からもっとも近い時において取得をしたものの1単位当たりの取得価額を，期末棚卸資産1単位当たりの取得価額とする方法をいう。期中の最後の仕入単価によって期末棚卸資産を評価するので簡便な処理で済み，中小企業などを中心に実務では広く採用されている。この場合，期末棚卸資産評価額は，次の算式により計算される。

**期末棚卸資産評価額 ＝ 期末棚卸資産数量 × 最終仕入原価**

#### ⑦　個別法

　取得原価の異なる棚卸資産を区別して記録し，その個々の実際原価によって期末棚卸資産の価額を算定する方法をいう。この方法は，個別性が強く比較的高価で，かつ，個々の単価の差が著しいもの，たとえば，貴金属，ピアノ，自動車等の個別管理をすることに合理性のあるものに限り適用される。

### ⑼ 先入先出法

もっとも古く取得されたものから順次払出しが行われ，期末棚卸資産はもっとも新しく取得されたものからなるとみなして期末棚卸資産の価額を算定する方法をいう。買入順法ともよばれる。

### ⑴ 総平均法

一定期間ごとに，取得した棚卸資産の平均単価を算出し，この平均単価によって売上原価および期末棚卸資産の価額を算定する方法をいう。加重平均法ともよばれ，平均単価および期末棚卸資産評価額は次の算式により計算される。

$$総平均単価 = \frac{期首棚卸資産取得原価 + 期中取得資産取得原価}{期首棚卸資産数量 + 期中取得資産数量}$$

$$期末棚卸資産評価額 = 期末棚卸資産数量 \times 総平均単価$$

一事業年度を単位として適用する「期別総平均法」が原則であるが，このほか，1か月ごとにこの方法を適用する「月別総平均法」や6か月単位で適用する「6月ごと総平均法」も認められている（法基通5-2-3，5-2-3の2）。

### ㈺ 移動平均法

棚卸資産を受け入れるたびに，その時点における受入資産と在庫資産の移動平均単価を算出し，この平均単価をもって売上原価および期末棚卸資産の価額を算定する方法をいう。平均単価および期末棚卸資産評価額は次の算定により計算される。

$$移動平均単価 = \frac{受入棚卸資産取得原価 + 在庫棚卸資産金額}{受入棚卸資産数量 + 在庫棚卸資産数量}$$

$$期末棚卸資産評価額 = 期末棚卸資産数量 \times 直近で計算された移動平均単価$$

なお，棚卸資産の取得のつど平均単価の計算を行わず，1か月ごとに計算を行う「月別移動平均法」も認められている（法基通5-2-3）。

### ㈻ 売価還元法

期末棚卸資産を種類等または通常の差益の率の異なるごとに区別し，その種類等または通常の差益の率の同じものについて，期末棚卸資産の通常の販売価額の総額に原価率を乗じて計算した金額を期末棚卸資産の評価額とする方法をいう。取扱品種の極めて多い小売業や卸売業などで用いられている。なお，

「6月ごと売価還元法」も認められている（法基通5-2-3の2）。

差益率，原価率，期末棚卸資産評価額は次の算定により計算される。

$$差益率 = \frac{販売価額 - 取得価額}{販売価額}$$

$$原価率 = \frac{期首棚卸資産（原価）+ 当期仕入高}{当期売上高 + 期末棚卸資産（売価）}$$

$$期末棚卸資産評価額 = 期末棚卸資産（売価）\times 原価率$$

### 設例 I - 3 - 1

期首商品棚卸高（原価）：350,000円，当期仕入高：1,250,000円
当期売上高：1,400,000円，期末商品棚卸高（売価）：600,000円
【原価率】
$(350,000円 + 1,250,000円) \div (1,400,000円 + 600,000円) = 0.8$
【期末商品評価額】
$600,000円 \times 0.8 = 480,000円$

---

### COLUMN㉔　後入先出法

　後入先出法（LIFO：Last In, First Out）を知っていますか。棚卸資産の評価方法の1つで，後に取得したものから順に払い出されると仮定して，期末棚卸資産の価額を算定する方法です。物価上昇時には名目利益を排除できますが，原価配分の仮定とモノの流れが一致しないといった特徴があります。

　企業会計上で認められていたこともあり，税法でも評価方法の1つになっていましたが，2009（平成21）年度税制改正で棚卸資産の評価方法から除外されました。これは，「棚卸資産の評価に関する会計基準」の改正（2008年9月）でLIFOが廃止されたことを受けてのものです。長年の評価方法がなぜ突然……。その背景には，会計基準の国際的統合化があります。

---

▷　会計基準の国際的統合化について詳しく　(☞終章第1(1))

### ②　低価法

　低価法とは，上記①の方法のいずれかによって算出された期末棚卸資産の金額と，期末時における時価とを比較して，いずれか低いほうの価額をその評価額とする方法をいう（法令28①二）。ここでいう時価とは，当該事業年度終了時

において棚卸資産を売却する場合に通常付される価額（正味売却価額）である（法基通5-2-11）。

### (5) 棚卸資産の評価方法の選定・変更

#### ① 評価方法の選定と届出

棚卸資産の評価方法は，事業の種類ごとに，かつ，商品，製品，半製品，仕掛品，主要原材料および補助原材料，その他の棚卸資産の区分ごとに選定しなければならない（法令29①）。先述のとおり，評価の方法を選定しなかった場合または選定した方法により評価しなかった場合は，最終仕入原価法で計算することになる（法令31①）。選定した評価方法は，当該事業年度の確定申告書の提出期限までに納税地の所轄税務署長に届け出なければならない（法令29②）。

#### ② 評価方法の変更

法人が評価方法を変更しようとするときは，新たな評価方法を採用しようとする事業年度開始の日の前日までに，その旨，変更しようとする理由その他所定の事項を記載した申請書を提出し，納税地の所轄税務署長の承認を受けなければならない。なお，法人が現在の評価方法を採用してから相当期間を経過していないとき，または変更しようとする評価方法によってはその内国法人の各事業年度の所得の金額の計算が適正に行われ難いと認めるときは，税務署長はその申請を却下することができる（法令30①②③）。

### (6) 特別な評価方法

前述のとおり，法人税法では6種類の原価法とこれらを基礎とする低価法を規定しているが，これらの評価方法が法人企業の実態に適合しているとは言い切れないケースもあり得る。そこで，法人はこれらの評価方法に代えて，特別な評価方法を採用することについて納税地の所轄税務署長の承認を受けた場合には，当該事業年度以後の評価額の計算につき，その評価方法を選定することができる（法令28の2①）。特別な評価方法の承認を受けようとする法人は，その方法の内容，採用しようとする理由，適用しようとする事業の種類および資産の区分その他所定の事項を記載した申請書を納税地の所轄税務署長に提出しなければならない（法令28の2②）。

## 第2 ● 固定資産の減価償却

　減価償却とは，固定資産（減価償却資産）の取得原価を，その使用期間にわたって配分する手続きであり，本来は，法人ごとの使用の実態に基づいて毎期の減価償却費計算を行うべきものである。これに対して，税務会計においては，公平性の原則から，取得価額，耐用年数，残存価額について法定している。

### (1)　減価償却資産の意義・範囲

　減価償却資産とは，棚卸資産，有価証券および繰延資産以外の資産のうち償却すべきものをいう（事業の用に供していないもの，時の経過により価値の減少しないものは除く。）（法令13）。その範囲は，有形減価償却資産（①〜⑦），無形減価償却資産（⑧），生物（⑨）となる（法法2二十三）。

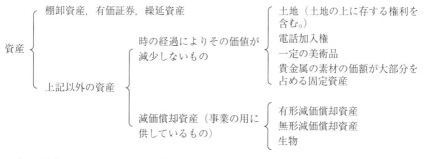

**図表Ⅰ－3－3　減価償却資産の意義**

①　建物およびその附属設備（暖冷房設備，照明設備，通風設備，昇降機その他建物に附属する設備をいう。）

②　構築物（ドック，橋，岸壁，桟橋，軌道，貯水池，坑道，煙突その他土地に定着する土木設備または工作物をいう。）

③　機械および装置

④　船舶

⑤　航空機

⑥　車両および運搬具

⑦　工具，器具および備品（観賞用，興行用その他これらに準ずる用に供する生物を含む。）

⑧ 次に掲げる無形固定資産

　㈦鉱業権（租鉱権および採石権その他土石を採掘しまたは採取する権利を含む。），㈠漁業権（入漁権を含む。），㈡ダム使用権，㈢水利権，㈣特許権，㈤実用新案権，㈥意匠権，㈦商標権，㈧ソフトウエア，㈨育成者権，㈩公共施設等運営権，㈪樹木採取権，㈫営業権，㈬専用側線利用権（鉄道事業または軌道を敷設して行う運輸事業を営む者に対して鉄道または軌道の敷設に要する費用を負担し，その鉄道または軌道を専用する権利），㈭鉄道軌道連絡通行施設利用権，㈮電気ガス供給施設利用権，㈯水道施設利用権，㈰工業用水道施設利用権，㈱電気通信施設利用権

⑨ 次に掲げる生物（⑦に掲げるものに該当するものを除く。）

　㈦牛，馬，豚，綿羊，やぎ，㈠かんきつ樹，りんご樹，ぶどう樹，梨樹，桃樹等，㈡茶樹，オリーブ樹，つばき樹，桑樹，こりやなぎ等

---

**COLUMN㉕　意外と奥が深い「減価償却しない固定資産」**

　減価償却は使用と時の経過による減価分を期間配分する手続きなので，時の経過により価値が減少しない土地および電話加入権は減価償却資産に含まれません（法法２二十二，法令12）。「時の経過によりその価値の減少しないもの」には次の２つの資産も含まれます。

① 一定の美術品等（法基通７−１−１）

　㈦ 古美術品，古文書，出土品，遺物等のように歴史的価値または希少価値を有し，代替性のないもの

　㈠ ㈦以外の美術品等で，取得価額が１点100万円以上であるもの

② 貴金属の素材の価額が大部分を占める固定資産（法基通７−１−２）

　㈦ ガラス繊維製造用の白金製溶解炉

　㈠ 光学ガラス製造用の白金製るつぼ

　㈡ か性カリ製造用の銀製なべ等

いろいろなものが該当しますね。それではここで問題です。

1) １点100万円以上の美術品等は必ず減価償却しない資産になるのでしょうか。

2) １点100万円未満の美術品等は必ず減価償却資産になるのでしょうか。

　答えは……いずれも×です。１点100万円以上であっても，時の経過によりその価値が減少するものは減価償却資産になります。通達では，会館のロビーのような不特定多数の者が利用する場所に展示してあるもので，移設することが困難であり，かつ，その設置状況や使用状況から見て美術品等としての市場価値が見込まれないものをあげています。また，１点100万円未満でも，「時の経過によりその価値が減少しないことが明らかなもの」は減価償却資産の範囲から除かれます（法基通７−１−１（注））。

## (2)　減価償却資産の取得価額

　減価償却資産の取得価額は，①購入，②自己の建設等，③自己による成育，④自己による成熟，⑤組織再編成による移転，⑥その他の方法による取得の6つの取得等の態様ごとに，それぞれ次に掲げる金額の合計額とするものと定められている（法令54①）。

### ①　購入した減価償却資産

　(ア)　購入の代価

　　購入代価のほかに，付随費用（引取運賃，荷役費，運送保険料，購入手数料，関税（附帯税を除く。）その他当該資産の購入のために要した費用）がある場合には，その費用の額を加算する。

　(イ)　その資産を事業の用に供するために直接要した費用の額（据付費，試運転費等）

　　　**(注)**　取得価額に算入しないことができる費用

　　　次の費用は，法人が取得価額に算入せず，損金経理している場合にはその経理が認められる。ただし，取得原価に算入した場合に申告書で減算することはできない。

　　・資産の使用開始前の期間に係る借入金利子
　　・購入代価と割賦利息等が明確に区分されているときの割賦利息等
　　・資産取得に伴う租税公課等（不動産取得税，自動車取得税，登録免許税，登記費用等）
　　・建物の建設等のために行った調査，測量，基礎工事等でその後の計画変更により不要となったものに係る費用
　　・契約解除に伴う費用
　　・事後的に支出する費用（新工場の落成に伴い支出する記念費用等）

### ②　自己の建設，製作または製造（以下，建設等という。）に係る減価償却資産

　(ア)　建設等のために要した原材料費，労務費および経費の額

　(イ)　その資産を事業の用に供するために直接要した費用の額

### ③　自己が成育させた牛馬等

　(ア)　成育させるために取得をした牛馬等に係る購入の代価もしくはその取

得の時における当該資産の取得のために通常要する価額または種付費および出産費の額ならびに当該取得をした牛馬等の成育のために要した飼料費，労務費および経費の額

(イ)　成育させた牛馬等を事業の用に供するために直接要した費用の額

### ④　自己が成熟させた果樹等

(ア)　成熟させるために取得をした果樹等に係る購入の代価もしくはその取得の時における当該資産の取得のために通常要する価額または種苗費の額ならびに当該取得をした果樹等の成熟のために要した肥料費，労務費および経費の額

(イ)　成熟させた果樹等を事業の用に供するために直接要した費用の額

### ⑤　適格合併，適格分割，適格現物出資または適格現物分配により移転を受けた減価償却資産

(ア)　適格合併等（適格合併または適格現物分配（残余財産の全部の分配に限る。））により移転を受けた減価償却資産

(ⅰ)　当該適格合併等に係る被合併法人等（被合併法人または現物分配法人）が当該適格合併の日の前日または当該残余財産の確定の日の属する事業年度において当該資産の償却限度額の計算の基礎とすべき取得価額

(ⅱ)　当該適格合併等に係る合併法人または被現物分配法人が当該資産を事業の用に供するために直接要した費用の額

(イ)　適格分割等（適格分割，適格現物出資または適格現物分配（残余財産の全部の分配を除く。））により移転を受けた減価償却資産

(ⅰ)　当該適格分割等に係る分割法人，現物出資法人または現物分配法人が当該適格分割等の日の前日を事業年度終了の日とした場合に当該事業年度において当該資産の償却限度額の計算の基礎とすべき取得価額

(ⅱ)　当該適格分割等に係る分割承継法人，被現物出資法人または被現物分配法人が当該資産を事業の用に供するために直接要した費用の額

⑥ ①から⑤までの方法以外の方法により取得をした減価償却資産

　(ア)　その取得の時における当該資産の取得のために通常要する価額(時価)

　(イ)　その資産を事業の用に供するために直接要した費用の額

　以上が，減価償却資産の取得価額に関する原則的な取扱いであるが，特殊な事由による取得の場合および取得価額の調整が必要な場合，すなわち，①自己の建設等に係る減価償却資産について適正な原価計算が行われている場合，②圧縮記帳が行われた場合，③購入等に係る減価償却資産について累積所得金額から控除する金額等の計算規定の適用を受けた場合，④グループ法人間の非適格合併により譲渡損益調整資産の移転を受けた場合，⑤評価換え等が行われた場合における取得価額に関する特例が定められている（法令54②〜⑥）。

---

**COLUMN㉖　減価償却資産を安く手に入れたら…？**

　たとえば，100万円の車を80万円で取得したケースです。答えは，「取得価額は時価（100万円），差額の20万円は受贈益（益金算入），受贈益相当額は償却費として損金経理した金額に含め減価償却超過額として加算」となります。まさに税務ならではの取扱いですね。

　それでは，安く入手したものが相手メーカーの社名やロゴ入りの車両や陳列棚だったらどうでしょう。このような広告宣伝用資産の場合は，メーカー等の取得価額の3分の2から支払額を控除した金額が受贈益になります。では，もうひとつ。看板，ネオンサイン，どん帳だったら？　何と…受贈益はゼロ。これらは広告宣伝用専用資産だからです（法基通4-2-1）。

---

▷　受贈益について詳しく（☞第Ⅰ部第2章第5(1)）

## (3)　減価償却資産の残存価額・償却可能限度額

　残存価額は，2007年3月31日以前に取得された減価償却資産に関してのみ定められている（法令56，耐省別表11）。2007年4月1日以後に取得した減価償却資産には残存価額はない。ただし，有形減価償却資産に関しては備忘価額1円を残さなければならない。

**図表Ⅰ－3－4** 2007年3月31日以前に取得された減価償却資産の残存価額

| 資産の種類 | 細　目 | 残存価額（残存割合） |
|---|---|---|
| 有形減価償却資産<br>公害防止用減価償却資産<br>開発研究用減価償却資産（ソフトウエアを除く。） | | 10％ |
| 無形減価償却資産<br>ソフトウエア<br>鉱業権および坑道 | | ゼロ |
| 生　物 | 牛 | 10・20・50％ |
| | 馬 | 10・20・30％ |
| | 豚 | 30％ |
| | 綿羊，やぎ | 5％ |
| | 果樹その他の植物 | 5％ |

　取得価額のうち，どこまで減価償却を行うことができるかという償却可能限度額は次のとおりである（法令61）。こちらも2007年3月31日以前に取得されたものと2007年4月1日以後に取得されたものとによって，それぞれ内容が異なっている。

### (ア) 2007年3月31日以前に取得された減価償却資産の償却可能限度額

| 資産の種類 | 償却限度額 |
|---|---|
| 有形減価償却資産（前掲(1)①～⑦） | 取得価額の95％相当額 |
| 坑道<br>無形固定資産（前掲(1)⑧） | 取得価額相当額（100％） |
| 生物（前掲(1)⑨） | 取得価額－残存価額 |
| 国外リース資産 | 取得価額－見積残存価額 |
| リース賃貸資産 | 取得価額－残価保証額（ゼロである場合は1円） |

　2007年3月31日以前に取得された有形減価償却資産のうち堅牢資産については，取得価額の95％相当額まで償却をした後，税務署長の認定により，認定残存使用可能期間を基礎に帳簿価額（備忘価額）1円まで均等償却をすることが特例として認められる（法令61の2）。なお，堅牢資産以外は，同じく取得価額の95％相当額の償却後，帳簿価額1円まで5年均等償却することができる（法令61②）。

　ここで，堅牢資産とは，(i)鉄骨鉄筋コンクリート造，鉄筋コンクリート造，

れんが造，石造またはブロック造の建物，(ii)鉄骨鉄筋コンクリート造，鉄筋コンクリート造，コンクリート造，れんが造，石造または土造の構築物または装置をいう。

**(イ) 2007年4月1日以後に取得された減価償却資産の償却可能限度額**

| 資産の種類 | 償却限度額 |
|---|---|
| 有形減価償却資産（前掲(1)①〜⑦，⑨） | 取得価額－1円 |
| 坑道<br>無形固定資産（前掲(1)⑧） | 取得価額相当額（100％） |
| リース資産 | 取得価額－残価保証額 |

---

**COLUMN㉗　減価償却はいつから始めるか？　〜香月堂事件〜**

減価償却は資産を「事業の用に供した日」から開始します（法令56）。これは，いつでも本来の用途に供することができる状態に至り，使用を開始する日を指します。資産を物理的に使用し始めた日のみをいうのではなく，たとえば，賃貸マンションの建物が完成し，現実の入居がなかった場合でも，入居募集を始めていれば，事業の用に供したものと考えられます。

では，機械装置を導入し事業供用を開始したものの，メーカーによる調整が続き検収（引渡し）に至らなかったらどうでしょう。この場合，所有権は移転していないので，残念ながら減価償却はお預けです。減価償却費を各事業年度の損金の額に算入するためには，事業年度終了の時において減価償却資産を「取得」していることが要件になるからです（東京高判平成30年9月5日訟月65巻2号208頁（香月堂事件））。

---

### (4) 耐用年数

#### ① 法定耐用年数

すでに述べたとおり，耐用年数は法定されており，「減価償却資産の耐用年数等に関する省令」において，その種類，構造または用途，細目の区分ごとに，それぞれ耐用年数が定められている（耐省別表1〜6）。

#### ② 耐用年数の短縮

法定耐用年数は，平均的，一般的な使用状況や資産自体の状態を前提として定められているので，各法人の使用状況や資産の状態に基づく実態と乖離することは不可避である。そこで，以下に掲げる事由によって，その使用可能期間

が法定耐用年数に比べて著しく（おおむね10％以上）短くなった場合には，国税局長の承認を受けることを要件に，耐用年数を短縮することが認められている（法令57，法基通 7 - 3 -18）。

　(ｱ)　資産の材質または製作方法がこれと種類および構造を同じくする他の減価償却資産の通常の材質または製作方法と著しく異なること

　(ｲ)　資産の存する地盤が隆起し，または，沈下したこと

　(ｳ)　資産が陳腐化したこと

　(ｴ)　資産がその使用される場所の状況に基因して著しく腐食したこと

　(ｵ)　資産が通常の修理または手入れをしなかったことに基因して著しく損耗したこと

　(ｶ)　その他一定の事由（法規16）

### ③　中古資産の耐用年数

　中古資産を取得して事業の用に供した場合には，事業供用日以後の残存使用可能期間を見積もり，その年数によって償却することができる。残存可能期間の見積りが困難な場合には，簡便法として次の算式によって計算された年数（ 2 年未満の場合は 2 年とする。 1 年未満の端数は切り捨て）によることも認められる。

　(ｱ)　法定耐用年数の全部を経過した資産
　　　残存使用可能期間 ＝ 法定耐用年数×20％
　(ｲ)　法定耐用年数の一部を経過した資産
　　　残存使用可能期間 ＝（法定耐用年数－経過年数）＋ 経過年数×20％

> **設例 I - 3 - 2** 　簡便法による残存使用可能期間の計算
> 法定耐用年数 8 年，事業供用後 3 年を経過した中古機械を取得した場合
> 【残存使用可能期間】
> （ 8 年－ 3 年）＋ 3 年×20％＝5.6年　→ 5 年

　簡便法を使用できるのは，中古資産の取得に当たり支出した資本的支出の額が，中古資産の取得価額の50％以下の場合に限る。なお，資本的支出の額が再取得価額の50％を超える場合には法定耐用年数を適用する（耐令 3 ，耐通 1 - 5 - 1 ～ 4 ）。

---

**COLUMN㉓　複雑系　～中古資産の耐用年数～**

　中古資産の耐用年数は資本的支出の額がポイントになります。取得価額の50％以下（まさに中古品）は簡便法，再取得価額の50％超（ほぼ新品）の場合は法定耐用年数です。では，その中間（取得価額×50％＜資本的支出の額≦再取得価額×50％）だったら？　何と，次の計算式を用います。一見複雑ですが，本体部分が中古，資本的支出が新品とイメージすれば理解しやすいですね。

$$\frac{\text{中古資産本体の取得価額＋資本的支出の額}}{\dfrac{\text{中古資産本体の取得価額}}{\text{上記(ｱ)による見積耐用年数}} + \dfrac{\text{資本的支出の額}}{\text{法定耐用年数}}}$$

　　　（注）１年未満の端数は切捨て，その年数が２年未満のときは２年

例）取得価額：100万円　資本的支出：80万円　再取得価額：180万円，

　　法定耐用年数：8年　経過年数：4年

　　※　見積耐用年数：（8年－4年）×4年×20％＝4.8年　⇒　4年

$$\frac{100+180}{\dfrac{100}{4\text{年}}+\dfrac{180}{8\text{年}}}=5.89 \quad⇒\quad 5\text{年}$$

▷　　資本的支出について詳しく　（☞第Ⅰ部第3章第4）

## (5)　減価償却方法

　減価償却方法については，①2007年3月31日以前に取得された減価償却資産と②2007年4月1日以後に取得された減価償却資産の区分に応じて，**図表Ⅰ－3－5**のように定められている（法令48，48の2）。

**図表Ⅰ－3－5　減価償却方法**

| 取得年月日 | 1998年4月1日 | 2007年4月1日 | 2012年4月1日 | 2016年4月1日 |
|---|---|---|---|---|
| 建　　　　物 | 旧定額法, 旧定率法 | 旧定額法 | 定額法 | |
| 建物附属設備<br>構　築　物 | 旧定額法, 旧定率法 | | 定額法・定率法 ※ | 定額法 |
| 上記以外の<br>有形減価償却資産 | 旧定額法, 旧定率法 | | 定額法・定率法 ※ | |
| 無形減価償却資産 | 旧定額法 | | 定額法 | |

※　2012年3月31日以前取得：250％定率法
　　2012年4月1日以降取得：200％定率法

2007年4月1日以後に取得された減価償却資産に適用される減価償却方法の内容は，それぞれ次のとおりとなっている。

### ㊦ 定額法

減価償却資産の取得価額にその償却費が毎年同一となるように，定額法償却率を乗じて計算した金額を各事業年度の償却限度額とする方法をいう。

$$償却限度額 ＝ 取得価額 × 定額法償却率$$

### ㊦ 定率法

定額法償却率に2（2012年3月31日以前に取得された減価償却資産にあっては2.5）を乗じて計算した償却率により償却費を計算する方法をいう。なお，すでに損金に算入された償却額は取得価額から控除して定率法償却率を乗ずる。

また，定率法償却率を乗じて計算した金額が償却保証額に満たない場合には，改定取得価額に，改定償却率を乗じて計算した金額が償却限度額とされる。

$$償却限度額 ＝ （取得価額 － 既償却額） × 定率法償却率$$
【この算式による償却限度額が償却保証額に満たない場合の算式】
$$償却限度額 ＝ 改定取得価額 × 改定償却率$$

### 設例Ⅰ－3－3　定率法による償却限度額計算

取得価額100,000,000円
法定耐用年数8年（定率法償却率0.250，改定償却率0.334，保証率0.07909）

（万円）

|  | 取得年度 | 2年度 | 3年度 | 4年度 | 5年度 | 6年度 |
|---|---|---|---|---|---|---|
| 取得価額 | 10,000 | 7,500 | 5,625 | 4,218.75 | 3,164.07 | 2,373.06 |
| 定率法償却額 | 2,500 | 1,875 | 1,406.25 | 1,054.68 | 791.01 | 593.26 |
| 償却保証額 | 790.9 | 790.9 | 790.9 | 790.9 | 790.9 | 790.9 |

|  | 6年度 | 7年度 | 8年度 |
|---|---|---|---|
| 改定取得価額 | 2,373.06 | 2,373.06 | 2,373.06 |
| 改定償却額 | 792.6 | 792.6 | 792.6 |
| 償却限度額 | 792.6 | 792.6 | 786.86 |
| 償却保証額 | 790.9 | 790.9 | 790.9 |
| 期末帳簿価額 | 1,580.46 | 787.86 | 1 |

定率法償却率による償却限度額が償却保証額を下回るので，6年度以後の償却限度額は改定取得価額に改定償却率を乗じて計算する。

※ 表中の取得価額は既償却額控除後の金額，定率法償却額は定率法償却率による償却限度額，改定償却額は改定償却率による償却限度額の意味である。

COLUMN㉙　250％が200％とされた理由

　2007（平成19）年度税制改正によって旧定率法が250％定率法に改められ，その後，短期のうちに，200％定率法とされましたが（平成23年12月改正），この理由の1つには，法人税率の引下げに伴う課税ベースの拡大があります。また，これに加えて，損金経理を要件にすることから，法人において会計上の利益を確保するために250％定率法による償却限度額を使い切れていない状況も，その背景にあったようです。

　税制調査会の議事録（平成22年度第7回（平成22年11月4日）21頁）によりますと，250％定率法導入後の2008（平成20）年度の減価償却費に係る損金算入限度額は49兆円あるところ，実際に法人が損金に算入した額は44兆円にとどまり，250％から200％へと損金算入限度額を縮小しても影響が小さいとの判断があったものと推察されます。

#### (ウ)　生産高比例法

　鉱業用減価償却資産の取得価額をその耐用年数の期間内におけるその資産の属する鉱区の採掘予定数量で除して計算した一定単位当たりの金額に当該事業年度における当該鉱区の採掘数量を乗じて計算した金額を各事業年度の償却限度額として償却する方法をいう。

　なお，その鉱区の採掘予定年数がその耐用年数より短い場合には，耐用年数は，その鉱区の採掘予定年数とする。

$$償却限度額 = \frac{取得価額 \times 当該事業年度の採掘数量}{耐用年数内の採掘予定数量}$$

#### (エ)　リース期間定額法

　リース資産の取得価額をそのリース資産のリース期間の月数で除して計算した金額に当該事業年度における当該リース期間の月数を乗じて計算した金額を各事業年度の償却限度額として償却する方法をいう。

　なお，取得価額に残価保証額相当額が含まれている場合には，取得価額から残価保証額を控除した金額を基礎額とする。

$$償却限度額 = 取得価額 \times \frac{当該事業年度のリース期間の月数}{リース期間の月数}$$

### ⑹ 特別な減価償却方法

#### ① その他の償却方法

所轄税務署長の承認を要件として，基本的な償却方法に代えてこれら以外の方法によって減価償却を行うことも認められる（法令48の4①）。

この特別な減価償却方法については，㋐算術級数法，㋑生産高，使用時間，使用量等を基礎とする方法，㋒取替法に類する方法などが想定されている（法基通7-2-3）。

#### ② 取替法

取替資産については，所轄税務署長の承認を要件として基本的な償却方法に代えて取替法を選定することが認められる（法令49）。

取替資産とは，軌条，枕木その他多量に同一の目的のために使用される減価償却資産をいい，取替法とは，次に掲げる金額の合計額を償却限度額として償却する方法をいうものとされている（法令49②③）。

㋐ 取替資産につきその取得価額の50％相当額に達するまで，その採用する減価償却方法（旧定額法，旧定率法，定額法または定率法）により計算した金額

㋑ 取替資産が使用に耐えなくなったため当該事業年度において種類および品質を同じくするこれに代わる新たな資産と取り替えた場合におけるその新たな資産の取得価額で損金経理をしたもの

なお，㋐の取得価額からは，その事業年度以前の各事業年度に係る㋑に掲げる新たな資産の取得価額相当額を除く。

#### ③ 特別な償却率による償却方法（減量率償却法）

次に掲げる資産の減価償却方法については，その採用する減価償却方法に代えて，その取得価額に所轄国税局長の認定を受けた償却率を乗じて計算した金額を償却限度額とする償却方法を選定することができる（法令50，法規12）。

㋐ なつ染用銅ロール

㋑ 映画用フイルム（2以上の常設館において順次上映されるものに限る。）

㋒ 非鉄金属圧延用ロール（電線圧延用ロールを除く。）

㈘　短期間にその型等が変更される製品でその生産期間があらかじめ生産計
　　画に基づき定められているものの生産のために使用する金型その他の工具
　　で，当該製品以外の製品の生産のために使用することが著しく困難である
　　もの
㈓　漁網，活字に常用されている金属および上記㈋から㈘に掲げる資産に類
　　するもの

---

**COLUMN㉚　経済的減価償却≒不思議なさけるチーズ？**

　本書で紹介した償却方法以外にも，実は租税法などの分野では，経済的減価償却という
考え方が登場します。これは，ある資産が将来生み出すと予想されるキャッシュフローの
割引現在価値の期間差額として資産価値の減少，すなわち減価償却費を捉えようとする試
みで，真の減価償却法などと呼ばれます。要するに，資産をキャッシュの束と捉え，分離
したキャッシュの（－）が割引の緩和による（＋）で相殺されるため，さいた量ほど減ら
ない，不思議なさけるチーズとでも表現できるでしょうか。キャッシュフローの正確な見
積りが難しく，実務で用いることは困難ですが，理論的には正しく，減価償却について腰
を据えて考える際には依然有用です。

---

## ⑺　償却限度額の計算

### ①　総　説

　税務会計上，減価償却費として計算される金額は償却限度額であり，減価償
却費として損金経理をした場合に損金算入が認められる上限額となっている
（法法31①）。たとえば，償却限度額100万円として計算された場合に減価償却
費として80万円を損金経理した場合には80万円が損金に算入される。償却不足
額が20万円生ずることになるが，これはまったく問題とされず，翌期に20万円
多く損金算入することも認められない。ただし，この場合，償却が完了するま
での期間が法定耐用年数よりも長くなる。

　これに対して，償却限度額が100万円の場合に，減価償却費として130万円を
損金経理しているときには，償却限度額を上回る30万円は損金不算入となる。
ただし，この超過額30万円は翌事業年度以後に損金経理された金額に含められ
（法法31④），以後の事業年度において償却不足額が生じた場合，その不足額に
償却超過額を充当することができる（減価償却超過額の認容減算）。

なお，減価償却費として損金経理された金額には，(ア)取得価額に算入すべき付随費用を費用処理した場合の付随費用，(イ)費用，損失として計上された除却損，評価損（減損損失を含む。），(ウ)修繕費として処理された資本的支出などが含まれる（法基通7-5-1）。

### ② 事業年度の中途で供用開始した場合の償却限度額計算

償却限度額は1年を単位として計算されるが，通常，減価償却資産を取得し，事業の用に供する時期が，その事業年度の期首となることは，むしろ稀である。事業年度の中途で減価償却資産を事業の用に供した場合には，償却限度額について当該事業年度のうちの事業の用に供した期間に応じて月数で按分することとなる（法令59①）。なお，生産高比例法および旧生産高比例法によっている場合には，次の式によって償却限度額を計算する（法令59①二）。

$$償却限度額 = \frac{償却限度額（1年分）\times 事業供用開始後の採掘数量}{当該事業年度の採掘数量}$$

### ③ 増加償却

機械装置について平均的な使用時間を著しく超えて事業の用に供している場合には，次の算式による金額を償却限度額とすることができる（法令60，法規20）。この制度を増加償却という。なお，増加償却は増加償却割合が10％未満の場合には認められない。

$$増加償却限度額 = 償却限度額 \times (1 + 増加償却割合)$$

$$増加償却割合 = 1日当たりの超過使用時間 \times \frac{35}{1,000}$$

（小数点第2位未満切上げ）

本来であれば耐用年数の短縮により対応すべきだが，機械装置は景気状況等により操業度が左右されるため，耐用年数の短縮によらず，増加償却により償却費を配賦できるよう配慮されている。

**設例Ⅰ－3－4** 増加償却による償却限度額の計算

法定耐用年数15年（償却率0.142）　取得原価30,000円　1日当たりの超過使用時間3.8時間
増加償却割合　35/1,000×3.8＝0.133　　0.14≧10％
償却限度額　30,000×0.142×（1＋0.133）＝4,826

#### ④　グルーピング

　償却限度額の計算は個々の減価償却資産ごとに行うことが原則であるが，実務上の計算の便宜性への配慮から，種類，耐用年数，償却方法の3区分が同一の資産については，1グループとして行う（法規19）。これをグルーピングという。この場合，それぞれの資産につき生じた償却超過額と償却不足額は通算されることになる。

**設例Ⅰ－3－5** グルーピングによる償却限度額の計算

| 種類 | 取得価額 | 当期償却額 | 耐用年数 | 償却方法 |
|---|---|---|---|---|
| A自動車 | 2,000,000円 | 400,000円 | 6年 | 定額法（償却率0.167） |
| B自動車 | 3,000,000円 | 470,000円 | 6年 | 定額法（償却率0.167） |

償却限度額：2,000,000×0.167＋3,000,000×0.167＝835,000
償却超過額：400,000＋470,000－835,000＝35,000（加算）

### (8)　少額減価償却資産

　減価償却資産に該当する資産であっても，その使用可能期間が1年未満であるものまたは取得価額が10万円未満であるものは，減価償却を行わずに，その事業の用に供した事業年度において，その取得価額の全額を一時の損金算入とすることが認められる。ただし，対象資産から貸付け（主要な事業として行われるものを除く）の用に供した資産は除外する（法令133）。

### (9)　一括償却資産

　取得価額が20万円未満の減価償却資産を事業の用に供した場合には，通常の減価償却計算に代えて，それらを一括して3年間で損金算入することができる。この場合，資産の取得が期中であっても月数按分は行わない。ただし，対象資産から貸付け（主要な事業として行われるものを除く）の用に供した資産は除外

する（法令133の2）。なお，少額減価償却資産の損金算入の規定の適用を受けたものには一括償却の適用はない。

> **設例Ⅰ－3－6**
> A社（3月決算法人）は本年1月に次の備品を購入し，一括償却資産として減価償却を行った。　PC1台 190,000円，プリンタ1台 150,000円，棚1台 80,000円
>
> 損金算入限度額：140,000円＝（190,000円＋150,000円＋80,000円）× $\dfrac{12}{36}$

### ⑽　中小企業者等の少額減価償却資産

　青色申告法人たる中小企業者等（資本金1億円以下，従業員数500人以下）の場合には，2006年4月1日から2024年3月31日までに取得等をし，かつ，事業の用に供した減価償却資産で，取得価額が10万円以上30万円未満のものについて一時損金算入が認められている。ただし，対象資産から貸付け（主要な事業として行われるものを除く。）の用に供した資産は除外する。なお，この特例の適用は少額減価償却資産の取得価額の合計額年300万円までが限度とされる（措法67の5，措令39の28）。

## 第3 ● 特別償却

### ⑴　制度の趣旨

　特別償却とは減価償却資産の普通償却とは別に，投資の行われた当初において投資額の一定の割合を償却することであり，それらを損金として認めることを特別償却制度という。特別償却は取得原価主義の枠内で行われるため減価償却制度を利用した課税繰延措置にすぎないが，企業としては課税猶予額を資金として運用することができ，国庫から無利息融資を受けるのと同等の経済効果を享受できる。特別償却制度は，このような効果への期待を媒介として特定の設備投資等を誘導する，政策的な誘導措置と位置づけられる。

　もとより制度そのものが租税負担の公平性や租税の中立性を阻害するといった性質を孕んでいるため，特別償却は個々の政策目的の合理性を判断しながら，あくまでも特例的に許容されるべきである。

## (2)　現行の特別償却制度

　特別償却制度は，租税特別措置法（42の6〜48）および「東日本大震災の被災者等に係る国税関係法律の臨時特例に関する法律」（震災特例法）（17の2〜18の4）において，原則として青色申告法人を対象に時限立法的に認められている。特別償却制度の適用にあたっては，確定申告書に償却限度額の計算に関する明細書および「租税特別措置の適用状況の透明化等に関する法律」（租特透明化法）に基づく適用額明細書（2011年4月1日以後に終了する事業年度分の申告から）を添付することが要件とされている（措法43②等，租特透明化法3①）。なお，収用等の場合の圧縮記帳制度の特則または特定の資産の買換えの圧縮記帳制度の特則の適用を受けた場合には，原則として特別償却制度の適用は認められない（措法64⑥，65の7⑦）。

　特別償却には，初年度特別償却（狭義の特別償却）と割増償却の2つの形態がある。前者は対象資産を事業の用に供した年度に，普通償却限度額に特別償却限度額（取得価額×一定率）を加えた金額を償却限度額とする制度であり，取得原価の全額を償却（即時償却）することもできる。後者は対象資産取得後の一定期間に，普通償却の一定割合を普通償却限度額に加算する制度である。

　現行税制では全28項目（初年度特別償却：24項目，割増償却：4項目）もの特別償却が認められているが，複数の規定に該当する場合であっても，いずれか1つの規定しか適用することはできない（措法53）。また，特別償却の償却不足額は1年間に限り繰り越して翌事業年度の損金の額に算入できる（措法52の2，震災特例法18の5）等，弾力的な運用が可能となっている。

---

【初年度特別償却】
① 中小企業者等が機械等を取得した場合の特別償却（措法42の6）
② 国家戦略特別区域において機械等を取得した場合の特別償却（措法42の10）
③ 国際戦略総合特別区域において機械等を取得した場合の特別償却（措法42の11）
④ 地域経済牽引事業の促進区域内において特定事業用機械等を取得した場合の特別償却（措法42の11の2）
⑤ 地方活力向上地域等において特定建物等を取得した場合の特別償却（措法42の11の3）
⑥ 中小企業者等が特定経営力向上設備等を取得した場合の特別償却（措法42の12の4）
⑦ 認定特定高度情報通信技術活用設備を取得した場合の特別償却（措法42の12の6）
⑧ 事業適応設備を取得した場合等の特別償却（措法42の12の7）
⑨ 特定船舶の特別償却（措法43）

⑩ 被災代替資産等の特別償却（措法43の2）
⑪ 関西文化学術研究都市の文化学術研究地区における文化学術研究施設の特別償却（措法44）
⑫ 特定事業継続力強化設備等の特別償却（措法44の2）
⑬ 共同利用施設の特別償却（措法44の3）
⑭ 環境負荷低減事業活動用資産等の特別償却（措法44の4）
⑮ 特定地域における工業用機械等の特別償却（措法45）
⑯ 医療用機器等の特別償却（措法45の2）
⑰ 特定復興産業集積区域において機械等を取得した場合の特別償却（震災特例法17の2①②）
⑱ 企業立地促進区域等において機械等を取得した場合の特別償却（震災特例法17の2の2①②）
⑲ 避難解除区域等において機械等を取得した場合の特別償却（震災特例法17の2の3①②）
⑳ 特定復興産業集積区域における開発研究用資産の特別償却等（震災特例法17の5）
㉑ 新産業創出等推進事業促進区域における開発研究用資産の特別償却等（震災特例法18）
㉒ 被災代替船舶の特別償却（震災特例法18の2）
㉓ 再投資設備等の特別償却（震災特例法18の4）

【割増償却】
㉔ 事業再編計画の認定を受けた場合の事業再編促進機械等の割増償却（措法46）
㉕ 輸出事業用資産の割増償却（措法46の2）
㉖ 特定都市再生建築物の割増償却（措法47）
㉗ 倉庫用建物等の割増償却（措法48）

## (3) 特別償却の経理方式

　特別償却の経理方法には，損金経理方式と剰余金処分経理による準備金方式がある。損金経理方式により取得価額を費用計上すると適正な期間損益計算を歪めることになるため，企業会計上は剰余金の処分として特別償却準備金を積み立てる方法（措法52の3①）が妥当である。

　この場合，損金算入された特別償却準備金は翌事業年度以降7年（特別償却対象資産の耐用年数が10年未満である場合には，5年と当該耐用年数とのいずれか短い年数）間で均等額を取り崩して益金の額に算入される（措法52の3⑤）。

### 設例Ⅰ-3-7 事業年度（X1期）の期首4月1日に機械を取得（3月決算法人）

● 対象資産：機械（取得価額50,000,000円，定率法（償却率：0.200），耐用年数10年，残存価額1円）
● 即時償却

【X1期末の会計処理】

［減価償却費の計上］

(借) 減 価 償 却 費　10,000,000　(貸) 機 械 装 置　10,000,000

［特別償却準備金の積立て］

(借) 繰越利益剰余金　40,000,000　(貸) 特別償却準備金　40,000,000

【X2期末の会計処理】

［減価償却費の計上］

(借) 減 価 償 却 費　10,000,000　(貸) 機 械 装 置　10,000,000

［特別償却準備金の取崩し］

(借) 特別償却準備金　5,714,286　(貸) 繰越利益剰余金　5,714,286

※40,000,000÷7＝5,714,286

---

**COLUMN㉛　租税特別措置の実態**

　租税特別措置について，その適用状況を透明化するとともに適切な見直しを推進するために「租税特別措置の適用状況の透明化等に関する法律」（租特透明化法）が2010年3月に成立しました。同法は「租税特別措置の適用実態調査の結果に関する報告書」の作成を財務大臣に義務づけています（5①）。

　総合的・中期的な視点から租税特別措置を俯瞰すると，2017〜2021年の5年間で税額控除額は10,944億円から9,437億円（13.7％減），特別償却限度額等は11,684億円から8,299億円（28.9％減），準備金等は8,959億円から5,606億円（37.4％減）に推移しています（財務省（2021）（2023）「租税特別措置の適用実態調査の結果に関する報告書（第204回国会提出，211国会提出）」）。

---

▷　準備金について詳しく　（☞第Ⅰ部第3章第10）

▷　税額控除について詳しく　（☞第Ⅰ部第4章第3）

# 第4 ● 資本的支出と修繕費

## (1) 資本的支出と修繕費の意義

　会社が所有している資産が壊れれば，修繕が必要となる。たとえば，壊れた部分を修繕するために100万円を業者に支払った場合，税務上，この100万円は毀損した固定資産の原状を回復するために要したものと認められるため支出時に損金に算入される。これに対して，壊れたことをきっかけに会社が用途を変

更し，改造するために100万円を支出した場合は支出時に損金算入されず，原則として100万円分の新たな固定資産を取得したものとされる。つまり，この100万円は減価償却を通じて徐々に損金に算入されることになる。

このように税務上，固定資産の取得後に支出した金額は2つに区分され，それぞれ異なる処理が定められている。第1に，法人がその有する固定資産の修理，改良等のために支出した金額のうち，当該固定資産の通常の維持管理のため，または毀損した固定資産につきその原状を回復するために要したと認められる部分の金額を「修繕費（収益的支出）」という。第2に，法人がその有する固定資産の修理，改良等のために支出した金額のうち，当該固定資産の価値を高め，またはその耐久性を増すこととなると認められる部分に対応する金額を「資本的支出」という。修繕費は支出した事業年度に損金の額に算入され，資本的支出は新たな固定資産の取得価額とされ減価償却の対象となる。減価償却の方法は，その支出の対象となった減価償却資産の種類および耐用年数に従う。ただし，2007年3月31日以前に取得した減価償却資産に対して行った資本的支出は，その減価償却資産の取得価額に資本的支出を加算して減価償却をすることができる（法法22③二，法令132,55①②）。

## (2) 資本的支出と修繕費の区分

先の例の業者が，毀損した部分を修理した上で改造した結果，使用可能年数が延長した場合，100万円のうちの一部を修繕費として損金算入し，残りを資本的支出として取得原価に加算することになる。このような場合，資本的支出と修繕費とを区分する必要が生ずる。この点，法人税法施行令および法人税基本通達は，次のように示している。

まず，資本的支出は，法人がその有する固定資産の修理，改良等のために支出した金額のうち当該固定資産の価値を高め，またはその耐久性を増すこととなると認められる部分に対応する金額である（法基通7-8-1）。そのため，修理，改良その他いずれの名義でするかを問わず，以下に該当する金額は損金の額に算入しない（法令132）。

一　当該支出する金額のうち，その支出により，当該資産の取得の時において当該資産につき通常の管理または修理をするものとした場合に予測される当該資産の使用可能期間を延長させる部分に対応する金額

二　当該支出する金額のうち，その支出により，当該資産の取得の時において当該資産につき通常の管理または修理をするものとした場合に予測されるその支出の時における当該資産の価額を増加させる部分に対応する金額

また，資本的支出の例示として次のものが挙げられる（法基通7－8－1）。
1．建物の避難階段の取付等物理的に付加した部分に係る費用の額
2．用途変更のための模様替え等改造または改装に直接要した費用の額
3．機械の部分品を特に品質または性能の高いものに取り替えた場合のその取替えに要した費用の額のうち通常の取替えの場合にその取替えに要すると認められる費用の額を超える部分の金額

次に，修繕費（収益的支出）は，法人がその有する固定資産の修理，改良等のために支出した金額のうち当該固定資産の通常の維持管理のため，または毀損した固定資産につきその原状を回復するために要したと認められる部分の金額である。そのため，以下の金額は修繕費となる（法基通7－8－2）。
1．建物の移えいまたは解体移築に要した費用の額
2．機械装置の移設に要した費用の額
3．地盤沈下した土地を沈下前の状態に回復するために行う地盛りに要した費用の額
4．建物，機械装置等が地盤沈下により海水等の浸害を受けることとなったために行う床上げ，地上げまたは移設に要した費用の額
5．現に使用している土地の水はけを良くする等のために行う砂利，砕石等の敷設に要した費用の額および砂利道または砂利路面に砂利，砕石等を補充するために要した費用の額

ただし，上記の規定にかかわらず，以下のいずれかに該当する場合には修繕費として損金経理をすることができる（法基通7－8－3）。
1．1つの修理，改良等のために要した費用の額が20万円に満たない場合
2．おおむね3年以内の期間を周期として修理等が行われることが，既往の実績その他の事情からみて明らかである場合

　それでも，一の修理，改良等のために要した費用の額のうちに資本的支出であるか修繕費であるかが明らかでない金額がある場合は，まずその金額が次のいずれかに該当するかどうかを検討する。

　1．その金額が60万円に満たない場合

　2．その金額がその修理，改良等に係る固定資産の前期末における取得価額のおおむね10％相当額以下である場合

　上記に該当するときは，修繕費として損金経理をすることができる（法基通7－8－4）。該当しない場合は，①支出金額の30％相当額と，②修理，改良等をした固定資産の前期末における取得価額の10％相当額，とのいずれか少ない金額を修繕費とし，残額を資本的支出とする経理を，法人が継続して行っているときは，これを認める（法基通7－8－5）。

## 第5 ● 繰延資産の償却

### (1)　繰延資産の意義と範囲

　日常生活では，お金を払えば，それに見合う利益をすぐに得られることが多い。それに対して，法人は支出時点から数年〜数十年にわたって利益を得ることを見込んで投資を行うことが多々ある。その投資対象が，機械や備品といった有形の資産であれば，支出額が「資産」の額として計上されることはこれまでみてきたとおりである。しかし，その投資対象が常に有形資産であるとは限らない。

　たとえば，地下にある有用鉱物を探すため，法人が地質調査を行うこととし，そのためにX1年度期首に500万円を支出したとする。その地質調査の成果により新鉱床が発見され，その後5年間にわたって法人は収益を得たとしよう。この場合，500万円の支出によって具体的な有形資産を獲得したわけではないが，その支出の効果が支出の日以後の1年以上に及ぶために，「資産」として計上することも認められている。このような処理が認められる根拠は，その支出によってもたらされる収益と期間対応するように支出額を費用化することが妥当であるからである。

　このように，その支出の効果が支出の日以後の1年以上に及ぶもの（資産の

取得に要した金額とされるべき費用および前払費用を除く。）（法法2二十四，法令14①）を「繰延資産」といい，資産に計上することができる。つまり，支出時点で直ちに損金に算入するのではなく，いったん資産計上した上で，徐々にその償却額を損金とすることが認められる。

　ただし，支出の効果が支出の日以後の1年以上に及ぶものをすべて「繰延資産」として資産に計上できるわけではない。何の制限も設けずに自由に繰延資産の計上を認めてしまえば，法人が恣意的にそれを利用する可能性があるからである。そこで，税務上は「繰延資産」として認める支出を次のように2つに区分した上で限定を加えている。

### ①　企業会計上の繰延資産（法令14①一～五，法基通8-1-1～2）

(ア)　創立費

　　発起人に支払う報酬，設立登記のために支出する登録免許税その他法人の設立のために支出する費用で，当該法人の負担に帰すべきもの

(イ)　開業費

　　法人の設立後事業を開始するまでの間に開業準備のために特別に支出する費用

(ウ)　開発費

　　新たな技術もしくは新たな経営組織の採用，資源の開発または市場の開拓のために特別に支出する費用

(エ)　株式交付費

　　株券等の印刷費，資本金の増加の登記についての登録免許税その他自己の株式（出資を含む。）の交付のために支出する費用

(オ)　社債等発行費

　　社債券等の印刷費その他債券（新株予約権を含む。）の発行のために支出する費用

### ②　税法固有の繰延資産（法令14①六，法基通8-1-3～12，8-2-3）

　その支出の効果が支出の日以後の1年以上に及ぶ支出のうち，以下に挙げられるもの（各文末のカッコ内は償却期間を表す）を税法固有の繰延資産という。なお，これらは税務上は繰延資産であっても，企業会計上は無形固定資産また

は長期前払費用として処理される。

### ㈦　公共的施設または共同的施設の負担金

（ⅰ）　自己の必要に基づいて行う道路，堤防，護岸，その他の施設または工作物（公共的施設）の設置または改良（設置等）のために要する費用，または自己の有する道路その他の施設または工作物を国等に提供した場合における当該施設または工作物の価額（負担者がもっぱら使用する場合は，その施設等の耐用年数の70%，その他はその施設等の耐用年数の40%）

（ⅱ）　国等の行う公共的施設の設置等により著しく利益を受ける場合におけるその設置等に要する費用の一部の負担金（同上）

（ⅲ）　法人（鉄道業または軌道業を営む法人を除く。）が，鉄道業を営む法人の行う鉄道の建設にあたり支出するその施設に連絡する地下道等の建設に要する費用の一部の負担金（同上）

（ⅳ）　所属する協会，組合，商店街等の行う共同的施設の建設または改良に要する費用の負担金（負担者等の共同の用に供されるまたは協会等の本来の用に供される場合，施設の建設等部分の負担金はその施設の耐用年数の70%，土地取得に充てられる負担金は45年，商店街等の共同のアーケード等は5年）

### ㈧　賃借資産の権利金，立退料等

（ⅰ）　建物を賃借するために支出する権利金，立退料その他の費用（建物の新築に際し，その建物の賃借部分の建設費の大部分に相当する権利金等を支払い，かつ，実際上その建物の存続期間中賃借できる状況にあると認められるものである場合は，その建物の耐用年数の70%，借家権として転売できる場合は，その建物の賃借後の見積残存耐用年数の70%，それ以外の場合は，5年）

（ⅱ）　電子計算機その他の機器の賃借に伴って支出する引取運賃，関税，据付費その他の費用（その機器の耐用年数の70%）

### ㈨　役務提供の権利金

ノウハウの設定契約に際して支出する一時金または頭金の費用（5年）

### ㈩　広告宣伝用資産の贈与費用

特約店等に対し，広告宣伝用の資産を贈与した場合または著しく低い対価で譲渡した場合，その資産の取得価額または当該資産の取得価額からその譲渡価額を控除した金額に相当する費用をいう（その資産の耐用年数の70%）。

㋠　㋐から㋓までに掲げる費用のほか，自己が便益を受けるために支出する費用

（ⅰ）　スキー場でリフト等の索道事業を営む法人が行うゲレンデ整備費用（12年）

（ⅱ）　出版権の設定の対価として支出した金額（設定契約に定める存続期間（定めがない場合は3年））

（ⅲ）　同業者団体等に対して支出した加入金（5年）

（ⅳ）　職業運動選手等との専属契約をするために支出する契約金等（契約期間（定めがない場合は3年））

## (2)　繰延資産の償却

　税務上，繰延資産に該当する支出額を，どの時点でどれくらいの金額を損金に算入できるかは，法人がその事業年度に償却費として損金経理した金額のうち，償却限度額に達するまでの金額に制限される（法法32①）。そして，償却限度額の計算は先の2区分に応じて異なるものとされる（法令64①）。

### ①　企業会計上の繰延資産

　創立費，開業費，開発費，株式交付費，および社債等発行費の償却限度額は，その繰延資産の額（すでに償却した額がある場合は，それを控除した金額）とされる。そのため，いつ，いくら償却するかは企業の意思に任せられる（企業会計上の繰延資産の処理については，企業会計原則第三一D，実務対応報告「繰延資産の会計処理に関する当面の取扱い」参照）。

　先の例でいえば，企業会計上，500万円の支出をX1年度の"費用"として処理した場合には，税務上もX1年度に500万円すべてを損金に算入できる（この場合，繰延資産は計上されない）。また，企業会計上，500万円の支出を繰延資産として計上した上で5年間にわたって毎年100万円ずつ費用化した場合には，税務上もX1年度分の償却額100万円のみを損金の額とする。

### ②　税法固有の繰延資産

　税法固有の繰延資産の償却限度額は，その繰延資産の額を，支出の効果の及ぶ期間の月数で除して計算した金額に，当該事業年度の月数を乗じて計算した金額とされる。

$$償却限度額 ＝ 繰延資産の額 \times \frac{その事業年度の月数}{支出の効果が及ぶ期間の月数}$$

　支出の効果の及ぶ期間は，固定資産を利用するために支出した繰延資産については当該固定資産の耐用年数，一定の契約をするにあたり支出した繰延資産についてはその契約期間をそれぞれ基礎として適正に見積もった期間による（法基通8-2-1）。

　ただし，税法固有の繰延資産に該当しても，その支出額が20万円未満である場合は，この限りでなく，支出した事業年度において損金経理をしたときには，その全額を損金の額に算入することができる（法令134）。支出額が20万円未満であるかどうかの判断は，公共的施設の負担金等については一の設置計画または改良計画につき支出する金額により，賃借資産の権利金・立退料等および役務提供の権利金については契約ごとに支出する金額により，広告宣伝用の贈与資産についてはその支出の対象となる資産の1個または1組ごとに支出する金額により判定する（法基通8-3-8）。

# 第6 ● 給 与 等

## (1) 総　説

　法人が給与を支給する対象者は，大きく分けて役員と使用人の2者となる。また，その支給形態としては，支給事由および支給時期の別から，報酬（月給，週給，年俸など）および賞与（ボーナス）と退職給与とに区分される。

　税務会計上の給与に対する取扱いおよび別段の定めは，「誰に，どのような形で支給されるのか」の観点から構成されている。ここで問題となるのが，役員および使用人のそれぞれの意義，範囲である。

### ① 役員の範囲

　役員については，法人税法上，その範囲が明らかにされており，その類型としては，(ア)法人の根拠法上の役員および(イ)みなし役員の2つとなる。

### ㈎　法人の根拠法上の役員

法人の根拠法とは，株式会社であれば会社法，公益法人等の場合であれば，社会福祉法（社会福祉法人）や私立学校法（学校法人），宗教法人法（宗教法人）のことを指すが，これらの法律において，それぞれの法人類型において役員と定められた役職に就いている者が，ここでいう根拠法上の役員である。具体的には，法人の取締役，執行役，会計参与，監査役，理事，監事および清算人が，これに該当する（法法２十五）。

なお，この根拠法上の役員については，その役職にあるものとして登記されていることが必要となる。

### ㈏　みなし役員

みなし役員とは，法人の根拠法上の役員ではないが，法人税法上，役員とみなす者をいい，具体的には，次の２つの類型がある（法法２十五，法令７）。

（i）　法人の使用人以外の者でその法人の経営に従事しているもの

（ii）　同族会社の使用人のうち，使用人兼務役員とされない役員の要件（法令71①五）について，要件中「役員」を「使用人」と読み替えた場合に，その要件のすべてを満たしている者で，その会社の経営に従事しているもの

（i）については，要するに，根拠法上の役員として登記されている者ではないものの，相談役や顧問として法人内で根拠法上の役員に劣らない実権を有する者が想定されている。これに対して，（ii）は，同族会社の使用人のうち大株主および大株主のグループに属する親族などで，その会社の経営に従事しているものである。つまり，自身は使用人の地位にあるとしても大株主あるいは大株主グループに属する親族である場合には，株主総会等の意思決定機関を支配することができる点が考慮されている。

具体的には次の要件をすべて満たす必要がある（法令71①五）。

- 50％超基準

  持株割合を合計してはじめて50％超となる上位３位以内の株主グループ（持株割合が同じものは同一順位）のいずれかにその者が属していること

- 10％超基準

  その者の属する株主グループの持株割合が10％超であること

- ５％超基準

  その者，配偶者，前２者の持株割合が50％超となる他の会社，の持株割合の

合計が5%を超えていること

> **設例Ⅰ-3-8** 同族会社のみなし役員の判定
> A社（同族会社）の株主構成は次のとおりである。みなし役員の判定を行いなさい。なお，甲，乙，丙，丁はいずれも経営に従事している。
>
> | 株 主 | 関 係 | 役 職 名 | 持 株 割 合 |
> |---|---|---|---|
> | 甲 | - | 代表取締役 | 27% |
> | 乙 | 甲の友人 | 顧問 | 18% |
> | 丙 | 甲の友人 | 部長 | 12% |
> | 丁 | 甲の友人 | 課長 | 10% |
> | その他少数株主 | - | - | 33% |
> | 合計 | - | - | 100% |
>
> 乙（顧問）経営に従事 ∴みなし役員
> 丙（部長）50%超基準：57%，10%超基準：12%，5%超基準：12% ∴みなし役員
> 丁（課長）50%超基準：満たさない ∴使用人

#### ② 使用人の意義

使用人の意義，範囲は，法人税法上は明らかにされていない。したがって，法令上の捉え方としては，法人内で職務に従事する者，あるいは役務の提供をする者のうち役員でない者となる。

いま少し具体的に，その性格を明らかにすると，雇用契約に基づいて，その法人に対して労務，役務の提供を行う者となる。この場合，働く場所は問われない。たとえば，在宅勤務者であっても，雇用契約に基づいて労務，役務を提供している者は使用人となる。反対に，法人内部で働く者であっても，雇用契約ではなく，労働者派遣契約や請負契約に基づいて労務，役務を提供する者は使用人とはならない。

### (2) 使用人給与に対する取扱い

#### ① 原則的な取扱い

使用人に対して支給される給与および退職給与は，原則として，損金算入される。後述するところであるが，役員給与のように，支給額について不相当に高額かどうかも問題とはされない。これは，使用人には自らの給与の支給額を決定する権限などがなく，また一般に，法人が使用人に対して，その提供され

る労務の質量に相当する金額を超えて給与を支給することはあり得ないことを
前提としている。

### ② 特殊関係使用人に対する過大給与の損金不算入

　ただし，使用人であっても，特殊関係使用人に対しては，不相当に高額な給
与を支給することも想定されることから，支給額のうち不相当に高額な部分は
損金不算入とされる（法法36）。ここで，特殊関係使用人とは，次に掲げる者
をいう（法令72）。

　(ｱ)　役員の親族

　(ｲ)　役員と事実上婚姻関係と同様の関係にある者

　(ｳ)　(ｱ)および(ｲ)に掲げる者以外の者で役員から生計の支援を受けているもの

　(ｴ)　(ｲ)および(ｳ)に掲げる者と生計を一にするこれらの者の親族

　また，特殊関係使用人に対する給与が不相当に高額かどうかは，給与の場合
と退職給与の場合とに分けて，それぞれ次のとおりの基準によって判定される
（法令72の2）。

　(ｱ)　給与

　　●特殊関係使用人の職務内容

　　●法人の収益および他の使用人に対する給与の支給状況

　　●類似（業種，規模等）法人の使用人給与の支給状況等

　(ｲ)　退職給与

　　●その法人の業務に従事した期間

　　●退職の事情

　　●類似（業種，規模等）法人の使用人退職給与の支給状況等

### ⑶ 役員給与の損金不算入

　役員給与（役員退職給与以外の給与。以下同じ。）は，職務執行の対価である
ものを除き，原則として損金不算入とされている（法法34①）。

　ここで，職務執行の対価とは，あらかじめ支給時期と支給額とが定まってい
る給与をいい，具体的には，①定期同額給与，②事前確定届出給与等，③業績
連動給与が，これに該当する。ただし，①から③に該当する役員給与であって
も，不相当に高額な部分の金額については損金の額に算入されない。

### ①　定期同額給与

その支給時期が1か月以下の一定の期間ごとである給与でその事業年度の各支給時期における支給額が同額であるものをいう（法法34①一）。

端的には月額報酬として毎月同額の報酬を支給する場合が想定されている。したがって，定期同額給与については，支給額の改定について問題となる。自由な支給額の改定はその趣旨に合わないので，定期同額給与を改定できる場合は次の3つに制限されている（法令69①）。

#### ㋐　定期改定

事業年度開始の日の属する会計期間開始の日から3か月経過日までに行われる改定である。

なお，確定申告書の提出期限の延長の特例（法法75の2①）の指定を受けている法人にあっては，会計期間開始の日から3か月経過日までではなく，会計期間開始の日からその指定に係る月数に2を加えた月数までに改定を行うことが認められる。また，この改定が，継続して毎年所定の時期に行われる場合に，これが3か月経過日等後にされることについて特別の事情があると認められるときは，その改定の時期までに行われるものが定期改定の範囲に含まれる。

#### ㋑　臨時改定事由

役員の職制上の地位の変更，その役員の職務の内容の重大な変更その他これらに類するやむを得ない事情により行われる改定である。

#### ㋒　業績悪化改定事由

その法人の経営の状況が著しく悪化したことその他これに類する理由により行われる改定である。

### ②　事前確定届出給与等

役員の職務につき所定の時期に，確定した額の金銭を交付する旨の定めに基づいて支給する給与で，納税地の所轄税務署長にその定めの内容に関する届出をしている給与をいう（法法34①二，法令69③～⑤）。

なお，金銭以外に，所定の時期に確定した数の株式もしくは新株予約権，確定した額の金銭債権に係る特定譲渡制限付株式（法法54①）もしくは特定新株予約権（法法54の2①）を交付する旨の定めに基づいて支給する給与で，それぞれ一定の要件を満たすものも損金算入となる役員給与に含まれる。株式およ

び新株予約権を交付する場合には所轄税務署長への届出は不要とされている。

### ③　業績連動給与

　その業務執行役員に対して支給する業績連動給与で，交付される金銭の額の算定方法が，その給与に係る職務執行期間開始日以後に終了する事業年度の利益の状況を示す指標，職務執行期間開始日の属する事業年度開始の日以後の所定の期間もしくは職務執行期間開始日以後の所定の日における株式の市場価格の状況を示す指標または職務執行期間開始日以後に終了する事業年度の売上高の状況を示す指標を基礎とした客観的なものをいう（法法34①三，⑤，法令69⑨～⑲）。ただし，同族会社が支給する業績連動給与は，損金算入の対象から除外されている。

　なお，金銭以外に，株式もしくは新株予約権が交付される場合で，一定の要件を満たすものも損金算入する役員給与に含まれる。

## (4)　役員給与が原則として損金不算入とされる理由

### ①　原則損金不算入の理由

　現行の法人税法上，役員給与について，原則として損金不算入とされている根拠は必ずしも明確ではない。1つには，経営意思決定を行う権限を有する役員は自らの給与についても決定することができるため，その恣意的な決定により利益調整および租税回避が可能となる点が懸念されているものと理解される。

### ②　みなし役員と全額損金不算入との関係

　役員の範囲にみなし役員が含まれるのも，この点に理由がある。すなわち，役員の範囲が根拠法上の役員に限定されているならば，実質的に経営意思決定を行い得る権限を有する者によって給与の支給額について恣意的な決定が行われ，結果として，それによる租税回避が可能となる。いわば根拠法上の役員に就かないことで，役員給与の原則損金不算入に対する抜け道ができることとなる。それゆえに，法人内部において一定の地位，立場を有し実質的に経営に従事する者を役員とみなし，その給与について原則損金不算入の対象とする必要があるものと理解される。

### ③　原則損金不算入とすることによる問題点

しかしながら，仮に，恣意的な決定により役員給与の支給が行われたとしても，その支給額のうち不相当に高額な部分を損金不算入とすることで，法人税の課税上の弊害を回避することはできる。むしろ，職務執行の対価である役員給与を除いて，原則として損金不算入とされたことで，会社法および企業会計との連繋が崩れてしまった点や法人税法が予定する役員給与以外はすべて損金不算入となってしまう点で問題が生じている。

後者については，定期同額給与の改定において顕著である。すでにみたとおり，定期同額給与の改定事由として臨時改定事由と業績悪化改定事由とが掲げられているが，これらの具体的内容は明確でなく，どのような状況にあると，臨時改定事由あるいは業績悪化改定事由に該当するかについては，課税当局の見解に支配されているのが実態といえる。

また，税務会計においては，別段の定めがあるものを除いて公正処理基準に従うとされている（法法22④）。企業会計上，役員給与は費用として認識されているのであるから，別段の定めを置くのであれば，その内容は，原則損金算入として，損金不算入となるものを限定列挙すべきである。

## ⑸　使用人兼務役員に対する使用人分給与の損金算入

### ①　概　要

使用人兼務役員に対して支給される給与には，役員としての職務執行の対価であるものと使用人としての労務提供の対価であるものとが含まれる。

ここで，役員給与については原則として損金不算入とされるが，使用人兼務役員に対する給与のうち使用人分給与については，原則として損金不算入の対象から除外されている。

### ②　使用人兼務役員の範囲

使用人兼務役員は，役員でありながら，使用人としての職制上の地位（部長，課長など）も有し，なおかつ，常時使用人としての職務に従事する者をいうが（法法34⑥），たとえば，使用人としての職制上の地位を有し，なおかつ，常時使用人としての職務に従事する者であったとしても，社長，専務などの上級役員となる次の者については，使用人兼務役員の範囲から除外されている（法令

71）。

- (ア)　代表取締役，代表執行役，代表理事および清算人
- (イ)　副社長，専務，常務その他これらに準ずる職制上の地位を有する役員
- (ウ)　合名会社，合資会社および合同会社の業務を執行する社員
- (エ)　指名委員会等設置会社の取締役および監査等委員である取締役，会計参与および監査役ならびに監事
- (オ)　(ア)から(エ)までに掲げるもののほか，同族会社の役員のうち，大株主のグループに属し，自らも5％を超える株式等を所有している者

使用人兼務役員に対する給与に関する税務会計上の取扱いを含めて，支給対象者と，その給与の取扱いについてまとめると，**図表I－3－6**のとおりとなる。

**図表I－3－6　給与（報酬・賞与）に関する税務会計上の取扱い**

| 支給対象者 | 税務会計上の取扱い |
|---|---|
| 役　員 | 原則：損金不算入<br>職務執行の対価：損金算入（ただし，不相当に高額な部分の金額は損金不算入）<br>●定期同額給与<br>●事前確定届出給与<br>●業績連動給与 |
| 使用人兼務役員 | 役員に対する取扱いと同じ<br>ただし，使用人分給与：損金算入 |
| 使用人 | 原則：損金算入<br>特殊関係使用人に対する過大給与：損金不算入 |

## (6)　役員退職給与

役員退職給与は，原則として損金算入される（法法34①）。ただし，役員退職給与のうち業績連動給与に該当するものは，業績連動給与の要件を満たさなければ損金に算入することはできない（法法34①三）。ここで，退職給与とは退職した事実に基づいて支給されるものであり，退職した事実がないにもかかわらず退職給与として支給される場合には，その支給金額は損金不算入となる。

しかしながら，実際に退職していない場合であっても，その支給が例えば次に掲げる事実があったことによるものであるなど，分掌変更等によりその役員としての地位や職務内容が激変し，実質的に退職したのと同様の事情にあると認めら

れる場合には，役員退職給与として取り扱うことができる（法基通9-2-32）。

① 常勤役員が非常勤役員になったこと

　　ただし，非常勤であっても代表権を有する者および代表権は有しないが実質的にその法人の経営上主要な地位を占めていると認められる者は除かれる。

② 取締役が監査役になったこと

　　ただし，監査役でありながら実質的にその法人の経営上主要な地位を占めていると認められる者およびその法人の株主等で使用人兼務役員とされない役員となる要件（法令71①五）のすべてを満たしている者は除かれる。

③ 分掌変更等の後におけるその役員の給与が激減（おおむね50％以上の減少）したこと

　　ただし，その分掌変更等の後においてもその法人の経営上主要な地位を占めていると認められる者は除かれる。

　このように，一定の分掌変更の場合に支給する役員退職給与が損金算入として取り扱われるのは，分掌変更が行われる場合には，取締役としての地位に止まるとしても，通常，その役員給与が著しく減少することが，その前提にある。

　一般的な役員退職給与の支給額に係る算式を示すと，次のとおりである。

**役員退職給与の支給額 ＝ 月額報酬 × 勤続年数 × 功績倍率**

　これによると，分掌変更により月額報酬が減少した後の実際に退職した時点で役員退職給与の支給を受ける場合には，その支給額が減少する。

**設例Ⅰ-3-9**

**分掌変更に応じないで退職する場合**
- 月額報酬120万円
- 勤続年数20年
- 功績倍率3倍

**【役員退職給与の支給額】**
120万円×20年×3＝7,200万円

**分掌変更4年経過後に退職する場合**
- 月額報酬50万円 （←従前の120万円から減額）
- 勤続年数24年 （＝20年＋4年）
- 功績倍率3倍

【役員退職給与の支給額】
50万円×24年× 3 ＝3,600万円

　分掌変更を行う理由には種々のものが存在するが，たとえば，本来は取締役を退任して完全に退職するはずが，取引先等との関係から後継者にすべてを委ねることができないために取引先等と後継者との関係が円滑に進むまでは非常勤の取締役にとどまるといった場合がある。このような法人の事情による分掌変更に応じた結果として，実際に退職するときには支給を受ける役員退職給与の額が著しく減少し，その分掌変更に応じた役員が不利となるので，これは適当ではない。それゆえに，実務上も，分掌変更時に役員退職給与の支給が行われることが一般的であり，税務会計上も，分掌変更時に支給される役員退職給与については，一定の恣意的な支給となるおそれがある場合を除いて損金算入が認められている。

### (7)　不相当に高額な部分の損金不算入

　役員給与のうち職務執行の対価として支給するものおよび役員退職給与（業績連動給与に該当しないもの），使用人兼務役員に対する使用人分給与については損金算入が認められているが（法法34①），これらの損金算入される給与であっても，その支給額のうち不相当に高額な部分の金額は損金不算入となる（法法34②）。ここで，その支給額が不相当に高額であるかどうかは，その給与の態様ごとに，それぞれ次のとおりの基準によって判定される（法令70）。

#### ①　役員給与
　内国法人が役員に対して支給した給与の額が，次に掲げる㋐実質基準，㋑形式基準を超える場合，当該超過部分の金額のうちいずれか多い額が損金不算入となる（法令70一）。

㋐　**実質基準（次の状況を総合勘案して算定）**
- 役員の職務内容
- 法人の収益およびその使用人に対する給与の支給状況
- 類似（業種，規模等）法人の役員給与の支給状況等

㋑　**形式基準**
- 定款の規定または株主総会等の決議により定める役員給与の限度額等

## ② 役員退職給与（法令70二）

- 退職した当該役員のその法人の業務に従事した期間
- 退職の事情
- 類似（業種，規模等）法人の役員退職給与の支給状況等

## ③ 使用人兼務役員に対する使用人分賞与

使用人兼務役員の使用人分賞与については，他の使用人に対する賞与の支給時期と異なる時期に支給する額の全額が不相当に高額な給与となる（法令70三）。

したがって，他の使用人に対する賞与の支給時期と同じ時期に支給される使用人分賞与には不相当に高額な部分は含まないものとされる。

---

**COLUMN㉜　実践編　～「不相当に高額な部分」の判定～**

税務争訟では，課税庁が類似法人を抽出し，類似法人が支給した役員給与の金額を対象法人と比較することにより，「不相当に高額」な金額が算定されます。この場合，課税庁が示した算定方法が妥当であるかどうかが納税者と争われます。以下は，ほんの一例ですが，大まかな流れをみてみましょう。

① 類似法人の選択（主に次の３つを勘案）
　1．事業規模：「売上高倍半基準（対象法人の売上に対して0.5倍から２倍の売上規模の法人を抽出）」等を使用
　2．業種：「日本産業分類」により産業分類が一致する法人を抽出
　3．地域：対象法人と同一の課税管轄内から選定
② 金額の算定方法の決定
　代表的指標として，類似法人の役員給与支給額の「平均値」又は「最高値」
③ 対象法人の個別事情を考慮
　役員職務の内容，収益，使用人に対する給与の支給状況等を踏まえて判断

---

## ⑻ 隠蔽仮装により支給する役員給与の損金不算入

役員給与のうち職務執行の対価として支給するものおよび役員退職給与（業績連動給与に該当しないもの）については損金算入が認められるが，これらの給与について事実を隠蔽し，または，仮装して経理をすることによって支給したものは損金不算入となる（法法34③）。

ここで，どのような事実行為が隠蔽仮装に該当するかが問題となるが，これ

は，①二重帳簿の作成，②帳簿書類の隠匿，虚偽記載，③簿外資金による役員賞与等の支出などとなる（「法人税の重加算税の取扱いについて（事務運営指針）」（平成12年課法2−8その他，最終改正平成28年12月））。

### (9) 経済的利益の供与および現物給与

給与は，一般的には，金銭等をもって支給されるが，実際には，現物や経済的利益の供与の形態によっても行われるところであり，税務会計上は，現物や経済的利益の供与により支給される場合も，役員給与および特殊関係使用人に対する不相当に高額な給与の対象に含むものとされている（法法34④）。具体的には，次に掲げるものとなる（法基通9−2−9）。

① 役員等に対して物品等を贈与した場合の時価相当額

② 役員等に対して所有資産を低額譲渡した場合のその時価と譲渡価額との差額相当額

③ 役員等から資産を高額買入れした場合のその時価と買入価額との差額相当額

④ 役員等に対する債権の放棄または免除の場合（貸倒れに該当する場合を除く。）におけるその債権相当額

⑤ 役員等から債務を無償で引き受けた場合のその債務相当額

⑥ 役員等に対して居住用土地・家屋を無償または低額で提供した場合の通常の賃貸料の額と実際徴収した賃貸料の額との差額相当額

⑦ 役員等に対して金銭を無償または低利で貸し付けた場合の通常の利息の額と実際徴収した利息の額との差額相当額

⑧ 役員等に対して無償または低い対価で⑥および⑦に掲げるもの以外の用役の提供をした場合の通常の対価と実際に収入した対価との差額相当額

⑨ 役員等に対して機密費，接待費，交際費，旅費等の名義で支給したもののうち，その法人の業務のために使用したことが明らかでないもの

⑩ 役員等のために個人的費用を負担した場合のその費用相当額

⑪ 役員等が社交団体等の会員となるため，または会員となっているために要する社交団体の入会金，経常会費その他社交団体の運営のために要する費用で役員等が負担すべきものを法人が負担した場合のその費用相当額

⑫ 法人が役員等を被保険者および保険金受取人とする生命保険契約を締結

してその保険料の全部または一部を負担した場合のその保険料相当額

なお，経済的利益の供与のうちその供与される利益の額が毎月おおむね一定であるものは定期同額給与の範囲に含められる（法令69①二）。

ただし，これらの経済的利益の供与のうち，所得税法上，所得税が課されないものであり，なおかつ，役員等に対する給与として経理していないものは給与として取り扱わないものとされている（法基通9－2－10）。費用計上されていないので損金不算入とする必要もないわけである。

---

**COLUMN㉝ 「不相当に高額な部分」が損金不算入とされるのは？**

費用は収益稼得のための対価と考えられるがゆえに，租税負担能力の指標である法人の所得金額の計算上も，その計算要素たる損金の基礎を構成するものと理解されます。不相当に高額な役員給与の支給は，収益稼得のための対価相当額を超えた支給となるので，適正な所得金額の計算の観点から修正されるべきことになります。高額な役員給与の支給を，いわばズルと捉えて不相当に高額な部分を損金不算入とすることでこれを抑制しようとするものではありません。

---

# 第7 ● 寄 附 金

## (1) 制度の概要と趣旨

### ① 概 要

寄附金には，まず，一定の社会的責任を果たすために支出される公益性・公共性の高い寄附金がある。この公益性・公共性の高い寄附金は，具体的には，(ア)国・地方公共団体に対する寄附金，(イ)指定寄附金，(ウ)特定公益増進法人に対する寄附金の3つに区分することができる。また，これらのほかに，通常の贈与としての一般の寄附金があり，この区分に応じて，**図表Ⅰ－3－7**のように取り扱われている。

<table>
<tr><td colspan="2" align="center">図表Ⅰ－3－7　寄附金の税務上の取扱い</td></tr>
</table>

| 区　　分 | 税務会計上の取扱い |
|---|---|
| 国・地方公共団体に対する寄附金 | 全額損金算入 |
| 指定寄附金 | |
| 特定公益増進法人に対する寄附金 | 損金算入制限 |
| 一般の寄附金 | |

### ②　損金算入制限の理由

　寄附金について損金算入が制限される理由としては，いわゆる肩代わり効果の防止を挙げることができる。すなわち，寄附金は，その支出者の自由意思による支出であり，かつ，直接的には対価性のない支出である。すなわち，事業経費であるかどうかが明確でない。無制限に損金算入を認めた場合には，これによって所得金額および法人税額が減少して，国がその寄附金を支出したことと同様の効果が生ずる。これを防止するために，損金算入制限の必要性が指摘される。その一方で，直接的な対価性はないとしても間接的な事業関連性も否定できないことから，全額損金不算入とされず，算式による一定額について損金算入が認められている。

▷　肩代わり効果の防止について詳しく　（☞第Ⅰ部第1章第3(3)）


### ③　国・地方公共団体に対する寄附金および指定寄附金が全額損金算入される理由

　国・地方公共団体に対する寄附金については事業関連性が否定されるところであるが，これは，公共サービスの財源を負担するものであり，租税の納付と同質性が認められることから全額損金算入となっている。

　また，指定寄附金は，国・地方公共団体に対して直接的に寄附を行うものではないが，本来，国・地方公共団体が実施すべき事業，活動の財源を負担するものなので損金算入制限を行い法人税の負担を求めることは不適当であり，全額損金算入としてその支出を促すことが意図されている。

▷　グループ法人間における寄附金について詳しく　（☞第Ⅱ部第3章第4）

---

**COLUMN㉞　寄附金？それとも，寄付金？**

　昔の文献を読んでいると，「寄付金」という表記を目にすることがあります。現在は「寄附金」ですよね。いったい何時変わったのでしょう？　調べてみると…，寄附金課税の創設は1942年の臨時租税特別措置法1条ノ16にまで遡ります。その当時は「寄附金」と明記され，これは1965年の法人税法全文改正まで続きました。同改正で「寄付金」（法法37）に変更されましたが，1998（平成10）年度税制改正でふたたび「寄附金」に戻っています。

---

### (2)　寄附金の範囲

### ①　一般の寄附金

　いずれの名義をもってするかは問われず，拠出金や見舞金といった科目で処理されている場合であっても，その性質，実質が寄附金であれば，制度の対象に含まれる。また，一般に，寄附金という場合，金銭による支出が想定されるが，支出の態様も金銭に限らず，物品の贈与や経済的利益の供与の場合も含まれる（法法37⑦）。

#### ㋐　資産および経済的利益の時価

　寄附金の損金算入制限が問題となるのは，物品の贈与や経済的利益の供与が行われる場合である。すなわち，物品の贈与や経済的利益の供与の場合における寄附金の額は，その物品や経済的利益の時価とされており，物品や経済的利益について，無償ではなく，有償で譲渡，あるいは供与した場合であっても，その対価が時価に比べて低いものである場合には寄附金の問題が生ずる。もっとも，この低額譲渡，低額供与の場合，その対価と時価との「差額のうち実質的に贈与又は無償の供与をしたと認められる金額」が寄附金となるのであり（法法37⑧），たんに差額があることをもって直ちに寄附金となるわけではない点に注意を要する。

#### ㋑　隣接費用との区分の問題

　上述したとおり，寄附金であるかどうかは，いずれの名義をもってするかは問われず，支出の性質，実質から判断されるので，隣接費用との区分の問題が生ずる。そこで，物品の贈与や経済的利益の供与に該当するものであっても，広告宣伝および見本品の費用その他これらに類する費用，その性質が交際費，接待費および福利厚生費とされるべきものについては，それぞれ寄附金の範囲

から除かれる（法法37⑦かっこ書き）。

　また，寄附金とは見返りを期待しない支出であるが，法人（特に営利法人）が見返りを期待しない支出を行うことは，本来，想定されない行為といえるため，その寄附の主体が法人であるのかどうかがしばしば問題となる。そこで，法人が支出した寄附金であっても，その法人の役員等が個人として負担すべきものと認められる場合には，当該役員等に対する給与となり（法基通9－4－2の2），寄附金の範囲から除かれる。

**参考**　大塚製薬事件 最判平成12年1月27日税資246号303頁

#### ㈢　現金主義

　一般の寄附金に限らず，すべての寄附金に共通する事項であるが，寄附金の支出の有無は現金主義により判定される。すなわち，当該事業年度中に寄附金の支出が確定していても未払いの寄附金は除かれ，反対に，当該事業年度において仮払いとして翌事業年度に確定した寄附金は，その支出した年度の所得金額の計算に含まれる（法令78，法基通9－4－2の3）。

#### ②　指定寄附金

　指定寄附金とは，公益社団法人および公益財団法人等の公益を目的とする事業を行う法人または団体に対する寄附金のうち，㈠広く一般に募集されることおよび㈡教育または科学の振興，文化の向上，社会福祉への貢献その他公益の増進に寄与するための支出で緊急を要するものに充てられることが確実であることの要件を満たすと認められるものとして所定の審査事項に従って財務大臣が指定した寄附金をいう（法法37③二）。指定寄附金は告示される。

#### ③　特定公益増進法人に対する寄附金

　特定公益増進法人とは，公共法人，公益法人等（非営利型法人を除く。）その他特別の法律により設立された法人のうち，教育または科学の振興，文化の向上，社会福祉への貢献その他公益の増進に著しく寄与する一定の法人をいい（法法37④），独立行政法人，日本赤十字社等が挙げられる（法令77）。これらの法人に対するその主たる目的である業務に関連する寄附金は，特定公益増進法人に対する寄附金となる（出資に関する業務に充てることが明らかなものを除く。）。

> **COLUMN㉟ 被災地に対する支援**
>
> 　災害によって取引先が被災した場合に，その支援，救援のために，損失負担等や無利息貸付け等を行った場合も，本来的には，寄附金の問題となりますが，このような損失負担等や無利息貸付け等のうち，緊急性があり，また，人道的見地から行われるものについては寄附金としないものとされています（法基通9－4－6の2，9－4－6の3）。

### (3)　寄附金の損金算入限度額

#### ①　一般の寄附金

(ア)　普通法人，協同組合等および人格のない社団等（法令73①一）

$$損金算入限度額 ＝ （A＋B）× \frac{1}{4}$$

$$A ＝ 期末資本金等の額 × \frac{当期月数}{12} × \frac{2.5}{1,000}$$

$$B ＝ 当該事業年度の寄附金支出前所得金額 × \frac{2.5}{100}$$

(イ)　普通法人，協同組合等および人格のない社団等のうち資本等を有しないもの，非営利型法人（法令73①二，法規22の4）

$$損金算入限度額 ＝ 当該事業年度の寄附金支出前所得金額 × \frac{1.25}{100}$$

#### ②　特定公益増進法人に対する寄附金

(ア)　普通法人，協同組合等および人格のない社団等（法令77の2①一）

$$損金算入限度額 ＝ （A＋B）× \frac{1}{2}$$

$$A ＝ 期末資本金等の額 × \frac{当期月数}{12} × \frac{3.75}{1,000}$$

$$B = 当該事業年度の寄附金支出前所得金額 \times \frac{6.25}{100}$$

(ｲ)　普通法人，協同組合等および人格のない社団等のうち資本等を有しない
　　もの，非営利型法人（法令77の 2 ①二）

$$損金算入限度額 = 当該事業年度の寄附金支出前所得金額 \times \frac{6.25}{100}$$

---

**COLUMN㊱　企業版ふるさと納税**

　2016（平成28）年度税制改正で地方創生応援税制，いわゆる企業版ふるさと納税が創設
されました。「納税」という名称から勘違いされることも多いですが，その実態は寄附で
す。ただし，個人の寄附とは異なり，地方自治体からの返礼品はなく，地方公共団体が行
う地方創生の取組みに対する企業の寄附について法人関係税の税額控除を行うものです。
現在，軽減効果は最大 9 割にも達します。令和 4 年度実績は金額が前年度比約1.5倍の約
341.1億円，件数が約1.7倍の8,390件，寄附を行った企業数は約1.5倍の4,663社と，前年度
に引き続き大きく増加しています。さらに，令和 4 年度に寄附を受領した地方公共団体の
数は1,276（令和 3 年度比約1.3倍）と，規模の拡大は続いています。
　一方で，寄附を奨励するためのインセンティブとして税負担を軽減することに対する疑
問の声や，自治体間の格差を指摘する声があるのも事実です。

---

# 第 8 ● 交際費等

## (1)　制度の概要と趣旨

### ①　概　要

　資本金の額等が100億円以下の法人が2014年 4 月 1 日から2027年 3 月31日ま
での間に開始する各事業年度において支出する交際費等の額のうち接待飲食費
の50％相当額を超える金額は，所得金額の計算上，損金に算入されない（措法
61の 4 ①）。

　なお，資本金の額等が 1 億円以下の法人（中小法人等）については，年800万
円までの定額控除限度額が認められており，①定額控除限度額と②接待飲食費

の50％相当額とのいずれかを選択して損金算入とすることが認められる（措法61の4①②）。ただし，中小法人等であっても，資本金の額等が5億円以上の法人による完全支配関係にある場合には，定額控除限度額の適用は認められない（法法66⑤二，三）。

▷　中小企業向け特例措置の不適用について詳しく　（☞第Ⅱ部第3章第6）

### ②　交際費等が損金算入制限される理由

　交際費等の損金算入制限の制度は，租税特別措置法における時限立法によるものであるが，1954（昭和29）年度に創設されて以後，制度の内容が強化されつつ適用期限が延長されてきた点に特に留意する必要がある。交際費等は，取引先等の事業関係者との関係を円滑ならしめ収益稼得につなげることを目的として支出されるものなので，収益稼得のための対価であり，事業経費そのものである。ただし，その一方で，支出の性質上，冗費，乱費を招きやすい。

　制度創設当初の目的は，「資本蓄積の促進」のために，冗費，乱費を抑制することにあったが，その後，交際費等の支出そのものを抑制することが目的とされ，1982（昭和57）年度改正以後，2014（平成26）年度改正前までは，原則として，全額損金不算入とする制度とされていた。この理由としては，いわゆる肩代わり効果の防止が挙げられる。すなわち，冗費，乱費が損金算入されることによる法人税額の減少分によって，国がその冗費，乱費を負担することと同様の効果が生ずることを防止する意図があるものと理解される。

　もっとも，本来は，交際費等のうち，冗費，乱費については損金不算入，事業経費たる支出は損金算入とすることが適当であるが，冗費，乱費と事業経費との区分が困難であることから，肩代わり効果の防止が優先されているものと考えられる。

▷　肩代わり効果の防止について詳しく　（☞第Ⅰ部第1章第3(3)）

### (2)　交際費等の意義，範囲

　税法上の交際費等とは，交際費，接待費，機密費その他の費用で，法人が，その得意先，仕入先その他事業に関係のある者等に対する接待等（接待，供応，慰安，贈答その他これらに類する行為）のために支出するものをいう（措法61の4⑥）。ここでいう「事業に関係のある者」には企業外部の者のみならず，自

社の役員や従業員等も含まれており，社会通念としての交際費等とは異なることに留意すべきである。ただし，次に掲げる費用のいずれかに該当するものは，損金不算入とされる交際費等の範囲から除かれる（措法61の4⑥，措令37の5）。

① 専ら従業員の慰安のために行われる運動会，演芸会，旅行等のために通常要する費用

② 飲食その他これに類する行為のために要する費用（専らその法人の役員もしくは従業員またはその親族に対する接待等のために支出するものを除く。）で，1人当たりの支出金額が10,000円以下の費用

③ ①および②に掲げる費用のほか次に掲げる費用

　㈠ カレンダー，手帳，扇子，うちわ，手ぬぐいその他これらに類する物品を贈与するために通常要する費用

　　なお，「これらに類する物品」には，多数の者に配付することを目的とし主として広告宣伝的効果を意図する物品でその価額が少額であるものが含まれる（措通61の4(1)-20）。

　㈡ 会議に関連して，茶菓，弁当その他これらに類する飲食物を供与するために通常要する費用

　　この場合の費用は，上記②における1人当たり5,000円以下という要件は適用されず，1人当たり5,000円を超過していても，交際費等の範囲から除かれる（措通61の4(1)-21）。

　㈢ 新聞，雑誌等の出版物または放送番組を編集するための座談会その他記事の収集のために，または放送のための取材に通常要する費用

　これに対して，原則として，交際費等の金額に含まれる費用については，租税特別措置法の取扱いにおいて11項目が掲げられている（措通61の4(1)-15）。詳細については，該当の取扱い（措通61の4(1)-15）を参照されたい。

---

**COLUMN㊲　交際費等の意義をめぐる司法判断　〜萬有製薬事件〜**

　交際費等の意義については，実質的に司法判断に委ねられています。その司法判断も，旧2要件説，2要件説，3要件説と混交していますが，現在は，3要件説によることが主流となっています。ここで，3要件説とは，「支出の相手方」が事業に関係のある者等であり，「支出の目的」が，事業関係者等との間の親睦を密にして取引関係の円滑な進行を図ることであるとともに，「行為の態様」が，接待，供応，慰安，贈答その他これらに

類する行為であることを内容とします（東京高判平成15年9月9日判時1834号28頁（萬有製薬事件））。

なお，「『事業に関係のある者』とは，近い将来事業と関係をもつにいたるべき者をも含」（東京地判昭和44年11月27日行裁例集20巻11号1501頁）むと解されています。たとえば，入社予定の採用内定者も間接的に利害関係があることから「事業に関係のある者等」に該当します（さいたま地判平成16年2月4日税資254号順号9549）。

### (3) 隣接費用との区分

交際費等の意義および範囲については法令上明確であるものの，網羅的な規定となっているため，その対象範囲についてはかなり広いものとなっている。それゆえ，税務会計上，交際費等の範囲に含まれるものと，他の費用科目，すなわち隣接費用（①寄附金，②値引きおよび割戻し，③情報提供料，④広告宣伝費，⑤福利厚生費，⑥給与等）とを区分することが重要となる。

この区分については，その支出の性質に基づいて判断すべきであるが，実際には困難な場合も多く，税務の取扱いにおいては隣接費用の区分ごとに例示を行い，問題解決を図っている。その主要なものを掲げると次のとおりである。

#### ① 寄附金と交際費等との区分

寄附金は対価性のない支出であるが，その支出の対象が事業関係者である場合も想定され，この場合には，損金算入制限の内容が異なるため，交際費等との区分が問題となる。

事業に直接関係のない者に対して金銭，物品等の贈与をした場合において，それが寄附金であるか交際費等であるかは個々の実態により判定すべきであるが，金銭でした贈与は，原則として寄附金となる。たとえば，㋐社会事業団体，政治団体に対する拠金，㋑神社の祭礼等の寄贈金は，交際費等に含まれない（措通61の4(1)-2）。

#### ② 広告宣伝費と交際費等との区分

広告宣伝費とは，㋐商製品等や提供する役務の存在，内容，または，㋑商製品等や役務の質量，価格の優位性を広く知らしめ，消費者の購買意欲を刺激，誘引するための費用である。広告宣伝は，媒体を使用する点に特徴があり，対

象は不特定多数であるものの，主として潜在的な者を含め顧客，消費者という
事業関係者である点で交際費等と類似する。

　広告宣伝費は損金算入が認められるため，交際費等との区分が問題となるが，
不特定多数の者に対する宣伝的効果を意図するものは広告宣伝費の性質を有す
るものとされている。たとえば，(ア)一般の工場見学者等に製品の試飲，試食を
させる費用（これらの者に対する通常の茶菓等の接待に要する費用を含む。），(イ)得
意先等に対する見本品，試用品の供与に通常要する費用は，広告宣伝費に該当
するものとされる（措通61の4(1)-9）。


### ③　福利厚生費と交際費等との区分

　福利厚生費は，役員および従業員に対する社会保険料の法人負担分をその典
型的なものとするほかに，主として従業員を慰安するために開催する各種行事
のための費用である。福利厚生費は従業員を慰安することを目的とする点で交
際費等と類似する。

　福利厚生費は損金算入が認められるため，交際費等との区分が問題となる社
内の行事に際して支出される金額等，たとえば，(ア)創立記念日，国民祝日，新
社屋落成式等に際し従業員等におおむね一律に社内において供与される通常の
飲食に要する費用，(イ)従業員等（従業員等であった者を含む。）またはその親族
等の慶弔，禍福に際し一定の基準に従って支給される金品に要する費用は，交
際費等に含まないものとされる（措通61の4(1)-10）。


### ④　給与等と交際費等との区分

　従業員等の慰安に関連する支出については，給与と交際費等のいずれの性質
を有するものであるかが明確でない場合があり得る。従業員等に対して支給す
る次のようなものは，給与の性質を有するものとして交際費等に含まれないこ
とが明らかにされている（措通61の4(1)-12）。

(ア)　常時給与される昼食等の費用

(イ)　自社の製品，商品等を原価以下で従業員等に販売した場合の原価に達す
　　るまでの費用

(ウ)　機密費，接待費，交際費，旅費等の名義で支給したもののうち，その法
　　人の業務のために使用したことが明らかでないもの

隣接費用との性質比較を整理すると，**図表Ⅰ-3-8**のとおりである。

**図表Ⅰ-3-8　交際費等と隣接費用**

| | 交際費等 | 寄附金 | 広告宣伝費 | 福利厚生費・給与 |
|---|---|---|---|---|
| 相手方・対象 | 特定少数<br>（事業関係者） | 不特定<br>特殊例＝子会社<br>など | 不特定多数<br>（消費者＝事業<br>関係者） | 特定<br>（役員・従業員） |
| 支出の目的<br>（反対給付） | 親睦の度合いを深<br>め取引関係の円滑<br>化 | なし | 商製品等の購買<br>意欲を刺激，誘<br>引 | 親睦の度合いを深<br>め労働意欲の高揚 |
| 支出の行為 | 接待，供応，慰安，<br>贈答その他これら<br>に類する行為 | 贈与 | 媒体の使用，景<br>品の供与 | 慰安，現物や経済<br>的利益の供与 |

---

**COLUMN❸❽　幻の改正　〜その2〜**

　交際費等の損金算入制限は，1953年2月における当初の1953（昭和28）年度の改正案に
おいて法人税法9条の10として規定されていましたが，当該改正案は吉田茂首相による
「バカヤロー解散」の余波を受け廃案となりました。

　1953年度改正の当初案において激しく反対されたこともあり，翌1954年度税制改正にお
いては同じ内容の制度を租税特別措置法における時限措置として規定されました。ところ
が，この間にいわゆる造船疑獄が起きたため前年の制度創設反対から一転し，むしろ，
もっと厳格な制度とすべきであるとの批判を受けながらの門出となりました。租税特別措
置でありながら，現在まで70年近く存置されている理由の一端は，この創設の経緯にあり
ます。

---

# 第9 ● 引 当 金

## (1)　税法上の引当金

　法人税法では，債務確定主義により，債務が未確定な引当金は原則として認
められない。他方，企業会計においては，保守主義の原則，費用収益対応の原
則等から，将来発生することが予測される費用または損失は，これをあらかじ
め見積もって各会計期間に引当金として計上すべきものとされている。法人税
法上の引当金は，期間損益計算の適正化の見地から会計慣行の成熟したものを

税法上も恒久的制度として認容したものであり，債務確定主義の例外である。

1998（平成10）年度改正前までは，6項目の引当金（貸倒引当金，返品調整引当金，賞与引当金，退職給与引当金，特別修繕引当金，製品保証等引当金）が認められていたが，1998年度に「課税ベースの拡大と税率の引下げ」の基本方針のもとに引当金を大幅に削減・縮小する改正が実施された。その後も引当金の縮小は続き，2018（平成30）年度改正で返品調整引当金が10年間の経過措置を設けて段階的に廃止されることになり，現行法上の引当金は貸倒引当金（法法52）のみとなった。

### (2)　貸倒引当金

法人が，その有する金銭債権の貸倒れその他これに類する事由による損失の見込額として，各事業年度において損金経理により貸倒引当金勘定に繰り入れた金額については，一定の繰入限度額の範囲内でその損金算入が認められる（法法52①②）。長年，貸倒引当金はすべての法人に認められていたが，現在では①中小法人等（資本金5億円以上の大法人と完全支配関係がある法人を除く），②銀行・保険会社等の金融業，③リース会社等で一定の金銭債権を有する法人，④割賦販売法の登録少額包括信用購入あっせん業者に該当する法人に限定されている（法法52①，法令96④⑤，法規25の4の2）。

貸倒引当金の繰入限度額の計算は，期末金銭債権（ただし，債券を除く。）を，個別評価金銭債権と一括評価金銭債権とに区分して行う（法法52①，法令96）。

### ①　個別評価金銭債権に対する貸倒引当金

個別評価金銭債権（貸倒れの可能性が高い金銭債権）の貸倒れ等による損失の見込額として，損金経理により貸倒引当金勘定に繰り入れた金額のうち，次の(ア)の限度額に達するまでの金額は損金に算入する（法法52①）。

#### (ア)　繰入限度額

個別評価金銭債権に係る繰入限度額は，次の1～4の合計額である（法令96①，法規25の2，25の3）。

1　長期棚上げ基準による繰入限度額

　　法人が期末に有する個別評価金銭債権が，次の1）～4）の事由により，弁済が猶予または賦払弁済される場合……当該個別評価金銭債権額のうち，

その事由が生じた事業年度の終了日の翌日から5年経過日までに弁済され
ることになっている金額を差し引いた額

1) 会社更生法または金融機関等の更生手続の特例等に関する法律（会
社更生法等）の規定による更生計画認可の決定

2) 民事再生法の規定による再生計画認可の決定

3) 会社法の規定による特別清算にかかる協定の認可の決定

4) 1)から3)の事由に準ずるものとして財務省令（法規25の2）で
定める事由（債権者集会の協議決定等による合理的な負債整理など）

2 実質基準による繰入限度額

1以外で，法人が期末に有する個別評価金銭債権に係る債務者につき，
債務超過の状態が相当期間継続しその事業好転の見通しがないこと，災害，
経済事情の急変等により多大の損害が生じたこと等により，当該個別評価
金銭債権の一部の金額につき取立て等の見込みがないと認められる場合
……当該一部の金額に相当する金額

3 形式基準による繰入限度額

1，2以外で，法人が期末に有する個別評価金銭債権に係る債務者につ
き，次の事由が生じている場合…当該個別評価金銭債権の額（実質的に債
権とみられない部分の金額および保証債務の履行等取立て等の見込みがあると
認められる部分の金額を除く。）の100分の50に相当する額

1) 会社更生法等の規定による更生手続開始の申立て

2) 民事再生法の規定による再生手続開始の申立て

3) 破産法の規定による破産の申立て

4) 会社法の規定による特別清算開始の申立て

5) 1)から4)までに掲げる事由に準ずるものとして財務省令（法規
25の3）で定める事由（手形交換所の取引停止処分）

4 履行遅延基準による限度額

外国の政府，中央銀行または地方公共団体に対する金銭債権のうち，長
期にわたる債務の履行遅滞により，その経済的価値が著しく減少し，かつ，
その弁済を受けることが著しく困難であると認められる事由が生じている
場合……当該個別評価金銭債権の額の100分の50に相当する額

### ㈑　関係書類の保存

　個別評価金銭債権に係る回収不能見込額の計算については，関係書類の保存が義務づけられている。すなわち，法人の有する金銭債権について前記㈎1～4に掲げる事由が生じている場合においても，当該事由が生じていることを証する書類その他の財務省令で定める書類の保存がされていないときは，その事由は生じていないものとみなす（法令96②）。この場合の関係書類は，次のとおりである（法規25の4）。

1　前記㈎1～4に掲げる事由が生じていることを証する書類
2　担保権の実行，保証債務の履行その他により取立て等の見込みがあると認められる部分の金額がある場合には，その金額を明らかにする書類
3　その他参考となるべき書類

　ただし，税務署長は，関係書類の保存がない場合においても，その書類の保存がなかったことについてやむを得ない事情があると認めるときは，その書類の保存がなかった金銭債権に係る金額につき法人税法施行令96条2項の規定を適用しないことができる（法令96③）。

### ②　一括評価金銭債権に対する貸倒引当金

　一括評価金銭債権（通常の貸倒れが見込まれる金銭債権）の貸倒れ等による損失の見込額として，損金経理により貸倒引当金勘定に繰り入れた金額のうち，次の算式により計算した繰入限度額に達するまでの金額は損金に算入する（法法52②，法令96⑥）。

> 繰入限度額 ＝ 期末の一括評価金銭債権の帳簿価額合計額 × 貸倒実績率

### ㈎　一括評価金銭債権の範囲

　一括評価金銭債権とは，売掛金，貸付金その他これらに準ずる金銭債権のうち，個別評価金銭債権以外のものである（法法52②）。この場合の，「その他これらに準ずる金銭債権」には，次の債権が含まれる（法基通11-2-16）。

1）　未収の譲渡代金，未収加工料，未収請負金，未収手数料，未収保管料，未収地代家賃等または貸付金の未収利子で，益金の額に算入されたもの
2）　他人のために立替払いをした場合の立替金
3）　未収の損害賠償金で益金の額に算入されたもの

４）　保証債務を履行した場合の求償権

この場合，売掛金，貸付金等の既存債権について取得した手形は，これを裏書譲渡（割引を含む。）した後といえども，その決済がなされるまでは一括評価金銭債権に含めることができる（法基通11-2-17）。

### ㈑　貸倒実績率

貸倒実績率は，次の算式により計算した割合である（法令96⑥）。

$$
貸倒実績率 = \frac{
\begin{array}{l}
\text{その事業年度開始の日前3年以内に開始した} \\
\text{各事業年度の売掛債権等の貸倒損失の額} \\
\text{＋その各事業年度の個別評価分の貸倒引当全} \\
\text{　繰入額の損金算入額} \\
\text{－その各事業年度の個別評価分の貸倒引当金} \\
\text{　戻入額の益金算入額}
\end{array}
\times \dfrac{12}{\substack{\text{左の各事業度年度の} \\ \text{月数の合計数}}}
}{
\begin{array}{l}
\text{その事業年度開始の日前3年以内に開始した} \\
\text{各事業年度終了の時における一括評価金銭債} \div \text{左の各事業年度の数} \\
\text{権の帳簿価額の合計額}
\end{array}
}
$$

### ㈒　中小企業等の特例〜法定繰入率〜

中小法人等が一括評価金銭債権について貸倒引当金の繰入れをする場合には，上記㈑の貸倒実績率に代えて，**図表Ⅰ-3-9**の法定繰入率により計算した金額をもって繰入限度額とすることができる（措法57の9①，措令33の7④）。このように，中小法人には，貸倒実績率と法定繰入率との選択適用が認められている。

### 図表Ⅰ-3-9　貸倒引当金の法定繰入率

| 事業の区分 | 法定繰入率 | 事業の区分 | 法定繰入率 |
|---|---|---|---|
| 卸・小売業 | 1,000分の10 | 金融・保険業 | 1,000分の3 |
| 製　造　業 | 1,000分の8 | 割賦販売小売業等 | 1,000分の7 |
| その他の事業 | 1,000分の6 | | |

### ㈓　貸倒引当金の洗替え

貸倒引当金の繰入額は，その繰入れをした事業年度の翌事業年度において全額を取り崩して益金の額に算入しなければならない（法法52⑩）。いわゆる，全額洗替え方式によっている。

前期における貸倒引当金繰入額　3,000円　当期貸倒損失発生額　2,000円

| （借）　貸倒損失 | 2,000円 | （貸）　売掛金 | 2,000円 |
|---|---|---|---|
| （借）　貸倒引当金 | 3,000円 | （貸）　貸倒引当金戻入 | 3,000円 |

#### 設例 I－3－11

　当社の第10期（年1回3月末決算）の末日における一般売掛債権（一括評価金銭債権）は30,000,000円である。下記資料に基づき繰入限度額まで貸倒引当金の繰入れを行いなさい。なお，この期間に個別評価金銭債権に対する貸倒引当金は存在しない。

| | 期末一般売掛債権の帳簿価額 | 売掛債権の貸倒損失 |
|---|---|---|
| 第7期 | 5,000,000円 | 480,000円 |
| 第8期 | 15,000,000円 | 520,000円 |
| 第9期 | 10,000,000円 | 500,000円 |

【解答】

$$貸倒実績率：\frac{(480,000円 + 520,000円 + 500,000円) \times \dfrac{12}{36}}{(5,000,000円 + 15,000,000円 + 10,000,000円) \div 3}$$

$$= 0.05$$

繰入限度額：30,000,000円×0.05 ＝1,500,000円

# 第10 ● 準 備 金

## （1）　準備金制度

　準備金とは，引当金同様，各事業年度において一定の金額を損金に算入する制度であるが両者の性格は異なっている。引当金は，引当事象の発生確率が高く，その引当事象が企業一般に共通する性格をもち，当期収益との対応関係が明確なものであり，法人税法のなかで債務確定主義の例外規定として設けられている。これに対して，準備金は，将来において確実に発生するか否かが明らかではなく，当期収益との対応関係も明確ではないが，一定の政策目的に資するためその積立額を一定の範囲内で損金として認めるものである。いわゆる政策税制の一環をなすものであり，適用期限を付した臨時的な措置として租税特別措置法で規定されている。

　準備金の適用を受けるためには，①損金経理の要件（利益処分による経理を含む。），②青色申告書提出の要件に加えて，③確定申告書への記載の要件を充足しなければならない。すなわち，各種準備金の損金算入の規定は，確定申告書にその積立額の損金算入に関する明細の記載があり，かつ，積立限度額の計算に関する明細書の添付がある場合に適用される。

### (2)　準備金の種類

　これまで，準備金について幾度となく厳密な見直しと削減が行われてきた。現在の準備金制度は，次に掲げるとおり租税特別措置法の55条から57条の8，58条，61条の2に規定される準備金から構成されている。

- 海外投資等損失準備金（措法55）
- 中小企業事業再編投資損失準備金（措法56）
- 原子力発電施設解体準備金（措法57の4）
- 特定原子力施設炉心等除去準備金（措法57の4の2）
- 保険会社等の異常危険準備金（措法57の5）
- 原子力保険又は地震保険に係る異常危険準備金（措法57の6）
- 関西国際空港用地整備準備金（措法57の7）
- 中部国際空港整備準備金（措法57の7の2）
- 特定船舶に係る特別修繕準備金（措法57の8）
- 探鉱準備金又は海外探鉱準備金（措法58）
- 農業経営基盤強化準備金（措法61の2）

# 第11 ● 圧縮記帳

### (1)　総　　論

　法人税法では包括的所得概念（純財産増加説）を採っているため，国庫補助金や火災による保険金を受け取った場合も課税所得を構成する。しかし，これらに課税すると，租税政策や産業政策等から必ずしも適当とはいえない状況が生ずることがある。たとえば，補助金に課税されることにより資金不足に陥り，補助金を受けた目的資産や代替資産を取得できないといったケースである。

　そこで，国庫補助金等を益金の額に算入するという考え方を守りながら，実情に即した課税を実行するために圧縮記帳制度が設けられている。これは，補助金や保険金を収益計上した場合に，それにより取得した固定資産について，収益計上した補助金等の金額だけその帳簿価額を減額（損金算入）し収益と相殺することにより，その年の税負担を減らすといった手法である。圧縮記帳制度は，課税繰延べの措置の1つである。

　圧縮記帳には，法人税法に規定されているものと，租税特別措置法に規定されているものとがありそれぞれ次のとおりである。

① 国庫補助金等で取得した固定資産等（法法42～44）

② 工事負担金で取得した固定資産等（法法45）

③ 非出資組合が賦課金で取得した固定資産等（法法46）

④ 保険金等で取得した固定資産等（法法47～49）

⑤ 交換により取得した資産（法法50）

　①および④の場合に，国庫補助金等の返還不要の確定または代替資産の取得等が翌事業年度以後となる場合には，特別勘定を設けることが認められている（法法43，44，48，49）。

① 収用等に伴い取得した代替資産（措法64，64の2）

② 換地処分等に伴い取得した資産（措法65）

③ 特定の資産の買換え等により取得した資産（措法65の7～65の9）

④ 特定の交換分合により取得した土地等（措法65の10）

⑤ 平成21年及び平成22年に土地等の先行取得をした場合の課税の特例（措法66の2）

　租税特別措置法における一定の圧縮記帳の制度においても（措法64，65の7），代替資産の取得等または代替資産の譲受けが翌事業年度以後となる場合には，特別勘定を設けることが認められている（措法64の2，65の8，65の12）。また，租税特別措置法の圧縮記帳制度を受けた資産については，特別償却や税額控除などを重複して適用することはできない（法人税法上の圧縮記帳との重複適用は可）。

　なお，法人税法と租税特別措置法による圧縮記帳制度には次の共通点がある。

○経理方法

　損金経理方式か積立金方式の選択適用（本節(3)参照）

○棚卸資産に対して原則不適用

　棚卸資産は回転が速く圧縮による課税繰延べの効果がないため

○備忘価額の記帳

　圧縮により帳簿価額がゼロになる場合でも備忘価額として１円以上の金額
　を付す

○清算中法人に対して不適用

　清算中の法人は残余財産の処分により清算をすすめているため課税の繰延
　べを認める必要がないため

○申告要件

　圧縮額や特別勘定の損金算入は，原則として確定申告書の別表の記載があ
　り，必要に応じた書類の添付がある場合に限り適用

## (2)　圧縮記帳（課税繰延べ）のしくみ

計数に基づいて，圧縮記帳による課税繰延べのしくみについて簡単に整理す
る。

> ### 設例Ⅰ－3－12　焼失資産について保険金収入により代替資産を取得する場合
>
> - 保険差益の額（圧縮限度）：4,000万円
> - 代替資産の取得価額：5,000万円
> - 減価償却費の算定要素：耐用年数５年（定額法償却率0.200），定額法，残存価
>   額０円
> - 代替資産取得事業年度の所得金額：6,000万円（減価償却前，保険差益を含む。）
> - 次年度以後の所得金額：2,500万円（減価償却前）
> - 法人税率（実効税率）：30％
> (注)　「次年度以後の所得金額」および「法人税率」は後４事業年度において一定であ
> 　　るものとする。

【圧縮記帳しない場合】

取得価額：5,000万円

減価償却費：1,000万円（毎事業年度）（＝5,000万円×0.200）

償却期間を通じた所得金額および法人税額

　　取得事業年度：所得金額5,000万円（＝6,000万円－減価償却費1,000万円）
　　　　　　　　　法人税額1,500万円（＝5,000万円×30％）

　　後４事業年度：所得金額1,500万円（＝2,500万円－減価償却費1,000万円）
　　　　　　　　　法人税額　450万円（＝1,500万円×30％）

　　５事業年度合計：法人税額3,300万円

（万円）

|  | 取得年度 | 2年度 | 3年度 | 4年度 | 5年度 |
|---|---|---|---|---|---|
| 所得金額(前) | 6,000 | 2,500 | 2,500 | 2,500 | 2,500 |
| 減価償却費 | 1,000 | 1,000 | 1,000 | 1,000 | 1,000 |
| 所得金額 | 5,000 | 1,500 | 1,500 | 1,500 | 1,500 |
| 法人税額 | 1,500 | 450 | 450 | 450 | 450 |

償却期間を通じた法人税額の合計額：3,300万円

**【圧縮記帳する場合】**

取得価額：1,000万円（＝5,000万円－圧縮記帳4,000万円）

減価償却費：200万円（毎事業年度）（＝1,000万円×0.200）

償却期間を通じた所得金額および法人税額

　取得事業年度：所得金額1,800万円

　　　　　　　　（＝6,000万円－圧縮損失4,000万円－減価償却費200万円）

　　　　　　　法人税額　540万円（＝1,800万円×30％）

　後4事業年度：所得金額2,300万円（＝2,500万円－減価償却費200万円）

　　　　　　　法人税額　690万円（＝2,300万円×30％）

　5事業年度合計額：法人税額3,300万円

（万円）

|  | 取得年度 | 2年度 | 3年度 | 4年度 | 5年度 |
|---|---|---|---|---|---|
| 所得金額(前) | 6,000 | 2,500 | 2,500 | 2,500 | 2,500 |
| 圧縮記帳 | 4,000 | － | － | － | － |
| 減価償却費 | 200 | 200 | 200 | 200 | 200 |
| 所得金額 | 1,800 | 2,300 | 2,300 | 2,300 | 2,300 |
| 法人税額 | 540 | 690 | 690 | 690 | 690 |

償却期間を通じた法人税額の合計額：3,300万円

　以上のとおり，圧縮記帳をする場合もしない場合も償却期間（5事業年度）を通じた法人税額の合計は3,300万円で同額となる。これは，保険差益が生ずる事業年度（取得事業年度）においては，圧縮記帳することによって保険差益については直ちに課税が行われないことになるものの，代替資産の取得価額が減額されるため毎事業年度の減価償却費（損金に算入される額）が減少し，所得金額および法人税額が増額するためである。この点に，圧縮記帳が免税措置ではなく，課税繰延べの措置であることが示されている。

　なお，保険差益とは，保険金収入から火災により焼失した資産の帳簿価額を控除した金額をいう。

### (3)　圧縮記帳の経理方法

　圧縮記帳の経理方法には，①損金経理方式（直接減額方式）と②積立金方式とがあり，積立金方式には，(ア)確定決算により積み立てる方法と(イ)剰余金処分により積み立てる方法とがある。いずれの方法を選択するかは，法人の任意である。ただし，法人税法に規定する圧縮記帳制度のうち，交換により取得した資産の圧縮記帳の場合には，積立金方式は認められていない。

　国庫補助金等で固定資産を取得した場合を想定して，それぞれの方法による仕訳例を示すと，次のとおりとなる。なお，圧縮記帳の前提としての国庫補助金等の受領時および資産の取得時の仕訳は各方式において共通である。

　　【国庫補助金等受領時】

　　（借）現　金　預　金　　×××　（貸）受　　贈　　益　　×××

　　【資産取得時】

　　（借）固　定　資　産　　×××　（貸）現　金　預　金　　×××

### ①　損金経理方式

　　【圧縮記帳】

　　（借）圧　縮　損　失　　×××　（貸）固　定　資　産　　×××

　なお，圧縮記帳後の固定資産の帳簿価額には，備忘価額として1円を付すこととなる（法令93）。

### ②　積立金方式

(ア)　確定決算により積み立てる方法

　　【圧縮記帳】

　　（借）圧縮積立金繰入額　　×××　（貸）圧　縮　積　立　金　　×××
　　　　（繰越利益剰余金）

(イ)　剰余金処分により積み立てる方法

　　【圧縮記帳】

　　（借）繰越利益剰余金　　×××　（貸）圧　縮　積　立　金　　×××

　積立金方式の場合には，申告調整により圧縮積立金の額を所得金額から控除する必要がある。税務会計の考え方からは損金経理方式によることが理解しやすいが，一方で，企業会計においては国庫補助金等を利益ではなく資本として考えることから，両者の調整のために積立金方式が設けられている。

## 第12 ● 貸倒損失

　貸倒損失の計上は貸倒れの事実に基づいて行われ，貸倒れの事実とは，債権が回収不能であることをいう。貸倒損失の計上については，法人税法においては規定がなく，法人税基本通達において，(1)法律上の貸倒れ，(2)経済的貸倒れ（事実上の貸倒れ），(3)形式基準による貸倒れに区分した上で，それぞれその貸倒れの事実と貸倒損失として損金に算入する金額を明らかにしている。

### (1) 法律上の貸倒れ

　法律上の貸倒れとなる事実および貸倒損失として損金に算入される金額について一覧に整理すると，図表Ⅰ-3-10のとおりである（法基通9-6-1）。
　法律上の貸倒れにおいては，いずれの場合も債権の切捨て，債務免除が行わ

### 図表Ⅰ-3-10 法律上の貸倒れの取扱い

| 貸倒れとなる事実 | 貸倒損失として損金算入される金額 |
| --- | --- |
| 更生計画認可の決定または再生計画認可の決定があった場合 | これらの決定により切り捨てられることとなった部分の金額 |
| 特別清算に係る協定の認可の決定があった場合 | この決定により切り捨てられることとなった部分の金額 |
| 私的整理のうち次に掲げるもの<br>① 債権者集会の協議決定で合理的な基準により債務者の負債整理を定めているもの<br>② 行政機関または金融機関その他の第三者のあっせんによる当事者間の協議により締結された契約でその内容が①に準ずるもの | その協議決定等により切り捨てられることとなった部分の金額 |
| 債務者の債務超過の状態が相当期間継続し，その金銭債権の弁済を受けることができないと認められる場合 | 債務者に対し書面により明らかにされた債務免除額（ただし，債務者の支払能力がない場合に限る。債務者に支払能力がある場合には贈与したものとして扱う）。 |

れることが前提とされ，損金経理を要件としない。

## (2) 経済的貸倒れ（事実上の貸倒れ）

　債権の全額が回収できないことが明らかになった場合には，その明らかになった事業年度において貸倒損失として損金経理をすることができる（法基通9-6-2）。なお，担保物があるときは，その担保物を処分した後でなければ貸倒れとして損金経理をすることはできない。

---

**COLUMN㊴　全額回収不能の判断基準　〜興銀事件〜**

　債権の全額が回収不能かどうかの判断にあたり，これまでは債務者側の事情のみを考慮していましたが，興銀事件で最高裁は「債務者の資産状況，支払能力等の債務者側の事情のみならず，債権回収に必要な労力，債権額と取立費用の比較衡量，債権回収を強行することによって生ずる他の債権者とのあつれきなどによる経営的損失等といった債権者側の事情，経済的状況等も踏まえ，社会通念に従って総合的に判断される」（最判平成16年12月24日民集58巻9号2637頁）と判示し，判断の基礎となる事由の範囲を拡大しました。もっとも，具体的な基準を示していないので，その内容は今後の事例の積み重ねによって明確にされていくものと考えられます。

---

## (3) 形式基準による貸倒れ（売上債権の特例）

　債務者について，次に掲げる一定の事実が発生した場合には，その債務者に対する売掛債権（売掛金，未収請負金その他これらに準ずる債権）について，法人が当該売掛債権金額から備忘価額を控除した残額を貸倒れとして損金経理をしたときには，貸倒損失の計上を認める（法基通9-6-3）。

### ① 債務者との取引を停止した時以後1年以上経過した場合

　最終出荷，最終約定日（やくじょうび：取引が成立した日），最終入金日のうちもっとも遅い日から起算する。ただし，当該売掛債権について担保物のある場合には，この取扱いにより貸倒損失を計上することはできない。

②　同一地域の債務者に対する売掛債権の総額がその取立てのために要する旅費等の費用に満たない場合に，支払いの督促をしてもなお弁済がないとき

法律上の貸倒れは煩瑣な手続きを要し，経済的貸倒れの場合には回収不能であることの判断の困難性という問題があるが，外形的事実の有無によって貸倒損失の計上が認められる点で利便性が高いものと認められる。

---

**COLUMN⑩　「損金経理することができる」とは？**

　経済的な貸倒れの場合の「損金経理をすることができる」という表現は，1980年に改められたものです。改正前は「法人が貸倒れとして損金経理したときは，これを認める。」とされていましたが，従前の取扱いには利益操作の余地があったことが理由です。今日でも，租税法律主義の観点から損金算入要件を定めたものではないとされるものの，実際上，損金経理要件として機能するなどの批判があります。また，形式基準による貸倒れの場合には，明確に損金経理が前提とされているので，事実上の損金経理要件を課していると理解され，難解とされる貸倒れの判定に際して利便性は高いもののやはり租税法律主義の観点からの批判は免れません。この点について，東京地判平成元年7月24日税資173号292頁では，損金経理をしなければならない実定法上の根拠はないと判示されています。

　なお，形式基準や経済的な貸倒れの場合であっても，法律上，債権は消滅していないので，その後も回収，取立てが続けられることは珍しくありません。税務会計上の処理はそれとして，債権者は，そう簡単には債務者を逃がすことはないので注意が必要です。

---

# 第13 ● 使途秘匿金

## (1)　制度の概要と趣旨

　法人が使途秘匿金を支出した場合には，その支出額を損金の額に算入しないだけではなく，その支出事業年度の通常の法人税の額に，当該使途秘匿金の支出の額の40％相当額を加算する（措法62①）。本制度は，企業が相手先を秘匿する支出を極力抑制するために，1994（平成6）年度改正において創設され，その後，適用期間の延長が繰り返されている。

　本制度の適用がある場合にも支出の相手先を解明するための質問検査権は妨げられないことが明らかにされており（措法62⑨），本制度は真実の所得者（経済的利益の享受者）に対する代替課税制度ではない点に注意を要する。なお，

追加税率が40％とされた理由としては，次の3つが挙げられている。

① 40％の追加課税をすることで創設当時における実効税率が96.9％となり，地方税を含めて支出額とほぼ同額の税負担となること。

② あまり高い税率にすると，簿外支出とする誘引が大きくなること。

③ 低い税率とすると，使途を明らかにしない支出を助長するおそれがあること。

### (2) 使途秘匿金の支出の範囲

使途秘匿金の支出とは，法人がした金銭の支出のうち，相当の理由がなく，相手方の氏名等（その相手方の氏名または名称および住所または所在地ならびにその事由）を当該法人の帳簿書類に記載されていないものをいう（措法62②）。この帳簿書類には，相手方の氏名等の記載のある領収書等も含まれるので，領収書等によって，相手方の氏名等が明らかとなる場合には，使途秘匿金の支出とはならない。また，資産の譲受けその他の取引の対価の支払いとしてされたものであることが明らかなものも除かれる。

使途秘匿金の支出の範囲を明らかにするためには，特に「金銭の支出」および「相当の理由」の内容について明確にする必要がある。

#### ① 「金銭の支出」

この場合の「金銭の支出」とは，たんに金銭で行われる支出に限られず，贈与，供与その他これらに類する目的のためにする金銭以外の資産の引渡しも含むものとされている。特に，その事由，目的は問わない。ただし，「取引の対価の支払いとしてされたものであることが明らかなもの」は，使途秘匿金の支出に対する課税の範囲から除外される。

なお，金銭以外の資産による場合には，使途秘匿金の支出額は，その資産の時価をもって算定されることとなる。資産の低額譲渡の場合には，その低額部分について使途秘匿金の支出に対する課税の対象とされることとなる。

#### ② 「相当の理由」について

「相当の理由」については，法令において明らかにされていないので，基本的には，社会通念に照らして判断すべきことになるものと理解される。ただし，

次のような支出について，相手方の氏名等が明らかにされていない場合は「相当の理由」があるものに該当するものとして取り扱われる。

　(ｱ)　チップ等の小口の金品の贈与
　(ｲ)　バスや電車の運賃等，不特定多数の顧客を相手とする事業者への支払いのように，相手方の氏名等までいちいち帳簿書類に記載しないことが通例となっている支出
　(ｳ)　手帳やカレンダー等の広告宣伝用物品の贈与
　(ｴ)　災害等による帳簿書類等の紛失

相手方に迷惑がかかる，取引が継続できなくなるなどの理由により，相手方の氏名等を明らかにしないことは，「相当の理由」があるものとは取り扱われない。

### (3)　対象から除外される支出

定義規定により対象から除かれるもののほかに，諸般の事情からみて，相手方の氏名等を帳簿書類に記載していないことが，それらを秘匿するためでないことが明白な場合には，税務署長の裁量権で使途秘匿金の支出に含めないことができる（措法62③）。

また，次の支出を除外することとしている（措法62④）。

　(ｱ)　公益法人等の収益事業以外の事業に係る支出
　(ｲ)　外国法人の国内において行う事業（法人税の対象となる国内源泉所得に係る事業に限る。）以外の事業に係る支出
　(ｳ)　外国公益法人の国内において行う収益事業（法人税の対象となる国内源泉所得に係る収益事業に限る。）以外の事業に係る支出

## 第14 ● 租税公課

### (1)　現行制度の概要

法人の納付する租税は，その性質上費用性をもたないもの，および政策的または技術的な理由から「別段の定め」により損金算入を否定されているものを除き，すべて損金の額に算入される。**図表Ⅰ-3-11**は，租税を損金算入可否

### 図表Ⅰ－3－11　租税の課税上の取扱い

| | |
|---|---|
| 損金の額に算入される租税 | ▶法人税および地方法人税のうち次に掲げるもの（法法38①）<br>　・退職年金等積立金に対する法人税（利子税以外の附帯税を除く。）<br>　・修正申告等によって納付される過大となった還付金に対する還付加算金相当額（延滞税を除く。）<br>　・確定申告期限の延長の場合の利子税，もしくは確定申告期限の延長の特例の場合の利子税<br>▶地方税法による納期限延長の期間に徴収される延滞金（法法55③二かっこ書き）<br>▶前期分，当期中間申告分の事業税及び特別法人事業税（法基通9－5－1, 9－5－2）<br>▶地価税，固定資産税，都市計画税，不動産取得税，特別土地保有税，事業所税，登録免許税，自動車取得税，地方消費税等（法基通9－5－1, 7－3－3の2） |
| 損金の額に算入されない租税 | ▶法人税および地方法人税の本税<br>　本税のほかに，これに係る過少申告加算税，無申告加算税，重加算税および延滞税も含まれる。ただし，上に掲げるものは除く（法法38①）。<br>▶道府県民税および市町村民税<br>　都民税も含まれるが，退職年金等積立金に対する法人税に係るものは除く（法法38②二）。<br>▶受益者等が存しない信託等の特例，人格のない社団または財団等に対する課税，特定の一般社団法人等に対する課税の規定による贈与税および相続税（法法38②一）<br>▶国税に係る附帯税（利子税を除く。）<br>　延滞税，過少申告加算税，無申告加算税，不納付加算税，重加算税および印紙税法の規定による過怠税（法法55③一）<br>▶地方税に係る附帯金<br>　過少申告加算金，不申告加算金，重加算金および延滞金（納期限延長の期間につき徴収されるものを除く。）（法法55③二）<br>▶法人税額から控除する所得税額<br>　法人が利子および配当等の支払いの際に課された源泉徴収所得税は，法人税額から控除され，控除しきれない場合は還付されるが，当該控除または還付所得税額は損金の額に算入されない（法法40）。<br>▶税額控除を選択した場合の外国法人税の額（法法41）<br>▶第二次納税義務に係る納付税額（法法39） |

の観点から整理したものである。

## (2)　租税公課の損金算入時期

　損金の額に算入される租税公課は，納税方法の違いにより，それぞれ損金算入時期が定められている（法基通9－5－1）。

① **申告納税方式による租税（消費税，自動車税，事業所税，事業税等）**

- 納税申告書に記載された税額は申告書が提出された日
- 更正，決定による不足税額は，その更正，決定があった日

② **賦課課税方式による租税（固定資産税，不動産取得税，都市計画税等）**

- 賦課決定があった日（ただし，納付した事業年度に損金経理をしている場合には，その事業年度）

③ **特別徴収方式による租税（特別地方消費税，軽油引取税等）**

- 納入申告書に係る税額はその申告の日
- 更正，決定による不足税額は，その更正，決定があった日

④ **利子税および延滞金**

- 納付した日（ただし，当該事業年度に係る未納額は損金経理により未払金とすることができる）

### (3) 還付金の取扱い

　租税公課が還付された場合は原則として益金の額に算入されるが，納付時に損金不算入の租税公課を益金の額に算入すると，結果として二重課税となってしまう。これを避けるため，別表四で減算（益金不算入）することになる。この取扱いは，不正行為等に係る費用等（法法55③）の場合も同様である（法法26）。

---

**COLUMN㊶　法人税は損金算入？**

　法人所得課税が始まった1899年から約半世紀にわたり，法人税（当時は第一種所得税）は損金の額に算入されていました。現在のような取扱い（損金不算入）になったのは，1940（昭和15）年度改正においてです。当時の国会答弁をみると，法人税を損金の額に算入した場合には著しく利益に波が生じ，課税上の弊害が生ずることが指摘されています（「…相当高クナッタ税率ノ下ニ於テハ，税負担ノ為ニ利益ノ著シキ波動ヲ生ズルヤウナ場合モ生ジマスノデ，此ノ際法人租税負担ノ適正明確ヲ期スル為，所得ノ計算上法人税ハ之ヲ損金トシテ控除セザルコトニ改メタノデアリマス」（櫻内大蔵大臣発言，第75回帝国議会貴族院議事速記録第22号，286頁））。

　この改正は，法人の課税所得を増大させ，税率引上げの余地を残すことができたという点で，弾力性のある税制をつくるという1940年度改正の趣旨にも合致するものでした。

---

## 第15 ● その他の費用

### (1) 資産の評価損

　法人税法では，原則として所有する資産の評価損の計上を認めていない（法法33①）。ただし，資産の区分に応じて，次のような「特別の事実」が生じた場合には，損金経理を要件として評価損の損金算入が認められる（法法33②③④）。

#### ① 棚卸資産（法令68①一）

(ア)　当該資産が災害により著しく損傷したこと

(イ)　当該資産が著しく陳腐化したこと

(ウ)　会社更生法等によって，更生手続開始決定により評価換えをする必要が生じたこと

(エ)　(ア)から(ウ)までに準ずる特別の事実

　たとえば，破損，型くずれ，たなざらし，品質変化等により通常の方法によって販売することができないようになったこと（法基通9‐1‐5）。

#### ② 有価証券（法令68①二）

(ア)　取引所売買有価証券，店頭売買有価証券，取扱有価証券及びその他価格公表有価証券の価額について，その市場価額が著しく低下（当該有価証券の当該事業年度終了の時における価額がその時の帳簿価額のおおむね50％相当額を下回ることとなり，かつ，近い将来その価額の回復が見込まれない（法基通9‐1‐7））したこと。

(イ)　(ア)以外の有価証券について，その有価証券を発行する法人の資産状態が著しく悪化したため，その価額が著しく低下したこと

(ウ)　(イ)に準ずる特別の事実が生じたこと

#### ③ 固定資産（法令68①三）

(ア)　当該資産が災害により著しく損傷したこと

(イ)　当該資産が1年以上にわたり遊休状態にあること

(ウ)　当該資産がその本来の用途に使用することができないため他の用途に使用されたこと

(エ)　当該資産の所在する場所の状況が著しく変化したこと

(オ)　会社更生法等によって，更生手続開始決定により評価換えをする必要が生じたこと

(カ)　(ア)から(オ)に準ずる特別の事実

### ④　繰延資産　（法令68①四）

- 税法上の繰延資産（6号資産）（法令14①六）のうち他の者の有する固定資産を利用するために支出されたもの

  (ア)　その繰延資産となる費用の支出の対象となった固定資産について，③の(ア)から(エ)までに掲げる事実が生じたこと

  (イ)　会社更生法等によって，更生手続開始決定により評価換えをする必要が生じたこと

  (ウ)　(ア)または(イ)に準ずる特別の事実

- 6号資産に該当しない繰延資産

  会社更生法等によって，更生手続開始決定により評価換えをする必要が生じたことおよびこれに準ずる特別の事実

---

**COLUMN㊷　金銭債権も評価減の対象に？　～平成21年度税制改正～**

　法人税法は例外的に評価損の計上を認めていますが金銭債権は蚊帳の外。金銭等価物のため評価換の対象として適当でなく，債権評価は貸倒引当金によって行い得ることが理由です。かつては「内国法人の有する資産（預金，貯金，貸付金，売掛金その他の債権を除く。）につき，…その評価換えをした日の属する事業年度の所得の金額の計算上，損金の額に算入する。」（旧法法33②）と定め，この姿勢を明確に示していました。

　ところが，2009（平成21）年度税制改正で括弧書きが削除。「金銭債権の評価減解禁か！」と色めき立ちましたが，これは会社更生手続等において金銭債権が評価減の対象であることとの整合性を図ったにすぎません。現に，国税庁は2009年12月28日付で法人税基本通達9－1－3の2を発遣し，金銭債権の評価減を認めないことを明らかにしています。

---

### (2)　不正行為等に係る費用等

　法人が所得の金額を隠蔽したり，または欠損金額を仮装したりすることによ

り法人税の負担を減少させたり，または減少させようとするような不正行為等をした場合は，その隠蔽仮装行為に要する費用の額または隠ぺい仮装行為により生ずる損失の額は，各事業年度の所得の金額の計算上，損金の額に算入しない（法法55①）。

この規定にあわせて，刑法に規定する賄賂または不正競争防止法に規定する金銭等の損金不算入が明確化されている（法法55⑤）。なお，この不正行為等による損金不算入は，法人が納付すべき法人税以外の租税の負担を減少させるような場合にも適用される（法法55②）。

---

### COLUMN㊸ 法人税法55条の制定へ

2006（平成18）年度税制改正により，法人税法55条（不正行為等に係る費用等の損金不算入）が制定されました。それでは，それ以前は不正行為等に係る費用はどのように扱われていたのでしょうか。最判平成 6 年 9 月16日刑集48巻 6 号357頁では，所得秘匿協力者に支払った手数料について，公正処理基準（法法22④）による判断枠組みを用いて当該費用の損金性が否認されています（同様な事例として，最判平成 9 年 3 月12日税資224号611頁，高松高判平成10年 1 月27日税資230号201頁等）。

公正処理基準の解釈による対応がとられていたわけですが，この最高裁判決には疑義も呈されているところです。その後も法整備は進まず，2006年度改正でようやく立法にこぎつけました。

---

### ⑶ リース料

#### ① リース取引の意義と種類

リース取引とは，特定の物件の所有者たる賃貸人（レッサー）が，当該物件の賃借人（レッシー）に対し，合意されたリース期間にわたりこれを使用収益する権利を与え，賃借人は，合意されたリース料を賃貸人に支払う取引をいう。

会計上，リース取引はファイナンス・リースとオペレーティング・リースに分類される。前者は，「中途解約不能（ノンキャンセラブル）」と「フルペイアウト（リース物件からもたらされる経済的利益を実質的に享受することができ，かつ，当該リース物件の使用に伴って生じるコストを実質的に負担する）」を特徴とする。後者は，ファイナンス・リース以外のリース取引である。

### ② 税務上のリース取引

法人税法上のリース取引とは，中途解約不能とフルペイアウトの要件を満たすものであり（法法64の 2 ③，法令131の 2 ②，法基通12の 5 - 1 - 1），会計上のファイナンス・リースと基本的に同じである。

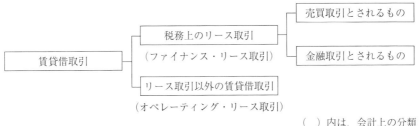

**図表 I - 3 - 12** 税務上のリース取引の分類

( )内は，会計上の分類

### ③ 税務上の賃借人の処理

#### ⑦ リース取引以外の賃貸借取引（オペレーティング・リース）

通常の賃貸借として支払リース料は損金算入される。

#### ④ 売買とされるリース取引

賃貸人から賃借人への引渡時にリース資産の売買があったものとして，各事業年度の所得金額を計算する（法法64の 2 ①）。

このような取扱い（売買処理）をするのは，資産を所有する場合とリースする場合との課税の公平を保つためである。当該減価償却資産の耐用年数よりも，リース期間は通常短く設定されているため，減価償却費よりもリース料が大きくなり課税が繰り延べられる。この場合，固定資産を取得した場合に比し税務上有利になるため，賃貸借ではなくリース資産の引渡時に売買があったものとして取り扱う。なお，減価償却限度額の計算方法は以下のとおりである。

1．所有権移転外リース取引以外のリース取引
   定額法又は定率法。
2．所有権移転外リース取引
   リース期間定額法（第 I 部第 3 章第 2 (5)(エ)）。

### ㈡ 金融取引として取り扱われるリース取引

セール・アンド・リースバック取引（所有資産をリース会社に売却し，ただちに当該資産をリース契約により賃借する）は，対象資産や取引の事情等からみて実質的に金融取引と認められることがある。この場合，当初から譲渡はなかったものとして取り扱い，リース会社から金銭の貸付を受けたものとして各事業年度の所得金額を計算する（法法64の2②，法基通12の5－2－1）。

金融取引と認められたときはリース会社への資産の譲渡代金が借入金として，また，リースバックした資産に対するリース料は借入金の分割返済額と支払利息として処理される（法基通12の5－2－2）。

## (4) 保 険 料

### ① 養老保険

法人が契約者となり，役員または使用人を被保険者とする養老保険（満期または被保険者の死亡によって保険金が支払われる生命保険）に加入して支払った保険料は，死亡保険金，生存保険金の受取人に応じて次のとおり取り扱われる。

1 受取人が法人の場合 … 資産計上
2 受取人が被保険者またはその遺族の場合 … 従業員に対する給与
3 死亡保険金の受取人が被保険者の遺族で，生存保険金の受取人が法人の場合 … 資産計上：2分の1，損金算入：2分の1 [注]
（注） 特定の従業員（その親族を含む）のみを被保険者としている場合には，その者に対する給与

### ② 定期保険等

いわゆる掛捨保険の場合は従業員に対する給与か福利厚生費として取り扱う（いずれも損金算入）。ただし，保険期間が3年以上の法人向け定期生命保険または第三分野の法人保険（医療保険・がん保険等）で最高解約返戻率50％超の保険については，解約返戻率の区分に応じ損金算入に制限が加えられる（法基通9－3－5）。

第 **4** 章

# 課税所得・税額の計算

## 第1 ● 課税所得計算と欠損金

### (1) 制度の趣旨

　課税所得は事業年度ごとに区切って算定され，他の事業年度に影響させてはならない。これを「課税年度独立の原則」という。したがって，たとえある事業年度に欠損金が生じたとしても，翌事業年度以降あるいは前事業年度の所得にこれを関係させてはならないことになる。しかし，その例外措置として法人税法では，法人の業績が振るわず欠損金が生じた場合には，欠損金の繰越し，繰戻しの制度を設け，租税負担の軽減を図っている。これは，法人が解散を前提としない継続企業として存在する限り，その所得は法人の一生を通じて算定されるべきであるという考え方に立脚している。

### (2) 欠損金の繰越控除

　青色申告書を提出する法人の各事業年度開始の日前10年以内に開始した事業年度において生じた欠損金額は，当該事業年度の所得の金額の計算上，損金の額に算入される。損金の額に算入される繰越欠損金の額は中小法人等（中小法人，公益法人等又は協同組合等，人格のない社団等，再建中の法人，設立から7事業年度内の新設法人）の場合は100％であるが，それ以外の法人は控除前所得金額の50％に制限されている（法法57①⑪）。当該事業年度に繰り越された欠損金額が2以上の事業年度において生じたものからなる場合には，もっとも古い事業年度の欠損金額から順次控除する（法基通12－1－1）。

> **COLUMN㊹　紆余曲折…，欠損金の繰越期間**
>
> 　法人所得に対する課税が始まった1899年当時，欠損金の繰越しは無制限に認められていましたが，1926年に同制度はいったん廃止されることとなります。個人所得税との権衡を失するというのがその理由です。その後，法人税が独立した1940年に3年という期間制限が設けられて復活したものの，1946年には1年に短縮されました。
>
> 　現行税制の基礎となったのはシャウプ勧告（1950年）です。ここでは無制限の繰越控除が勧告されますが，同年の税制改正では最終的に5年に落ち着きました。長い期間を経て，2004（平成16）年度改正で7年に，2011（平成23）年度改正で9年に，そして2015（平成27）年度改正では10年（2018年4月1日以降）に延長されています。

### ⑶　災害損失金の繰越控除

　青色申告書を提出しなかった事業年度に生じた欠損金であっても，各事業年度開始の日前10年以内に開始した事業年度において生じた欠損金額のうち，棚卸資産，固定資産または特定の繰延資産について，震災，風水害，火災等により生じた損失（保険金，損害賠償金により補塡された金額を除く。）は，その事業年度の所得の金額の計算上，損金の額に算入される（法法58①）。

### ⑷　会社更生等による債務免除等があった場合の欠損金の損金算入制度

　法人税法では，無償による資産の譲受けによる収益額はその事業年度の益金の額に算入される。しかし，会社の整理，破産等が生じたことに伴い，役員や株主等からの私財の提供や，債権者からの債務の免除を受けた場合，これに課税したのでは法人の再建を阻害することとなり本来の目的が達成されない。

　そこで，法人税法では，会社更生法・民事再生法等による更生手続開始の決定，再生手続開始の決定および特別清算開始の命令等があった際，その法人の再生や法人の債権者への支払いのために，私財の提供や債務の免除を受けたときには，債務免除益等に達するまでの金額は，その事業年度の所得の金額の計算上，損金の額に算入される（法法59①②）。なお，繰越控除期間経過後の欠損金（期限切れ欠損金）や白色申告年度の欠損金についても損金算入することができる。

## (5)　欠損金の繰戻還付

　青色申告書を提出する事業年度において欠損金額が生じた場合には，その欠損金額にかかる事業年度（欠損事業年度）開始の日前1年以内に開始したいずれかの事業年度（還付所得事業年度）の所得に対する法人税額の還付を請求することができる（法法80①）。この場合，還付金額は次の算式により計算される。

$$\text{還付請求できる法人税額} = \text{還付所得事業年度の法人税額} \times \frac{\text{欠損事業年度の欠損金額}}{\text{還付所得事業年度の所得金額}}$$

　繰戻しと繰越しの関係については，欠損金額が生じた場合にどちらを選択するかは法人の任意である。欠損金額の一部につき繰戻しによる還付を請求し，残額について繰越控除することも可能である。なお，繰戻還付を受けた欠損金額は，その後の繰越控除額から除かれる（法法57①）。

　本制度は，中小企業者の欠損金等を除き，1992年4月1日から2026年3月31日までの間に終了する各事業年度において生じた欠損金額については適用が停止されている（措法66の12）。

# 第2 ● 法人税額の計算

## (1)　税額計算の流れ

　法人税法では企業会計上の確定した決算利益を基礎とし，そこに法人税法や租税特別措置法の規定によって修正（加算・減算）を加えて課税所得を算出し，当該課税所得に一定の税率を乗じ納付すべき法人税額を求めている。課税所得は法人税申告書「別表四」により，税額は「別表一」によって計算される。具体的な税額計算の流れは，図表Ⅰ-4-1のとおりである。なお，別表は別表一から別表十九まであり，別表一に記載される法人税額が適正に計算できているかを説明するために，別表二以降の書類や付表等が必要になる。

**図表Ⅰ－4－1 税額計算の流れ**

| | | 摘　要 | 金　額 |
|---|---|---|---|
| 別表四 | | 当期純利益の額 | ①円 |
| | 加算 | 益金算入 | |
| | | 損金不算入 | |
| | | 小　計 | ② |
| | 減算 | 損金算入 | |
| | | 益金不算入 | |
| | | 小　計 | ③ |
| | | 仮　　計 | ④（①＋②－③） |
| | | 寄附金の損金不算入額 | 加算 |
| | | 法人税額控除所得税額 | 加算　⑤ |
| | | 控除対象外国法人税額 | 加算 |
| | | 合　　計 | ⑥（④＋⑤） |
| | | 差　引　計 | ⑥（④＋⑤） |
| | | 欠損金の当期控除額 | ▲減算　⑦ |
| | | 総　　計 | ⑥－⑦ |
| | | 所　得　金　額 | ⑥－⑦円 |

| | | 摘要 | 金額 |
|---|---|---|---|
| 内訳 | 年　800万円以下　（千円未満切捨） | | i |
| | 年　800万円超　（千円未満切捨） | | ii |
| 税額の計算 | i ×15% | | iii |
| | ii ×23.2% | | iv |
| | 法人税額 | | iii + iv |
| | 法人税額の特別控除額 | | ▲ |
| | 差引法人税額 | | |
| | 法人税額計 | | |
| | 控除所得税額 | | ▲ |
| | 控除外国税額 | | ▲ |
| 差引所得に対する法人税額　（百円未満切捨） | | | |
| 中間申告分の法人税額 | | | ▲ |
| 差引確定法人税額 | | | |

別表一

▷ 別表四，別表一と法人税法の条文の対応関係について　（☞巻末資料2）

## (2) 税 率

### ① 各事業年度の所得に対する税率

図表Ⅰ-4-2のとおりである（法法66①②③，措法42の3の2，68等）。

### ② 特定同族会社の特別税率

▷ ☞第Ⅱ部第1章第5

### ③ 土地譲渡利益金の特別課税

法人が，その所有する土地等につき譲渡，借地権の設定その他一定の行為をした場合には，その譲渡等による譲渡利益金額について，特別税率（短期所有土地：10％，長期所有土地：5％）による税額が法人税に加算される（措法62の

**図表Ⅰ-4-2 各事業年度の所得に対する法人税の税率**

| 法人の区分 | | 所得金額の区分 | | 税率 |
|---|---|---|---|---|
| 普通法人 | 中小法人（資本金または出資金1億円以下） | 年800万円以下（注） | | 15%（19%） |
| | | 年800万円超の部分 | | 23.2% |
| | 大法人（上記以外） | 全額 | | 23.2% |
| 協同組合等 | | 年800万円以下 | | 15% |
| | | 年800万円超の部分 | | 19.0% |
| 人格のない社団等 | | 原則 | | 非課税 |
| | | 収益事業の所得 | 年800万円以下 | 15% |
| | | | 年800万円超の部分 | 23.2% |
| 公益法人等 | 一般社団・財団法人のうち非営利型，公益社団・財団法人等 | 原則 | | 非課税 |
| | | 収益事業の所得 | 年800万円以下 | 15% |
| | | | 年800万円超の部分 | 23.2% |
| | 上記以外の公益法人等（学校法人，宗教法人等） | 原則 | | 非課税 |
| | | 収益事業の所得 | 年800万円以下 | 15% |
| | | | 年800万円超の部分 | 19.0% |
| 公共法人 | | | | 非課税 |

（注） 平成31年4月1日以後に開始する事業年度において適用除外事業者（その事業年度開始の日前3年以内に終了した各事業年度の所得金額の年平均額が15億円を超える法人等をいう）に該当する法人については，19％の税率が適用される。

3，63）。なお，当該措置は，1998年 1 月 1 日から2026年 3 月31日までの間に行われる土地の譲渡等については適用が停止されている（措法63⑧）。

#### ④　使途秘匿金の特別課税

▷　☞第Ⅰ部第 3 章第13

## 第3 ● 税額控除

### (1)　制度の概要

法人税法には，二重課税を排除するために所得税額控除（法法68）と外国税額控除（法法69）が設けられているほか，仮装経理に基づく過大申告の場合の更正に伴う法人税額の控除（法法70）の規定が置かれている。また，租税特別措置法には，研究開発投資の促進，中小企業支援といった目的を達成するために多くの特別税額控除が設けられている。

法 人 税 法 {
①所得税額控除（法法68）：二重課税の排除
②外国税額控除（法法69）：二重課税の排除
③仮装経理に基づく過大申告の場合の更正に伴う法人税額の控除（法法70）
租税特別措置法　④特別税額控除（措法42の 4 ～ 42の12の 7 ）：政策減税
※控除の順序　④➡③➡②➡①

### (2)　所得税額控除

内国法人が利子・配当等，給付補填金その他の特定の支払いを受けた場合には所得税が課せられる（所法174）。法人がこれら利子および配当等を収益として益金の額に算入すると，利子および配当等には所得税のほかに法人税が二重に課税されることになる。そこで，二重課税を排除するために，源泉徴収された所得税を法人税の前払いとみなし，納付する法人税額から控除することができる。なお，控除しきれない金額があるときは還付される（法法68①，78①）。

### (3)　外国税額控除

▷　☞第Ⅲ部第 3 章第 1

## ⑷　仮装経理に基づく過大申告の場合の法人税額の控除

　仮装経理による法人税の過大申告についての減額更正により生ずる減額部分の税額は，その更正の日の属する事業年度開始の日から5年以内に開始する各事業年度の所得に対する法人税額から順次控除される。ただし，その更正があった事業年度開始の日前1年以内に開始する事業年度について納付した法人税額がある場合には，その法人税額を限度として還付される（法法70, 135）。

## ⑸　特別税額控除

①　試験研究を行った場合の法人税額の特別控除（措法42の4）

②　中小企業者等が機械等を取得した場合の法人税額の特別控除（措法42の6）

③　沖縄の特定地域において工業用機械等を取得した場合の法人税額の特別控除（措法42の9）

④　国家戦略特別区域において機械等を取得した場合の法人税額の特別控除（措法42の10）

⑤　国際戦略総合特別区域において機械等を取得した場合の法人税額の特別控除（措法42の11）

⑥　地域経済牽引事業の促進区域内において特定事業用機械等を取得した場合の法人税額の特別控除（措法42の11の2）

⑦　地方活力向上地域等において特定建物等を取得した場合の法人税額の特別控除（措法42の11の3）

⑧　地方活力向上地域等において雇用者の数が増加した場合の法人税額の特別控除（措法42の12）

⑨　認定地方公共団体の寄附活用事業に関連する寄附をした場合の法人税額の特別控除（措法42の12の2）

⑩　中小企業等が特定経営力向上設備等を取得した場合の法人税額の特別控除（措法42の12の4）

⑪　給与等の支給額が増加した場合の法人税額の特別控除（措法42の12の5）

⑫　認定特定高度情報通信技術活用設備を取得した場合の法人税額の特別控除（措法42の12の6）

⑬　事業適応設備を取得した場合等の法人税額の特別控除（措法42の12の7）

第　章

# 申告，納付，申告内容の是正等

## 第1 ● 申　　告

### (1)　中間申告と確定申告　〜大法人の電子申告義務化〜

　法人は，各事業年度終了の日の翌日から2か月以内に，税務署長に対し，確定した決算に基づき，各事業年度の所得に対する法人税の確定申告書を提出しなければならない。確定申告書には，その年度の貸借対照表，損益計算書，株主資本等変動計算書，勘定科目内訳明細書等を添付しなければならない（法法74，法規35）。また，事業年度が6か月を超える場合には，当該事業年度開始の日以後6か月を経過した日から2か月以内に税務署長に対し，中間納付をするために中間申告書を提出しなければならない（法法71①）。

　確定申告により納付すべき法人税額は，確定申告における所得に対する法人税額から中間申告の法人税額を控除したものである。なお，地方法人税，地方税である事業税，都道府県民税，および市町村民税についても法人税に準じて中間申告や確定申告が行われる。

　なお，2020年4月1日以後に開始する事業年度から，資本金の額等が1億円を超える法人（大法人），相互会社，投資法人および特定目的会社は，e-Tax（国税電子申告・納税システム）が義務化されている（法法75の4，82の7）。

### (2)　申告期限の延長

　確定申告は法定申告期限までに行われなければならないが，一定のやむを得ない事情により期限内申告ができない場合も考えられる。そこで，国税通則法

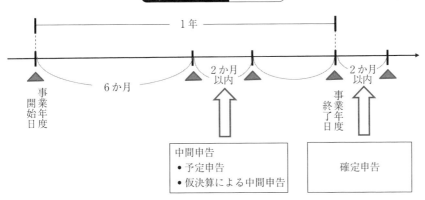

図表 I － 5 － 1　申告期限

(注 1)　中間申告は，次のいずれかの方法による。
　　1．予定申告（前期実績基準による中間申告）
　　　前事業年度に確定した法人税額の 2 分の 1 を納付する。ただし，中間納付額が10万円以下の場合は中間申告の必要はない。
　　2．仮決算による中間申告
　　　普通法人は，前期実績基準による中間申告に代えてその事業年度の開始日以後 6 か月の期間を 1 事業年度とみなしてその期間に係る課税標準である所得金額または欠損金額を計算し，それに対する法人税額を算出して中間申告を行うことができる（法法72①）。
(注 2)　法定申告期限内に行われる申告のことを期限内申告という。なお，法人は提出期限後においても決定処分があるまでは申告書を税務署長に提出することができる（期限後申告）。期限後申告の場合，未納の税額に対して延滞税（年14.6％，納期限の翌日から 2 か月を経過する日までは7.3％）が課される。

と法人税法では，次のような場合に確定申告期限の延長を認めている。

## ①　国税通則法による申告期限の延長

　災害その他やむを得ない理由により，国税に関する法律に基づく申告，申請，請求，届出その他書類の提出，納付または徴収に関する期限までにこれらの行為をすることができないと認めるときは，政令で定めるところにより，その理由のやんだ日から 2 か月以内に限り，当該期限を延長することができる（国通法11）。この場合，延長期間に対し利子税は課されない。

## ②　法人税法による申告期限の延長

### ㋐　災害等による期限延長

　災害その他やむを得ない理由により決算が確定しないときは，国税通則法11

条の規定により提出期限が延長された場合を除き，納税地の所轄税務署長は，その内国法人の申請に基づき，期日を指定してその提出期限を延長することができる（法法75）。ただし，延長が認められる場合であっても，納付すべき税額については延長期間に対し利子税（年7.3％）が課される（法法75⑦）。

#### (イ)　確定申告書の提出期限の延長の特例

内国法人が，定款等の定めにより，または当該内国法人に特別の事情があることにより，当該事業年度以後の各事業年度終了の日の翌日から2か月以内に当該各事業年度の決算についての定時総会が招集されない常況にあると認められる場合には，納税地の所轄税務署長は，その内国法人の申請に基づき，当該事業年度以後の各事業年度の当該申告書の提出期限を1か月間延長することができる（法法75の2）。また，会計監査人設置会社が事業年度終了後3か月を超えて株主総会日を設定する場合には，最大で4か月間（事業年度終了後6か月）の延長が認められている。この場合，3月期決算法人は株主総会後の9月末まで法人税の申告を延長することができる（法法75の2①）。

いずれの場合も，納付期限は延長されないため延長期間については利子税（年7.3％）が課される。

---

### COLUMN㊺　改正電帳法施行はデジタル化への分岐点

2022年1月1日に改正電子帳簿保存法（改正電帳法）が施行されました。電磁的記録による保存は，①電子帳簿等保存（電子的に作成した帳簿・書類をデータのまま保存），②スキャナ保存（紙で受領・作成した書類を画像データで保存），③電子取引（電子的に授受した取引情報をデータで保存）の3つに分かれますが，これまで求められていた税務署長の事前承認制度が廃止され，スキャナ保存のタイムスタンプ要件や検索要件等が緩和されるなど抜本的な見直しが行われています。

その中で物議を醸したのが電子取引のデータ保存。従来はデータ保存を原則としながら紙媒体による保存も認められていましたが，改正電帳法ではデータ保存のみです。これに経理関係者は"大混乱"。データで受領したもの全てに「日付」「取引金額」「取引先」の3項目での検索が必須となり，事務負担の増加が避けられないからです。こうした事情から，電子データの保存義務には2年間（2023年12月31日まで）の猶予期間が設けられました。

---

### (3)　青色申告制度

青色申告制度とは，納税地の所轄税務署長に青色申告の申請書を提出し予め

承認を受けること（法法122），法定帳簿を備え付けて取引を開始しかつ保存することの２つを要件に認められるもので，シャウプ勧告を受けた1950（昭和25）年度改正により創設された（法法121〜128）。

同制度は，納税者に正しい記帳を促すため，正確な帳簿組織に基づいて行われる申告を他の場合（白色申告）と区別し，一定の特典を与えている。手続き面においては，青色申告に対する更正処分は当該納税者の帳簿書類を調査し，それらに誤りがある場合に限って行うことができ（法法130①），推計課税は許されず（法法131），更正処分には理由を附記しなければならない（法法130①）。また，欠損金の繰越し（法法57），欠損金の繰戻還付（法法80），法人税額の特別控除（措法42の４〜42の12の７），各種特別償却（措法42の５〜48），各種準備金の損金算入（措法55〜61の２）などが認められている。

なお，青色申告法人に，帳簿書類の備え付けが行われていない等の事実があると認められる場合には，その該当することとなった事業年度まで遡及して青色申告の承認が取り消される（法法127）。

## 第2 ● 納付および還付

### (1)　納付・納付の猶予

租税の納付手続き一般については国税通則法に規定されており，国税を納付しようとする者は，その税額に相当する金銭に納付書を添えて，これを日本銀行（国税の収納を行う代理店を含む），郵便局またはその国税の収納を行う税務署の職員に納付しなければならない（国通法34①）。なお，口座振替による納付も認められている（国通法34の２）。

納付期限については，申告書の提出期限と同じくするものと定められており，確定申告による法人税の納付については確定申告書の提出期限までに（法法77），中間申告についても中間申告書の提出期限までに納付しなければならない（法法76）。納付されないときには，納税の告知（国通法36）および督促（国通法37）の手続きを経て，滞納処分（差押え➡換価➡配当）が行われる。

なお，一時に納付をすることにより事業の継続や生活が困難となるときや，災害で財産を損失した場合などの特定の事情があるときは，税務署に申請する

ことで, 最大1年間, 納付が猶予される (国通法46)。

## (2) 還 付

還付とは, いったん適正に納められた税額が戻ってくることをいうが, 法人税法の規定で, 次の3つの場合が定められている。

### ① 所得税額等の還付 (法法78)

確定申告書の提出があった場合において, 法人税額から控除できなかった所得税額および外国法人税額があるときは, その部分につき過納となっているため当該金額が還付される。この場合, 確定申告書の提出期限の翌日から還付の支払決定日までの期間に応じて年7.3%の割合 (「特例基準割合 (短期貸付けの平均利率+1%)」が7.3%未満のときはその特例基準割合) で計算した還付加算金が加算される (国通法58, 措法93, 95)。

### ② 中間納付額の還付 (法法79)

中間申告書を提出した法人が, その中間申告に係る事業年度の確定申告書を提出した場合において, 中間申告により納付した法人税額が確定申告書による法人税額を超えるときは, その金額に相当する中間納付額が還付される。この場合, 中間納付額のうち還付する部分につき納付した延滞税および利子税があるときはあわせて還付される。

### ③ 欠損金の繰戻しによる還付

▷ ☞第Ⅰ部第4章第1(5)

## 第3 ● 申告内容の是正

申告内容を是正する場合には, 納税者からは「修正申告」と「更正の請求」が, また, 課税庁からは「更正 (再更正を含む)」と「決定」がある (図表Ⅰ-5-2参照)。

## ⑴　修正申告と更正の請求　～納税者からのアプローチ～

### ①　修正申告

納税申告書を提出した者は，1．申告書に記載した税額に不足額があるとき，2．申告書に記載した純損失等の金額が過大であるとき，3．申告書に記載した還付金の額に相当する税額が過大であるとき，4．申告書に納付すべき税額を記載しなかったときには，その申告に係る課税標準等または税額等を修正する申告書を税務署長に提出することができる。

修正申告は自己に不利益となるよう是正する手続きであり，税務署長による更正があるまで行うことができる（国通法19①）。

### ②　更正の請求

納税申告書を提出した者は，1．申告書の提出により納付すべき税額が過大であるとき，2．申告書に記載した純損失等の金額が過少であるとき，または当該申告書に純損失等の金額の記載がなかったとき，3．申告書に記載した還付金の額に相当する税額が過少であるとき，または当該申告書に還付金の額に相当する税額の記載がなかったときには，税務署長に対し，その申告に係る課税標準等または税額等につき更正をすべき旨の請求をすることができる。ただし，確定した決算による処理が要求されている項目は，その処理を原因として過大な申告になっても更正の請求はできない。損金経理をする意思があったにもかかわらず失念した場合や誤って過少計上した場合がこれにあたる。

更正の請求は自己に利益となるように是正する手続きであり，当該申告書に係る国税の法定申告期限から5年以内（上記2．のうち法人税に係る場合は10

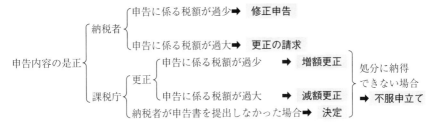

**図表Ⅰ－5－2　申告内容是正のアプローチ**

年）に限り行うことができる（国通法23）。

## (2)　更正・決定等　～課税庁からのアプローチ～

### ①　更　正

　税務署長は，納税申告書の提出があった場合，その納税申告書に記載された課税標準等または税額等の計算が国税に関する法律の規定に従っていなかったとき，その他当該課税標準等または税額等がその調査したところと異なるときは，当該申告書に係る課税標準等または税額等を更正する（国通法24）。

　青色申告法人に係る更正は，法人の帳簿書類を調査し，その更正に係る更正通知書にその“更正の理由を付記”しなければならない（法法130）。

　▷　青色申告の特典について詳しく（☞第Ⅰ部第5章第1(3)）

### ②　決　定

　税務署長は，納税申告書を提出する義務があると認められる者が当該申告書を提出しなかった場合には，その調査により，当該申告書に係る課税標準等および税額等を決定する。ただし，決定により納付すべき税額および還付金の額に相当する税額が生じないときは，この限りでない（国通法25）。

### ③　再更正

　税務署長は，更正または決定をしたあと，課税標準等または税額等が過大または過少であることを知ったときは，その調査によってその更正または決定に係る課税標準等または税額等を再度更正する（国通法26）。

## 第4 ● 不服申立てと訴訟　～審査請求前置主義～

　納税者が税務当局のした更正，決定等の処分に不満がある場合には，税務署長等に対し「再調査の請求」をするか，国税不服審判所長に対し直接審査請求をするかのどちらかを選択できることとなっている。この審査請求にかかる裁決になお不満がある場合，最終的に「訴訟」となる（審査請求前置主義，国通法115）。再調査の請求や審査請求によって解決すれば結果的には迅速な解決になり，裁判所での事務量の軽減に資することとなる。また，課税庁側も処分の見

直しをする機会を与えられることによって，反省の材料を得ることができる。

　判決は，却下（提訴期間徒過など訴訟要件を具備していないとき），棄却（請求を認めない），原処分の一部または全部取消（請求容認）がある。第一審（地方裁判所）の判決について不服のある当事者はいずれも，管轄高等裁判所への控訴およびその判決に対する最高裁判所への上訴が認められている。なお，わが国では，合法性の原則への配慮から裁判上の「和解」は行われていない。裁判実務上，裁判外で課税庁が行政処分を取り消し，原告が自発的に訴えを取り下げるという形で紛争を終了させるという処理（事実上の和解）が行われることがあるが，その絶対数は多くないといえる。

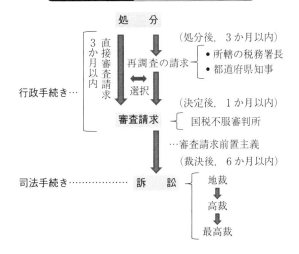

**図表Ⅰ-5-3　不服申立手続きの流れ**

---

**COLUMN㊻　石橋をたたいてわたる !?**

　2022（令和4）年度の租税争訟の処理済件数は，再調査の請求1,371件（うち請求認容件数63件：4.6％），審査請求3,159件（うち認容件数225件：7.1％），国側を被告とした訴訟終結件数186件（うち納税者勝訴件数10件：5.4％）となっています（国税庁長官官房企画課『税務統計』）。特に訴訟では，国税庁が圧倒的な勝訴率になっていますが，これについては自らに有利な事件を選別して争っている可能性も各所で指摘されています。

　なお，上記の件数はそれぞれ前年度比14％増，38％増，7％減となっています。

# 第Ⅱ部

# 国内税制の整備

### 学習の動機づけ

　わが国の普通法人数を知っていますか。何と約275万社です。しかも，そのうち大法人（資本金１億円超）が占める割合は1.1％（約３万社）にすぎません。ほとんどが中小法人で，実態が個人企業と異ならないケースも多々あります。

　では，これら中小法人に対してどのような課税を行えばよいでしょうか。これは悩ましい問題です。そこには，個人企業との税負担の調整と，大法人との税負担の調整という，２つの反対方向の力が作用しているからです。中小法人の実態が個人企業と異ならないという前提に立つならば，前者が優先されるべきです。また，その場合には，中小法人に対し個人類似の課税方式（所得を法人の構成員数で按分して所得税を課す）を採用することが正しい思考の道筋といえるでしょう。これはパススルー課税とよばれ，主要国では一般的です。対照的に，わが国では一貫して，中小法人を法人課税の枠組みに取り込んだ上で課税関係を構築してきました。同族会社の留保金課税がこれにあたります。

　変わらぬ税制がある一方で，国内税制の整備は着々と進んでいます。長きにわたり，わが国では会計基準と税法規定とをできる限り一致させ，両者の差異を最小にする方向での調整が行われてきました。しかし，このような国内的調整を重視する方式は，経済および企業のグローバル化のなかで転換を余儀なくされます。わが国産業の国際競争力が維持され，企業活力が発揮できるよう，産業間・企業間で中立的で経済活動に対する歪みを少なくするという観点から，法人課税小委員会報告（税制調査会・法人課税小委員会（1996））で課税ベースの拡大と税率の引下げが提言されました。

　これを受けて，1998（平成10）年度以降の税制改正において各種引当金の廃止や減価償却制度の見直し等が逐次実現されました。その後も制度改革は進み，組織再編税制（2001年），連結納税制度（2002年）およびグループ法人税制（2010年）といった新たな制度が次々と創設されています。最近では2020（令和２）年度税制改正により，2022年３月期をもって連結納税制度が完全に廃止され，2022年４月１日開始事業年度からグループ通算制度に移行しました。これにより同制度の適用を受ける企業グループの経理税務業務は大きな変革期を迎えることになります。

第　章

# 同族会社課税

## 第1 ● 同族会社に対する特別な取扱い

　「同族会社」（法法 2 十）は，形式上，法人であるが，その多くは個人的色彩
が濃く，家族経営のように少数の株主等によって実質的にその会社が支配され
ていることから，「租税負担の公平」を確保し，「租税回避を防止する」ために，
特別な規定が設けられている。会社法には同族会社という形態はないが，法人
税法では，株主と会社の間にある実質的な支配関係に着目して，一定の要件に
該当する会社を同族会社とし，このファミリー的経営色が濃い同族会社に対し
て，本章で解説する課税上の特別規定を 3 つ設けている。

## 第2 ● 同族会社の判定

　同族会社とは，会社の株主等（会社が自己株式（出資）を有する場合のその会
社を除く。）の 3 人以下ならびにこれらと特殊の関係にある個人・法人（同族関
係者）が発行済株式または出資の総額（会社が保有する自己株式（出資）を除
く。）の50％超を保有している場合その他一定の場合におけるその会社をいう。
　この，株式数等の50％超保有という形式にとどまらず，その他一定の場合と
は，議決権制限株式の発行等の事実や社員の総数に占める数等の要素も判断材
料に加えて，実質的な観点からみて同族会社に該当するよう規定が整えられて
いる（図表Ⅱ-1-1参照）。

**図表Ⅱ－1－1　同族会社の判定（所有基準）**

| 区　分 | 内　容 |
|---|---|
| (1)　株式数等による判定（法法2十） | 株主等の3人以下ならびにこれらの株主と特殊関係にある個人および法人（注）が，その会社の発行済株式数または出資金額の50％超を有する場合（持株基準） |
| (2)　議決権の数による判定（法令4⑤） | 株主等の3人以下とその同族関係者が，重要な議決権の総数の50％超を有する場合（割合基準） |
| (3)　社員の数による判定（法令4⑤） | 合名会社・合資会社または合同会社の社員の3人以下とその同族関係者の合計人数が，その会社の社員の総数の半数超を占める場合（員数割合基準） |

(注)　特殊関係にある個人および法人（同族関係者）とは，次の個人・法人を含む（法令4①②）。
　　①　株主等の親族（配偶者，6親等内の血族，3親等内の姻族）
　　②　株主等と内縁関係にある者
　　③　個人株主等の使用人
　　④　①～③以外の者で，個人株主等から受ける金銭等によって生計を維持しているもの
　　⑤　②～④の者と生計を一にしているこれらの者の親族
　　⑥　株主等の1人（個人株主等の場合は①～⑤の者を含む。以下，同じ。）で支配（持株基準・割合基準・員数割合基準のいずれかに該当）している他の会社
　　⑦　株主等の1人と⑥の会社とで支配している他の会社
　　⑧　株主等の1人と⑥および⑦の会社とで支配している他の会社……同一の個人・法人と上記⑥～⑧の特殊関係にある2以上の会社が，同族会社の判定の対象会社の株主等である場合には，その2以上の会社は，相互に特殊の関係にある会社とみなされることとなる（法令4④）。

# 第3 ● 同族会社に対する特別規定

　同族会社に対して特別に配慮される課税上の規定は多々あるが，本章では，第3で(1)行為・計算の否認，(2)役員および使用人兼務役員の範囲，第4で留保金課税を取り上げる。

## (1)　同族会社の行為・計算の否認

　個人色や家族色が濃い同族会社にあっては，会社内部の決め事や取引が勝手放題になりがちであるため，形式的には適法であっても，同族会社の行為または計算によって，それを認めると租税負担を不当に減少させる結果となる場合には，会社の処理を認めず，正常な場合に考えられる処理があったものとして税額が税務当局によって再計算される（法法132）。たとえば，資産の高価買入れあるいは低額譲渡，過大な給与の支払いなどがあった場合，通常の行為・計

算に引き直して課税がされることとなる。

　しかし，租税回避をするという逋脱の当事者の意思や，否認の対象（税額の引き直しが行われる）となる行為・計算の内容，さらに「不当」という不確定概念等については，解釈上，租税法律主義という税法の基本的な考え方と緊張関係にあることに留意が必要である。

### (2)　役員や使用人兼務役員の範囲の拡縮

　同族会社の使用人について特定の要件を満たす場合には，役員とする（法法2十五，法令7二，71①五，法基通9－2－7）。また，同族会社の「使用人兼務役員」として職制上の地位にあっても同様の要件を満たす者を役員とみなしている（法法34⑥，法令71）。

　前者は，同族会社の役員の範囲を細かく規定して損金不算入を免れる余地をなくすこと，後者は，実質は同族会社の役員であるのに「使用人兼務」とし，使用人分給与を損金算入することによって，会社と役員を通じ全体で租税負担の不当な軽減を図ろうとすることに対抗するため，個別的に設けられた規定である（☞第Ⅰ部第3章第6）。

## 第4 ● 特定同族会社の特別税率（留保金課税）

### (1)　留保金の特別課税

　個人色や家族色が濃い同族会社にあっては，個人・家族株主が自己の所得税の超過累進税率による租税負担を回避するため，剰余金の分配の時期を遅らせたり，極端な場合，全く剰余金の分配を行わないか，分配をしても極めて少額の額しか配当しないとすることによって，剰余金を“内部に留保する”傾向がみられる。

　このため，法人税法では，さらに「特定同族会社」という範疇を設けて，特定同族会社に該当する会社が一定限度を超えて所得を留保した場合には，通常の法人税額に加え，その超過した留保金額に対して特別税率を適用して課税がされる（法法67①）。

　要するに，一度課税済みの利益（内部留保）とはいえ，経営に際し必要水準

以上の留保があると認められる場合には，個人や非同族会社との税負担の公平を図るため，過剰な「留保金額」部分があればそこに特別税率を適用して重課するのである。所得税（たとえば，配当所得課税）では税を捕捉しづらいため，その一歩手前の法人税の段階で課税をするという所得課税の代替的な機能と捉えることもできる。このため，後でみるとおり，特別税率は所得税を模した超過累進税率構造（現行，3段階）をもつ。

### (2)　特定同族会社の判定

「特定同族会社」とは，株主等の1人と同族関係者の所有割合が50％を超えている会社（被支配会社）で，被支配会社であることについて判定の基礎となった株主等のうちに被支配会社でない法人がある場合には，その法人を除外して判定してもなお被支配会社となるものをいう（法法67②，法令139の7②③）。

　要は，図表Ⅱ－1－1（同族会社の判定（所有基準））でみた(1)～(3)のいずれかの要件を3株主グループで満たすのが同族会社であり，1株主グループで満たすとさらに同族会社の度合が高い特定同族会社に該当し，留保金課税の適用対象となる（図表Ⅱ－1－2参照）。

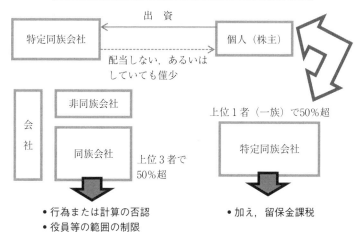

**図表Ⅱ－1－2　留保金課税と特定同族会社の関係**

### (3)　判定上の留意点

　特定同族会社の判定には，「…判定の基礎となった株主等のうち被支配会社でない法人がある場合には，その法人を除外して判定してもなお被支配会社となるものをいう」とあり，判定上，株主等が被支配会社であるか否かに留意が必要である。この判定要素も考慮に入れ，特定同族会社の判定を行う必要がある（以下，％表示は持株割合を表すものとする）。

**例1**　被支配会社である法人の場合

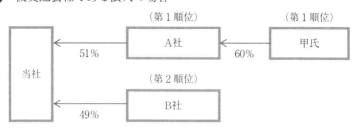

- A社は，甲氏に過半数の株式（60％）を所有されているため，被支配会社に該当する（甲氏1人でA社株式の60％を所有する第1順位株主）。
- 当社は，被支配会社A社に過半数の株式（51％）を所有されているため，特定同族会社となる（A社1社が当社株式の51％を所有する第1順位株主会社）。

**例2**　被支配会社でない法人の場合

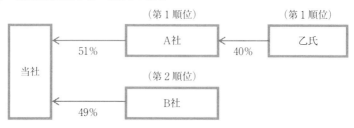

- A社は，乙氏に40％支配されているが，乙氏がA社の第1順位である以上他の株主を考慮しても（他の1人に50％超支配されていないので），A社は被支配会社に該当しない。
- 当社は，A社を除外して第2順位のB社を考慮しても過半数に達しない（49％），すなわち，B社も被支配会社でないため，当社は特定同族会社とならない。

また，50％超基準を複合して考慮する場合がある。

**例3**　議決権割合の考慮

　当社の株主はA社（被支配会社でない）とB社（被支配会社とする）である。以下のように持株と議決権の支配の割合が異なっており条件が競合している。

|  | 持株割合 | 議決権割合 |
|---|---|---|
| A社 | 70％ | 40％ |
| B社 | 30％ | 60％ |

　この場合の判定は，まず，被支配会社でないA社を除いて，B社を考慮することとなる。B社では，持株割合30％であるが，議決権割合は60％である。大きい議決権割合60％が採用される（60％＞50％。納税者不利判定）ので，当社は特定同族会社となる。

## (4) 中小法人の取扱い

　この留保金課税は，中小企業対策のため，2007年4月1日以後開始事業年度から資本金1億円以下の中小法人には，特例により適用がされない。ただし，複数の完全支配関係がある資本金5億円以上の大会社の100％子会社である等一定に該当する場合には非中小法人とされ，中小法人の特例は適用されない。したがって，このような非中小法人に対しては，留保金課税が適用されない特例が打ち消されて，留保金課税が適用される（☞第Ⅱ部第3章第6）。

**例4**　100％親会社が大会社の場合における中小会社の適用判定

　大会社であるA社が100％親会社に該当するため，以下のように，B社が資本金1億円以下の中小会社であっても，B社に留保金課税が適用される。

　また，判定の基礎となった株主等が被支配会社であるか否かも考慮するため，100％親会社がさらに被支配会社か否かを判断する必要がある。

**例5**　100％親会社A社が大会社であり，一の株主によって支配される「被支配会社」でもある。**例4**と同様に，B子会社は中小会社でも留保金課税が適用される特定同族会社に該当する。

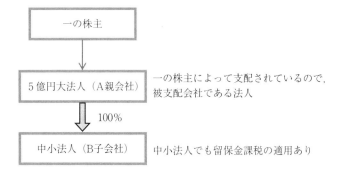

**例6**　100％親会社A社が大会社であるが，被支配会社と判定されない法人（…これを除くと被支配会社とならない）ため，B社は「特定同族会社」に該当せず留保金課税の適用がない。

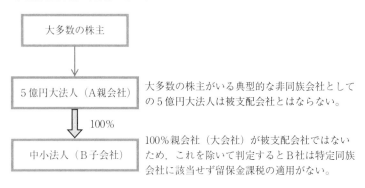

## 第5 ● 留保金課税の計算

　特定同族会社の留保金額が一定の許容額（留保控除額）を超える場合に，各事業年度の所得に対する課税に加えて，特別税率による留保金課税が行われることとなる。

## (1)　特定同族会社の特別税率

同族会社の留保金額に対する特別税率は，**図表Ⅱ－1－3**のとおりであり（法法67①），一定税率ではなく金額帯に応じた超過累進税率が用いられる。なお，課税留保金額とは，留保金額から留保控除額を差し引いた金額である。

### 図表Ⅱ－1－3　留保金課税の特別税率

| 課　税　留　保　金　額 | 特別税率 |
|---|---|
| 年3,000万円以下の金額 | 10% |
| 年3,000万円を超え，年1億円以下の部分 | 15% |
| 年1億円を超える部分 | 20% |

(注)　「年3,000万円」または「年1億円」の金額は，事業年度が1年未満の場合には，それぞれの金額に「当期の月数／12」を乗じて月数按分する。この場合，1か月未満の端数は切り上げる。

## (2)　特定同族会社の課税留保金額と特別税額の計算

課税対象となる留保金額を求める上で，当期留保金額は，次により計算される。

留保所得等 － その事業年度の所得に対する法人税額，地方法人税額，道府県民税額および市町村民税額（都民税額を含む。）＝ 当期留保金額

つまり，第1項の留保所得等の金額は，申告書の「別表四　所得の金額の計算に関する明細書」の「当期の所得」（留保欄含む。）において計算され，そこから近い将来に社外流出する第2項の諸公租を控除して，当期留保金額を算出するのである。

次いで，当期に具体的に留保した金額である当期留保金額から，企業を維持するために必要と認められる留保利益水準にあたる留保控除額を差し引いた残りの金額が，必要以上の留保利益，すなわち，「課税留保金額」（特別税率の被乗数）として求まる。

留保控除金額は，**図表Ⅱ－1－4**の3つのうちもっとも多い金額であり（法法67⑤），この水準が必要と認められる適正（最低水準）の留保金額とされるものである。

### 図表Ⅱ－1－4　留保金課税の留保控除額

| 法法67⑤ | 内　容 | 趣　旨 |
|---|---|---|
| （第1項）所得基準額 | （別表四所得金額+課税外収入項目）×40% | 非同族会社の平均的内部留保額。会社維持のため合理的水準と考えられ，超過累進税率適用の回避にはあたらないとする。 |
| （第2項）定額基準額 | 年2,000万円（月数按分。半年決算の会社の場合は1,000万円） | 個人事業所得者との課税の均衡を図るため（金額は同族会社等に係る統計データによる）。 |
| （第3項）積立金基準額 | 資本金×25%－期末利益積立金額（当期の所得等に係る部分の金額を除く。(注)） | 会社法上の資本充実規定（資本金の4分の1に達する金額まで準備金を積み立てる）に由来。 |

（注）　期末資本金額は，過去の事業年度の所得のうち留保している金額の合計額（期首現在利益積立金と通常は同額）である。したがって，前期分法人税および法人住民税として納めるべき金額は含まれない。また，当期中に配当を行った金額，前期以前の償却超過額や引当金の繰入限度超過額などの当期認容額もこの積立基準額の計算には関係させない（法基通16－1－6）。

**例7**　留保金額が200,000,000円，留保控除額が80,000,000円である場合の留保金課税の特別税率に基づく特別税額は，以下のとおりとなる。

1）　200,000,000円－80,000,000円＝120,000,000円…課税留保金額
2）　(イ)　30,000,000円×10%＝3,000,000円
　　(ロ)　（100,000,000円－30,000,000円）×15%＝10,500,000円
　　(ハ)　（120,000,000円－100,000,000円）×20%＝4,000,000円
　　(ニ)　(イ)＋(ロ)＋(ハ)＝17,500,000円…特別税額

### (3)　当期留保金額の計算と別表四との関係

上記(1)，(2)の内容を図解すると，以下のとおりである。

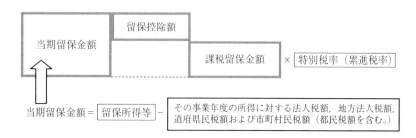

この留保所得等の金額は，申告書の「別表四　所得の金額の計算に関する明細書」の留保欄において計算され，次の算式による。

留保所得等の金額 ＝別表四「所得金額」の額＋課税外収入項目
－社外流出項目

計算プロセスは，図表Ⅱ－1－5のとおりである。

**図表Ⅱ－1－5 留保所得等の金額～当期留保金額の計算構造**

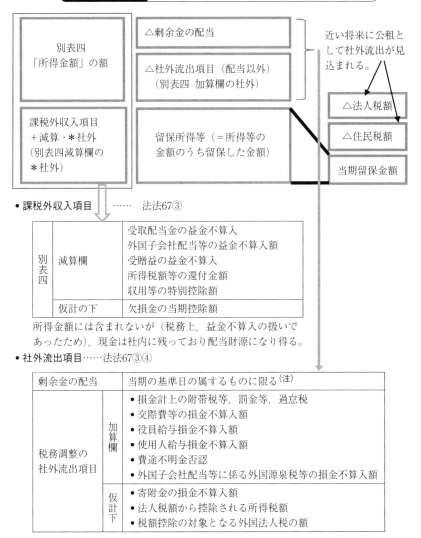

• **課税外収入項目** …… 法法67③

| 別表四 | 減算欄 | 受取配当金の益金不算入 |
| | | 外国子会社配当等の益金不算入額 |
| | | 受贈益の益金不算入 |
| | | 所得税額等の還付金額 |
| | | 収用等の特別控除額 |
| | 仮計の下 | 欠損金の当期控除額 |

所得金額には含まれないが（税務上，益金不算入の扱いで
あったため），現金は社内に残っており配当財源になり得る。

• **社外流出項目** …… 法法67③④

| 剰余金の配当 | | 当期の基準日の属するものに限る<sup>(注)</sup> |
| 税務調整の<br>社外流出項目 | 加算欄 | • 損金計上の附帯税等，罰金等，過怠税<br>• 交際費等の損金不算入額<br>• 役員給与損金不算入額<br>• 使用人給与損金不算入額<br>• 費途不明金否認<br>• 外国子会社配当等に係る外国源泉税等の損金不算入額 |
| | 仮計下 | • 寄附金の損金不算入額<br>• 法人税額から控除される所得税額<br>• 税額控除の対象となる外国法人税の額 |

所得金額には含まれているが（税務上，損金不算入の扱いであったため），現金は社外に流出しているので配当財源とはなり得ない。

（注）　剰余金の配当とその判定時期については，以下に留意する。

　　　　9期（前期），10期（当期），11期（翌期）として，当期10期の留保所得等の計算上，「社外流出項目」としてマイナスする剰余金は，時点Bの3,000（当期利益に基因）。

　　　　時点Aの2,000については，当期10期の決算において当期純利益のうち2,000を処分（社外流出）に計上済みである。

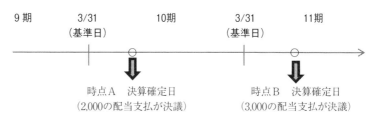

9期　　　3/31　　　　　10期　　　　　　3/31　　　　11期
　　　　（基準日）　　　　　　　　　　　（基準日）

時点A　決算確定日　　　　　　　時点B　決算確定日
（2,000の配当支払が決議）　　　（3,000の配当支払が決議）

　なお，留保控除額・積立金基準（法法67⑤三）で用いる剰余金は，Aの2,000（直近の実績額としての前期末配当金）である。

### 設例Ⅱ－1－1

　「剰余金の配当」の数値が上記（注）のようであったとき（時点A2,000，時点B3,000）の第10期の別表四が以下である場合の留保所得を計算する。

### 図表Ⅱ－1－6　別表四（第10期における一部）

（単位：千円）

| 区　分 | | 総　額 | 処　分 | |
|---|---|---|---|---|
| | | | 留　保 | 社外流出 |
| 当期純利益 | | 8,000 | 6,000 | 2,000 |
| 加算 | 交際費等の損金不算入額 | 500 | － | 500 |
| | 減価償却超過額 | 300 | 300 | － |
| 減算 | 受取配当等の益金不算入額 | 200 | － | 200 |
| | 貸倒引当金繰入超過額認容 | 400 | 400 | － |
| 仮　計 | | 8,200 | 5,900 | 2,300 |
| 法人税額から控除される所得税額等 | | 100 | － | 100 |
| 所得金額 | | 8,300 | 5,900 | 2,400 |

＜計算過程＞

（その1）「所得金額」＋「減算・＊社外」－（「株主配当」＋「社外流出項目」）から，

　　　総　額　　　　　　　　8,300
　＋受取配当益金不算入　　　　200
　△配当社外流出　　　　　3,000（翌期決議でも当期所得に係る…Bの3,000）

```
△交際費損金不算入        500
△法人税額から控除
  される所得税額等        100
    差引合計額          4,900
```

（その2）留保欄の合計を直接利用する別法によっても，

5,900＋2000（前期末配当…前期所得に係るためAの2,000）－配当社外3,000

＝4,900…同じ結果を得る。

　別表四「当期純利益」の社外流出欄には当期10期に支払効力が発生した配当金が記入される。表の構造上，留保欄最終値5,900から2,000が除かれるため，留保所得計算上は2,000を加算することとなる。

---

**COLUMN⑰　よもやよもや…，「みなし法人課税制度」**

　中小法人の税負担をどうするかは古くて新しい難問です。というのも，そこには個人企業との税負担の調整と，大法人との税負担の調整という，2つの反対方向の力が作用しているからです。片方を重視すれば，もう片方とのバランスは当然崩れます，うーん，悩ましいですね。この場合，わが国法人企業の実態（法人成りの傾向が著しく，個人企業と実質が異ならない法人が多い）に鑑みて個人企業との調整を優先し，その上で中小法人に対し個人類似の課税（所得を構成員数で按分して所得税を課す：パススルー課税）を行うのが正しい思考の道筋だといえます。

　しかし，わが国が採った方法は…，個人に対する法人類似課税。これは「みなし法人課税制度」（旧措法25の2）と呼ばれ，青色申告者で不動産所得または事業所得を生ずべき事業を営む者に選択が認められていました（1973〜1992年）。個人企業とのバランスを選んだところまでは正解でしたが，その解決の方向は逆だったといえるでしょう。

第**2**章

# グループ通算制度

## 第1 ● グループ通算制度の概要

### (1)　導入の背景

　グループ通算制度の前身である連結納税制度は，企業の組織再編成を促進し，わが国の企業の国際競争力の維持・強化と経済の構造改革に資することになるとの考えに基づき，2002（平成14）年度に導入された制度である。連結納税制度は，企業グループ内の事業再編を後押しするなど，企業グループの一体的経営を進展させ，競争力を強化するなかで有効に活用されてきた。その一方，連結納税制度下での所得計算および税額計算は煩雑で，事務負担が大きいといった指摘もあり，企業グループ内の損益通算等のメリットがあるにもかかわらず，本制度を選択していない企業グループは多く存在していた。

　そうした背景から，企業グループ全体を1つの納税単位とする連結納税制度に代えて，企業グループ内の各法人を納税単位として，各法人が個別に法人税額の計算および申告を行いつつ，損益通算等の調整を行う簡素なしくみとするグループ通算制度が創設され，2022（令和4）年4月1日以後に開始する事業年度から適用されている。

　グループ通算制度の適用は，連結納税制度と同様，納税者の選択によることとされ，損益通算等の適用を受けるための承認（通算承認）を受けることが必要とされている。

## (2)　通算対象法人

　グループ通算制度の適用を受けようとする場合には，内国法人およびその内国法人との間にその内国法人による完全支配関係がある他の内国法人のすべてが国税庁長官の承認を受けなければならず，下記①の親法人および当該親法人との間に当該親法人による完全支配関係がある下記②の子法人に限られる（法法64の9①）。これらの関係を示したものが，**図表Ⅱ－2－1**である。

　当該国税庁長官の承認を受けた親法人を通算親法人，子法人を通算子法人といい（法法2十二の六の七，十二の七），通算親法人と通算子法人の間の完全支配関係または通算親法人との間に完全支配関係がある通算子法人の相互の関係を通算完全支配関係という（法法2十二の七の七）。

### ①　親法人

　内国法人である普通法人のうち，次のイ～チまでの法人，およびヘまたはトに類する一定の法人のいずれにも該当しない法人をいう。

イ　清算中の法人

ロ　普通法人（外国法人を除く。）または協同組合等との間に当該普通法人または協同組合等による完全支配関係がある法人

ハ　通算承認の取りやめの承認を受けた法人でその承認を受けた日の属する事業年度終了の日の翌日から同日以後5年を経過する日の属する事業年度終了の日までの期間を経過していないもの

ニ　青色申告の承認の取消通知を受けた法人でその通知を受けた日から同日以後5年を経過する日の属する事業年度終了の日までの期間を経過していないもの

ホ　青色申告の取りやめの届出書の提出をした法人でその届出書を提出した日から同日以後1年を経過する日の属する事業年度終了の日までの期間を経過していないもの

ヘ　投資法人

ト　特定目的会社

チ　その他一定の法人（普通法人以外の法人，破産手続き開始の決定を受けた法人等）

## ② 子法人

　親法人との間に当該親法人による完全支配関係のある他の内国法人のうち，上記①ハ〜チまでの法人以外の法人をいう。

### 図表Ⅱ-2-1 通算対象法人の範囲

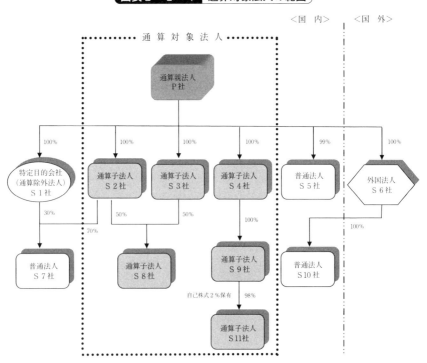

（出所）　国税庁「グループ通算制度に関するQ&A（令和2年6月）（令和2年8月，令和3年6月改
　　　　　訂，令和4年7月改訂）」6頁。

---

**COLUMN㊽　グループ通算制度導入で事務負担は増える！?**

　グループ通算制度導入の背景の1つに，連結納税制度下での事務負担が大きいことがあげられていました。ところが，新制度導入に関する企業や専門家の反応はというと…，「事務負担減が予想される（9.90％）」よりも，「事務負担増が予想される（22.00％）」が高くなっています（（公社）日本租税研究協会アンケート調査，2021年）。新制度への対応の準備もありこのような結果になっているとも考えられますが，叶うのであれば国税当局側のアンケート結果もみたいですね。

## 第2 ● グループ通算制度の申請と承認の効力等

### (1) グループ通算制度の承認申請

　親法人および子法人は，通算承認を受けようとする場合には，原則として，当該親法人のグループ通算制度の適用を受けようとする最初の事業年度開始の日の3月前の日までに，当該親法人および他の内国法人のすべての連名で，承認申請書を当該親法人の納税地の所轄税務署長を経由して，国税庁長官に提出しなければならない（法法64の9②）。

　なお，親法人のグループ通算制度の適用を受けようとする最初の事業年度が設立事業年度である場合には，当該設立事業年度の申請期限は，当該設立事業年度開始の日から1月を経過する日と当該設立事業年度終了の日から2月前の日とのいずれか早い日とし，また，当該設立事業年度の翌事業年度の申請期限は，その設立事業年度終了の日とその翌事業年度終了の日から2月前の日とのいずれか早い日とされている（法法64の9⑦⑧）。

### (2) 承認（みなし承認）

　承認申請書を提出した親法人に対して通算承認の処分があった場合には，子法人のすべてにつき，その通算承認があったものとみなされる（法法64の9④）。また，グループ通算制度の適用を受けようとする最初の事業年度の開始の日の前日までにその申請につき通算承認または却下の処分がなかったときは，親法人および子法人につき，その開始の日においてその通算承認があったものとみなされる（法法64の9⑤）。これらの場合において，通算承認は親法人および子法人のすべてにつき，グループ通算制度の適用を受けようとする最初の事業年度開始の日から，その効力を生ずる（法法64の9⑥）。

### (3) 承認申請の却下

　国税庁長官は，承認申請書の提出があった場合において，次のいずれかに該当する事実があるときは，その申請を却下することができる（法法64の9③）。

　①　通算予定法人（グループ通算制度の適用を受けようとする親法人または子法人）のいずれかがその申請を行っていないこと。

② その申請を行っている法人に通算予定法人以外の法人が含まれていること。

③ その申請を行っている通算予定法人につき，その備え付ける帳簿書類に取引の全部または一部を隠蔽し，または仮装して記載・記録していること，その他不実の記載または記録があると認められる等の一定の事由に該当する事実があること。

### (4) 中途加入の効力発生日

子法人が通算親法人との間に完全支配関係を有することとなった場合には，原則として，当該子法人については，当該完全支配関係を有することとなった日（加入日）において通算承認があったものとみなされ，同日からその効力が生ずる（法法64の9⑪）。

### (5) グループ通算制度の取りやめ

通算法人（通算親法人および通算子法人）は，やむを得ない事情があるときは，国税庁長官の承認を受けて，グループ通算制度の適用を受けることをやめることができ，その承認を受けた日の属する事業年度終了の日の翌日からその効力を失う（法法64の10①④）。なお，通算法人が青色申告の承認の取消しの通知を受けた場合，通算親法人の解散等の一定の事実が生じた場合においても，通算承認の効力を失うものとされている（法法64の10⑤⑥）。

### (6) 連結納税制度の承認を受けていた法人のみなし承認等

連結納税制度の承認を受けていた法人については，原則として，2022年4月1日以後最初に開始する事業年度の開始の日において，通算承認があったものとみなされ，同日からその効力が生ずる（令2改正法附則29①）。当該法人が青色申告の承認を受けていない場合には，同日において青色申告の承認があったものとみなされる（法法125②）。

また，連結法人は，その連結法人に係る連結親法人が2022年4月1日以後最初に開始する事業年度の開始の日の前日までに税務署長に届出書を提出することにより，グループ通算制度を適用しない法人となることができた（令2改正法附則29②）。

## ⑺　そ の 他

上記のほかにも，グループ通算制度への加入や離脱の前後でみなし事業年度を設ける等，グループ通算制度には数多くの調整規定が設けられている（法法14③〜⑧ほか）。

# 第3 ● 所得計算および法人税額の計算

第Ⅱ部第2章冒頭で説明したとおり，企業グループ全体を1つの納税単位とする連結納税制度とは異なり，グループ通算制度においては，その適用を受ける通算グループ内の各通算法人を納税単位として，当該通算法人が個別に法人税額の計算および申告を行う。

なお，グループ通算制度では，通算グループのうち，いずれか1社でも中小法人・中小企業者に該当しない法人がある場合には，通算グループ内のすべての法人について，中小法人・中小企業者の特例は適用されない。

## ⑴　損益通算

### ①　所得事業年度の損益通算による損金算入

通算法人の損益通算および欠損金の控除前の所得の金額（通算前所得金額）の生ずる事業年度（所得事業年度）終了の日（基準日）において，その通算法人との間に通算完全支配関係がある他の通算法人の基準日に終了する事業年度において損益通算前の欠損金額（通算前欠損金額）が生ずる場合には，その通算法人のその所得事業年度の通算対象欠損金額は，その所得事業年度において損金の額に算入される（法法64の5①）。

すなわち，通算グループ内の欠損法人の欠損金額の合計額が，所得法人の所得の金額の合計額を限度として，その所得法人の所得の金額の比で各所得法人に配分され，その配分された通算対象欠損金額が所得法人の損金の額に算入される。この通算対象欠損金額とは，次の算式により計算した金額をいう（法64の5②）。

《通算対象欠損金額の計算》

$$
\begin{array}{l}
\text{イ　他の通算法人の基準日に終} \\
\text{　了する事業年度において生ず} \\
\text{　る通算前欠損金額の合計額} \\
\text{　（イがハを超える場合には,} \\
\text{　ハの金額）}
\end{array}
\times
\dfrac{
\begin{array}{l}
\text{ロ　通算法人の所得事業年度の通算} \\
\text{　前所得金額}
\end{array}
}{
\begin{array}{l}
\text{ハ　通算法人の所得事業年度および} \\
\text{　他の通算法人の基準日に終了する} \\
\text{　事業年度の通算前所得金額の合計} \\
\text{　額}
\end{array}
}
$$

### ②　欠損事業年度の損益通算による益金算入

　通算法人の通算前欠損金額の生ずる事業年度（欠損事業年度）終了の日（基準日）において，その通算法人との間に通算完全支配関係がある他の通算法人の基準日に終了する事業年度において通算前所得金額が生ずる場合には，その通算法人のその欠損事業年度の通算対象所得金額は，その欠損事業年度において益金の額に算入される（法64の5③）。

　すなわち，上記①で所得法人において損金算入された金額の合計額と同額の所得の金額が，欠損法人の欠損金額の比で各欠損法人に配分され，その配分された通算対象所得金額が欠損法人の益金の額に算入される。この通算対象所得金額とは，次の算式により計算した金額をいう（法64の5④）。

《通算対象所得金額の計算》

$$
\begin{array}{l}
\text{イ　他の通算法人の基準日に終} \\
\text{　了する事業年度において生ず} \\
\text{　る通算前所得金額の合計額} \\
\text{　（イがハを超える場合には,} \\
\text{　ハの金額）}
\end{array}
\times
\dfrac{
\begin{array}{l}
\text{ロ　通算法人の所得事業年度の通算} \\
\text{　前欠損金額}
\end{array}
}{
\begin{array}{l}
\text{ハ　通算法人の欠損事業年度および} \\
\text{　他の通算法人の基準日に終了する} \\
\text{　事業年度の通算前欠損金額の合計} \\
\text{　額}
\end{array}
}
$$

**設例Ⅱ－2－1**　損益通算の計算（通算グループ内で所得金額が生ずる場合）

　通算親法人P社，通算子法人S1社，S2社およびS3社の損益通算後の所得金額または欠損金額を計算しなさい。通算前所得金額および通算前欠損金額は次のとおりとする。

　P社　800,000円　　S1社 200,000円　　S2社 △300,000円　　S3社 △200,000円

（単位：円）

| | 通算親法人 | 通算子法人 | | | 合　計 |
|---|---|---|---|---|---|
| | P社 | S1社 | S2社 | S3社 | |
| 所得金額 | 800,000 | 200,000 | − | − | 1,000,000 |
| 欠損金額 | − | − | △300,000 | △200,000 | △500,000 |
| 損益通算 損金算入 | ※1 △400,000 | ※2 △100,000 | | | △500,000 |
| 損益通算 益金算入 | | | ※3 300,000 | ※4 200,000 | 500,000 |
| 損益通算後 | 400,000 | 100,000 | 0 | 0 | 500,000 |

※1　$500,000 \times \dfrac{800,000}{1,000,000} = 400,000$　　※2　$500,000 \times \dfrac{200,000}{1,000,000} = 100,000$

※3　$500,000 \times \dfrac{300,000}{500,000} = 300,000$　　※4　$500,000 \times \dfrac{200,000}{500,000} = 200,000$

**設例Ⅱ−2−2**　損益通算の計算（通算グループ内で欠損金額が生ずる場合）

通算親法人P社，通算子法人S1社，S2社およびS3社の損益通算後の所得金額または欠損金額を計算しなさい。通算前所得金額および通算前欠損金額は次のとおりとする。

P社 400,000円　S1社 300,000円　S2社 △800,000円　S3社 △200,000円

（単位：円）

| | 通算親法人 | 通算子法人 | | | 合　計 |
|---|---|---|---|---|---|
| | P社 | S1社 | S2社 | S3社 | |
| 所得金額 | 400,000 | 300,000 | − | − | 700,000 |
| 欠損金額 | − | − | △800,000 | △200,000 | △1,000,000 |
| 損益通算 損金算入 | ※1 △400,000 | ※2 △300,000 | | | △700,000 |
| 損益通算 益金算入 | | | ※3 560,000 | ※4 140,000 | 700,000 |
| 損益通算後 | 0 | 0 | △240,000 | △60,000 | △300,000 |

※1　$700,000 \times \dfrac{400,000}{700,000} = 400,000$　　※2　$700,000 \times \dfrac{300,000}{700,000} = 300,000$

※3　$700,000 \times \dfrac{800,000}{1,000,000} = 560,000$　　※4　$700,000 \times \dfrac{200,000}{1,000,000} = 140,000$

### ③　修正更正事由が生じた場合（遮断措置）

上記①または②の場合において，通算事業年度の通算前所得金額または通算前欠損金額が当初申告額と異なるときは，各当初申告額が当該通算事業年度の

通算前所得金額または通算前欠損金額とみなされる（法法64の5⑤）。つまり，通算グループ内の法人に修正更正事由が生じた場合であっても，修正更正事由が生じた通算法人の申告のみ是正すればよく，修正更正事由が生じた通算法人以外の法人の所得計算のやり直しは不要である。

### (2)　欠損金の通算

通算法人に係る欠損金の繰越しの適用については，次の①および②のような一定の調整を行う必要がある（法法64の7）。

### ①　欠損金の繰越控除額の計算

イ　各通算法人の10年内事業年度の欠損金額の配分

通算法人の適用事業年度開始の日前10年以内に開始した各事業年度において生じた欠損金額は，特定欠損金額と非特定欠損金額の合計額を各通算法人の特定欠損金の繰越控除後の損金算入限度額の比で配分した金額の合計額とされる（法法64の7①二，四）。なお，ここで適用事業年度とは，欠損金の繰越控除（法法57①）の適用を受ける事業年度をいい，その通算法人が通算子法人である場合には，その通算法人に係る通算親法人の事業年度終了の日に終了するものに限る。

特定欠損金額とは時価評価除外法人の最初通算事業年度開始の日前10年以内に開始した各事業年度において生じた欠損金額等をいい（法法64の7②），非特定欠損金額とは欠損金額のうち特定欠損金額以外の欠損金額をいう。

ロ　各通算法人の欠損金額の損金算入限度額等の計算

各通算法人の繰越控除額は，それぞれ次の金額が限度となる（法法64の7①三）。

### 図表Ⅱ−2−2　繰越控除の限度額

| 特定欠損金額 | 各通算法人の損金算入限度額の合計額を各通算法人の特定欠損金額のうち欠損控除前所得金額に達するまでの金額の比で配分した金額 |
| --- | --- |
| 非特定欠損金額 | 各通算法人の特定欠損金額の繰越控除後の損金算入限度額の合計額を各通算法人の上記イによる配分後の非特定欠損金額の比で配分した金額 |

## ②　修正更正事由が生じた場合

　損益通算と同様，修正更正事由が生じた場合における遮断措置の規定が設けられている（法法64の7④）。よって，通算グループ内の法人に修正更正事由が生じた場合であっても，原則として，修正更正事由が生じた通算法人の申告のみ是正すればよく，修正更正事由が生じた通算法人以外の法人の所得計算のや

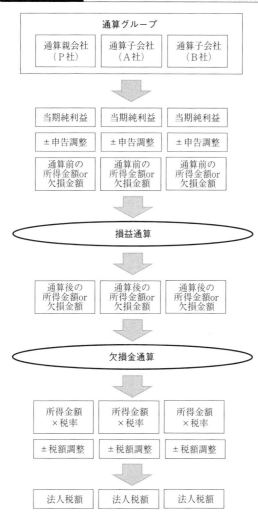

**図表Ⅱ－2－3　グループ通算制度における所得計算**

り直しは不要である。

### (3)　法人税の税率

　通算法人の各事業年度の所得の金額には，各通算法人の区分に応じた税率が適用される。したがって，原則として，普通法人である通算法人は23.2%，協同組合等である通算法人は19%の税率が適用されることになる（法法66①等）。

　なお，中小通算法人（大通算法人以外の普通法人である通算法人）の各事業年度の所得の金額のうち軽減対象所得金額以下の金額については，19%の税率が適用される（法法66①⑥）。各中小通算法人の軽減対象所得金額は，一定の場合を除き，年800万円を通算グループ内の所得法人の所得の金額の比で配分した金額とされる（法法66⑦⑪）。ここで，大通算法人とは，通算法人である普通法人またはその普通法人の各事業年度終了の日においてその普通法人との間に通算完全支配関係がある他の通算法人のうち，いずれかの法人がその各事業年度終了の時における資本金の額または出資金の額が1億円を超える法人等一定の法人に該当する場合におけるその普通法人をいう。

　以上の，グループ通算制度における所得計算の流れを示したものが図表Ⅱ－2－3である。

## 第4 ● グループ通算制度の適用開始・新規加入に伴う資産の時価評価と欠損金の切捨て

### (1)　適用開始・新規加入に伴う資産の時価評価

　組織再編成との整合性の観点から，一定の要件を満たさない法人については，グループ通算制度の適用開始または通算グループへの新規加入直前事業年度において有する時価評価資産（一定の固定資産，土地，有価証券，金銭債権および繰延資産）について時価評価を行い，その評価益の額または評価損の額は，当該通算加入直前事業年度の所得の金額の計算上，益金の額または損金の額に算入される。

### (2)　時価評価除外法人

　グループ通算制度の適用開始または通算グループへの加入に伴う資産の時価

評価について，対象外となる法人（以下，「時価評価除外法人」という）は，次の法人をいう。

### ①　適用開始時の時価評価除外法人（法法64の11①）

イ　いずれかの子法人との間に完全支配関係の継続が見込まれる親法人

ロ　親法人との間に完全支配関係の継続が見込まれる子法人

### ②　加入時の時価評価除外法人（法法64の12①）

イ　通算グループ内の新設法人

ロ　適格株式交換等により加入した株式交換等完全子法人

ハ　適格組織再編成と同様の要件のすべてに該当する法人

## (3)　時価評価法人のグループ通算制度の適用開始・加入前の欠損金額の切捨て

時価評価除外法人以外の法人（時価評価法人）のグループ通算制度の適用開始または通算グループへの加入前において生じた欠損金額は，原則として，切り捨てられる（法法57⑥）。

## (4)　時価評価除外法人のグループ通算制度の適用開始・加入前の欠損金額および含み損等に係る制限

時価評価除外法人（親法人との間の支配関係が5年超の法人等一定の法人を除く。）のグループ通算制度の適用開始または通算グループへの加入前の欠損金額および資産の含み損等については，次のとおり，欠損金額の切捨てのほか，支配関係発生日以後5年を経過する日と効力発生日以後3年を経過する日とのいずれか早い日まで一定の金額を損金不算入または損益通算の対象外とする等の制限が行われる。

①　支配関係発生後に新たな事業を開始した場合には，支配関係発生前に生じた欠損金額および支配関係発生前から有する一定の資産の開始・加入前の実現損からなる欠損金額は切り捨てられるとともに，支配関係発生前から有する一定の資産の開始・加入後の実現損に係る金額は損金不算入とされる（法法57⑧，64の14①）。

② 多額の償却費の額が生ずる事業年度に通算グループ内で生じた欠損金額については，損益通算の対象外とされた上で，特定欠損金額とされる（法法64の6③，64の7②三）。

③ 上記①または②のいずれにも該当しない場合には，通算グループ内で生じた欠損金額のうち，支配関係発生前から有する一定の資産の実現損からなる欠損金額については，損益通算の対象外とされた上で，特定欠損金額とされる（法法64の6①，64の7②三）。

### (5) 通算グループからの離脱

通算グループから離脱した法人が主要な事業を継続することが見込まれていない場合等には，その離脱直前の時に有する一定の資産については，離脱直前の事業年度において，時価評価により評価損益の計上が行われる（法法64の13①）。

---

**COLUMN㊾ 外国税額控除と試験研究費の税額控除**

グループ通算制度は，企業グループ全体を1つの納税単位とする連結納税制度とは異なり，通算グループ内の各通算法人を納税単位として各通算法人が個別に法人税額の計算を行う制度です。しかし，グループ通算制度へ移行後の外国税額控除と試験研究費の税額控除には，連結納税制度同様に，通算グループ全体で税額控除額を計算するしくみが残されました。これは，経済界からの要請によるものです。

法人税額が少ないために単体申告で十分な税額控除を受けることができないケースでも，グループ通算制度を適用することにより，通算法人において十分な法人税額が生じている場合には，通算グループ全体での控除限度額が増加し，より多くの税額控除を享受することができます。

第 **3** 章

# グループ法人単体課税制度
## ～完全支配関係法人課税制度～

## 第1 ● グループ法人単体課税制度の概要

### (1) 導入の背景

近年の内外の経済情勢の変化に対応し，第Ⅱ部第2章冒頭のとおり，わが国企業は経営活動の円滑化や競争力強化のため，グループ全体の管理や運営の一体化を進めている。法律や会計の制度インフラも整備が進むなか，わが国税制面でも企業グループ化に対応した措置をとることがその進展に資することから，個々の法人ごとに申告・納付する単体納税制度を基本とした上で，法人税法上も，企業グループを一体的取扱いとする「グループ法人税制」を2010（平成22）年税制改正により規定した。

実際，企業のグループ化や企業間の支配従属関係の程度には濃淡はあるが，本章で解説するグループ法人税制についていえば，完全支配関係にある，すなわち発行済株式の100％所有関係にあるグループ法人間の取引を対象に，一定の要件にあてはまれば強制適用される税制である。これはかつての連結納税制度（現：グループ通算制度）を選択している法人グループと選択していない法人グループとの間で税務上の扱いを異にすることができないことによる。

本制度は，巷間「グループ法人税制」とも称されるが，現状からは，「完全支配関係」法人課税税制と称するほうがより正確である。現行規定が完全支配関係に限っているのは，課税関係等の複雑化を避けること，法的安定性や予測可能性を担保して先に導入された連結納税制度（現：グループ通算制度）の普及促進を図ることのため，まずは制度浸透を優先することにあり，企業組織再

編後のグループ関係のすべての課税関係を範囲とするものではない。

## (2) グループ法人税制の基本的なスキーム

グループ法人税制は，次に述べる完全支配関係（持株基準）にある企業グループ内での資産の譲渡，寄附・受贈，配当等の取引について，そのグループ内で行われた内部取引と捉え，一定の要件により課税の繰延べ（非課税や減免ではない）措置を行うものである。課税上，グループ内取引を単なる取引・外

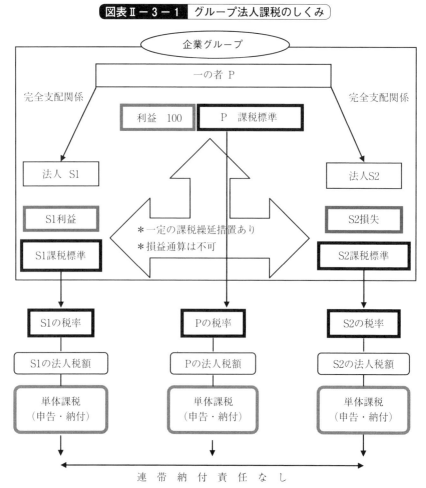

**図表Ⅱ-3-1** グループ法人課税のしくみ

（出所）福浦幾巳編著『租税法入門上巻【第2版】』中央経済社，2016年，105頁を一部修正。

部取引として扱うとそのまま課税所得となり，企業が進める経営グループ化の足かせにもなりかねないため，課税の繰延べが措置されていることとなる。

　ただし，本制度は，単体納税を基本とするため，グループ通算制度のように各対象法人間の所得と欠損の通算はできず，また，グループ内で行う所定の調整措置を終えた後，各社の課税標準をもとに，あくまで単体で申告・納税を行うものである。

**図表Ⅱ－3－2　完全支配関係法人間取引の主な課税の繰延措置**

| 項　目 | 主な内容 | 関連条文 |
|---|---|---|
| 資産の譲渡取引等 | 譲渡損益の繰延譲渡損益の戻入れ | 法法61の11①②，法令122の12① |
| 寄附金，受贈益 | 寄附金の損金不算入，受贈益の益金不算入 | 法法37②，25の2① |
| 受取配当等 | 益金不算入 | 法法23① |
| 株式の発行法人への譲渡 | 譲渡損益非計上 | 法法61の2⑰ |
| 法人間の現物分配 | 帳簿価額の引継ぎ | 法法62の5③④ |
| 法人間の非適格株式交換等 | 譲渡損益の繰延べ等 | 法法62の9①かっこ書き |

# 第2 ● 適用対象

　本制度は，100％グループの法人間の取引等に適用され，完全支配関係（100％支配関係）とは，「一の者が法人の発行済株式等（自己株式等を除く。）の全部を直接若しくは間接に保有する関係又は一の者との間に当事者間の完全支配関係がある法人相互の関係」をいう（法法2十二の七の六）。

　上記の「又は」で区切られている前者を，当事者間の完全支配関係（A），後者を，当事者間の完全支配関係がある法人相互の関係（B）として，典型例を以下に示す。なお，一の者には個人や外国法人が含まれ，同一の個人（同族関係者を含む。）によって発行済株式等の全部を保有されている内国法人，同一の外国法人の100％子会社である内国法人も含まれる。ケース(1)～(6)の法人はすべて本制度の対象となる。

## (1)　ケースA－1　直接完全支配関係

一の者が法人の発行済株式等の全部を直接保有。

## (2)　ケースA－2　みなし直接完全支配(1)＜孫会社＞

一の者が乙社の発行済株式等の全部を間接的に保有する関係。

## (3)　ケースA－2　みなし直接完全支配(2)＜直接・間接の複合＞

　一の者と完全支配関係にある法人甲社と一の者とで乙社の発行済株式等の全部を保有。

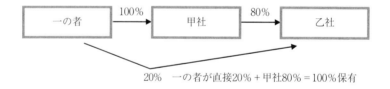

## (4)　ケースB　完全支配関係がある法人相互の関係

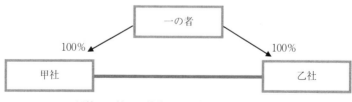

## (5) 「一の者」の範囲①

各ケースの「一の者」には，内国法人のほか，個人や外国法人も含まれる。

- 一の者が外国法人の場合でも，甲社・乙社とも内国法人であれば，適用される。
- 仮に甲社が，普通法人や協同組合等でなかったり，外国法人であれば，甲社はグループ法人税制の対象外となる。

## (6) 「一の者」の範囲②

「一の者」に規定する個人には，親族等（同族関係にある個人）を含むものとする。

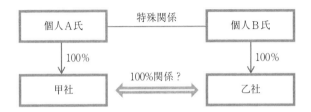

見かけ上，甲社と乙社は，独立しているが，A氏とB氏間に特殊な関係があれば，甲社・乙社間に保有関係はないが，完全支配関係にある（A氏＋B氏⇒「一の者」）とする。

＊特殊関係のある個人…同族会社と同じ（☞第Ⅱ部第1章第2）

- 株主等の親族（配偶者，6親等内の血族，3親等内の姻族）
- 株主等と婚姻関係の届出をしていないが事実上婚姻関係と同様の事情にある者
- 株主の使用人等
- 上記以外で株主等から受ける金銭その他の資産によって生計を維持している者等

以下，　図表Ⅱ-3-2に掲げた「完全支配関係法人間取引の主な課税の繰延措置」を，第3〜第5に述べる。

## 第3 ● 完全支配関係法人間の資産の譲渡損益の調整

### (1) 対象取引と損益の繰延べ・戻入れ

　第Ⅰ部でみてきたように，資産の譲渡取引は原則時価で行われるとされ，認識される譲渡益・譲渡損は，それぞれ益金・損金の額に計上する。これに対して，完全支配関係がある法人間で譲渡損益調整資産（後掲(3)参照）を譲渡した場合には，譲渡の時点において譲渡損益を認識せず繰り延べる（法法61の11①）。

　これは，時価で譲渡取引がされても完全支配関係グループ内で行われれば「内部取引」と捉えて，当該譲渡損益調整資産の譲渡により生じる譲渡利益額または譲渡損失額に相当する金額を，その譲渡をした事業年度の課税所得の計算上，それぞれ損金の額または益金の額に算入（申告調整）をすることによって，当該資産の譲渡損益の繰延処理が行われる。

　繰り延べられた譲渡損益はそのまま放置されるわけではなく，当該譲渡損益調整資産の譲受法人において，その資産の譲渡，償却，評価換え，貸倒れ，除去その他政令で定める事由が生じたときは，譲渡損益を認識する（法法61の11②）。当該譲渡損益は，譲渡法人側で認識され，その益金または損金の額に算入する。すなわち，譲渡法人において，繰り延べた譲渡利益額に相当する金額を益金の額に算入し，譲渡損失額に相当する金額を損金の額に算入（申告調整を）することによって，繰り延べた譲渡損益が計上（戻入れ）される。

　繰延べや戻入れの処理を漏らさぬため，譲渡法人にあっては譲渡した資産が譲渡損益調整資産であること等必要な税情報を譲受法人に対して通知をする義務，譲受法人にあっては譲渡法人に対して，譲渡損益調整資産につき繰り延べられた譲渡利益額または譲渡損失額を計上する事由が生じた日等を通知する義務がある（法令122の12⑰～⑲）。

**図表Ⅱ－3－3　資産の譲渡損益の調整のしくみ**

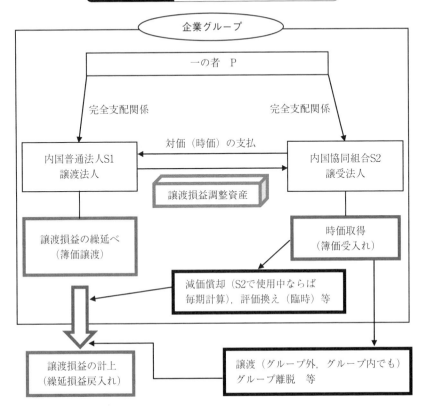

## (2)　適用対象法人

　内国法人（普通法人または協同組合等に限る。）との間に完全支配関係のある他の内国法人（普通法人または協同組合等に限る。）との取引が対象となる。このため，グループ内の普通法人または協同組合等以外の内国法人や外国法人が取引の一方である場合には適用されない（法法61の11①かっこ書き）。

### ⑶　譲渡損益調整資産（対象資産）

　譲渡損益調整資産とは，固定資産，土地（土地の上に存する権利を含み，固定資産に該当するものを除く。），有価証券，金銭債権および繰延資産を指す（法法61の11①かっこ書き，法令122の12①）。ただし，売買目的有価証券，譲受法人において売買目的有価証券とされる有価証券，譲渡直前の帳簿価額が1,000万円未満の資産（少額資産として），棚卸資産（商品・製品）のように通常グループ外に売買が予定されるものは譲渡損益調整資産から除かれ，繰延べの対象から除外される。

### ⑷　繰延べの計上処理と申告調整（別表四）

　内容を税務上の仕訳にすると，以下のようにまとめることができる。

＜内容＞

> 完全支配関係がある内国法人間にて，譲渡損益調整資産を譲渡した場合には，譲渡法人においていったんその譲渡損益を繰り延べ，一定の事由が生じた（たとえば譲受法人がグループ外に譲渡した）ときに，譲渡法人において繰り延べた譲渡損益を再計上する。

＜税務上の仕訳（譲渡法人）＞

| 譲渡益 | （借）　譲 渡 対 価　×××　（貸）　資　　　　　産　×××<br>　　　　　　　　　　　　　　　　　譲 渡 益　××× |
| --- | --- |
| ●繰延べ時<br>⬇ | （借）　繰 入 額　×××　（貸）　調 整 勘 定　×××<br>**損金** |
| ●実現時(再計上) | （借）　調 整 勘 定　×××　（貸）　戻 入 額　××× |
| 譲渡損 | （借）　譲 渡 対 価　×××　（貸）　資　　　　　産　×××<br>　　　　　譲　渡　損　××× |
| ●繰延べ時<br>⬇ | （借）　調 整 勘 定　×××　（貸）　繰 入 額　×××<br>**益金** |
| ●実現時(再計上) | （借）　戻 入 額　×××　（貸）　調 整 勘 定　××× |

**設例Ⅱ−3−1**

　一の者甲と完全支配関係にある譲渡法人乙社と譲受法人丙社との間で譲渡損益調整資産（簿価1,800万円，時価2,000万円）の取引(ア)が行われ（譲渡益が生じるケース），その後再計上事由が発生(イ)として，乙社が行う税務処理は以下のとおりである。

　(ア)　乙社から丙社へ時価譲渡…直前帳簿価額1,800万円，譲渡対価2,000万円

　(イ)　その後，丙社はグループ外へ譲渡…取得価額2,000万円，（再）譲渡対価
　　　2,300万円

　(ア)　**譲渡時**　　（借）現　　　　金　2,000　（貸）資　　　　産　1,800
　　　　　　　　　　　　　　　　　　　　　　　　　譲　渡　益　　200

　　　　　　　　　　　　　〔譲渡損益〕
　　　　　　　　　　　　　〔調整勘定〕　200　　　〔譲渡損益〕
　　　　　　　　　　　　　〔繰入額〕　　　　　　　〔調整勘定〕　200

繰延べ：「完全支配関係がある法人間の損益の減額調整額」（減算・留保）
＜別表四＞

| 区　　分 | 総　額 | 処　分 | |
| --- | --- | --- | --- |
| | | 留　保 | 社外流出 |
| 加算 | | | |
| 減算　完全支配関係がある法人間の損益の減額調整額 | 200 | 200 | |

　(イ)　**外部へ譲渡**

　　　　　　〔譲渡損益〕　　　　　　　〔譲渡損益〕
　　　　　　〔調整勘定〕　200　　　　　〔調整勘定〕　200
　　　　　　　　　　　　　　　　　　　〔戻入額〕

　再計上：「完全支配関係がある法人間の損益の加算調整額」（加算・留保）
＜別表四＞

| 区　　分 | 総　額 | 処　分 | |
| --- | --- | --- | --- |
| | | 留　保 | 社外流出 |
| 加算　完全支配関係がある法人間の損益の加算調整額 | 200 | 200 | |
| 減算 | | | |

　なお，完全支配関係にあるグループ法人間の「譲渡損益調整資産」の譲渡にかかわる損益の繰延べは，もともと，「連結納税制度（現：グループ通算制度）」固有の措置であった。その後，グループ法人税制の新設により（旧法法61の13），連結納税制度（＝任意適用）を選択していない完全支配関係にある法人間の取

引に（2012年10月１日以降行われる資産の譲渡について）「譲渡損益の繰延べ」の措置が拡大されることとなったという経緯がある。

## 第4 ● 完全支配関係法人間の寄附

### (1) 取引内容と適用対象

第Ⅰ部でみた寄附金の損金不算入の規定は，支出した寄附金の額の合計額のうち損金算入限度額を超える部分の金額は各事業年度の損金の額に算入しない，とされていた。

これに対して，完全支配関係がある法人間で行った寄附は，グループ内で行われる内部振替と捉えることができるため，支出法人において寄附金の額の全額が損金不算入とされ（法法37②），他方，受領法人において受贈益の全額益金不算入とする（法法25の２①）ことによって，課税関係を生じさせないこととしている。

ただし，これは法人間のみに限られており，個人（同族関係者を含む。）による完全支配関係のあるもの（たとえば，第2(6)の甲社－乙社間で行われる寄附）は除かれる。これは，相続税や贈与税逃れを防止するため（第2(6)のA氏・B氏がたとえば親子や夫婦関係にある場合など）である。

### (2) 寄附修正事由（対象株式）

完全支配関係にある子法人間で行われる寄附は，(1)のとおり，支払子法人において全額損金算入，受領子法人において受贈益の益金不算入の扱いとなるが，これは完全親法人の立場からすると，寄附金の授受分につきそれぞれの子法人の企業価値が増減することを意味する。

そこで，完全親法人では，寄附金の支出子法人の純資産の減少相当分につき当該子法人の株式の帳簿価額を減算（および利益積立金額も減算）させるとともに，受贈益を受けた受領子法人の純資産の増加相当分につき，当該子法人の株式の帳簿価額が加算（および利益積立金額も加算）させる申告調整が行われる（法令9①七，119の3⑥）。これを寄附修正といい，調整すべき額は以下の算式により求める。

> 子法人が受けた益金　　　　　　子法人が支出した損金
> 不算入の対象となる × 持分割合 − 不算入の対象となる　× 持分割合
> 受贈益の額　　　　　　　　　　寄附金の額

＊持分割合とは，寄附修正の事由が生じた時の受領子法人，支払子法人それぞれの発行済株式等（当該子法人が有する自己株式等を除く。）の総数または総額のうちに当該子法人が当該直前に有する当該子法人の株式等の占める割合をいう。

## (3)　寄附修正と申告調整（別表五(一)）

申告調整の具体例は以下のとおりである。損益取引ではないため，別表四ではなく，別表五(一)の利益積立金を調整することとなる。

### ①　支払子法人に受領子法人の株式持分があるケース

親法人甲社（70％）と乙社（30％）で丙社を100％支配の下，乙社から丙社へ100の寄附が行われたとする。

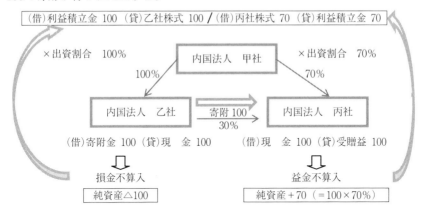

（借）利益積立金 100　（貸）乙社株式 100 ／（借）丙社株式 70　（貸）利益積立金 70

×出資割合　100％　　　　内国法人　甲社　　　　×出資割合　70％

100％　　　　　　　　　70％

内国法人　乙社　　寄附100　　内国法人　丙社
　　　　　　　　　30％

（借）寄附金 100（貸）現　金 100　　（借）現　金 100（貸）受贈益 100

⇩　　　　　　　　　　　⇩
損金不算入　　　　　　　益金不算入

純資産△100　　　　　純資産＋70（＝100×70％）

＜別表五(一)＞　甲社の寄附修正

| Ⅰ　利益積立金額の計算に関する明細書 | | | | |
|---|---|---|---|---|
| 区　分 | 期首現在利益積立金① | 当期の増減 | | 差引翌期首現在利益積立金④ |
| | | 減△② | 増③ | |
| 乙社株式（寄附修正） | | | △100 | △100 |
| 丙社株式（寄附修正） | | | 70 | 70 |

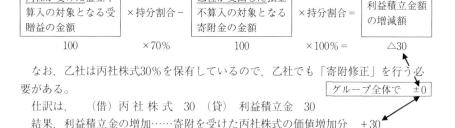

| 丙社が受けた益金不算入の対象となる受贈益の金額 | ×持分割合 − | 乙社が支出した損金不算入の対象となる寄附金の金額 | ×持分割合 = | 利益積立金額の増減額 |
|---|---|---|---|---|
| 100 | ×70% | 100 | ×100% = | △30 |

　なお，乙社は丙社株式30％を保有しているので，乙社でも「寄附修正」を行う必要がある。

グループ全体で　±0

　仕訳は，　（借）丙社株式 30　（貸）利益積立金 30
　結果，利益積立金の増加……寄附を受けた丙社株式の価値増加分　＋30

### ②　受領子法人に支払子法人の株式持分があるケース

　親法人甲（80％）と丙（20％）で乙を100％支配の下，乙社から丙社へ100の寄附が行われたとする。ここでは利益積立金額の増減について，グループ全体を見渡して確認する。

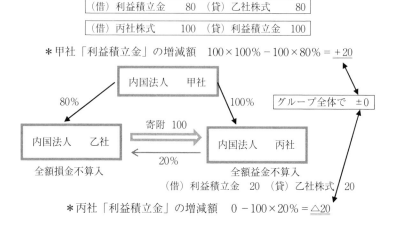

（借）利益積立金　 80　（貸）乙社株式　 80

（借）丙社株式　　 100　（貸）利益積立金　100

＊甲社「利益積立金」の増減額　$100×100\% - 100×80\% = \underline{+20}$

内国法人　甲社

80%　　　　　100%

グループ全体で　±0

内国法人　乙社　　　寄附 100 →　　　内国法人　丙社

← 20%

全額損金不算入　　　　　　　全額益金不算入

（借）利益積立金 20　（貸）乙社株式 20

＊丙社「利益積立金」の増減額　$0 - 100×20\% = \underline{\underline{△20}}$

## 第5 ● その他の完全支配関係法人間取引における調整

### (1)　完全支配関係法人間の受取配当金等

「完全支配関係」がある内国法人から受ける配当等の額は，負債利子を控除せず，全額益金不算入とする（法法23①，④〜⑥）。

### (2)　完全支配関係法人間の発行法人への株式譲渡

内国法人が，所有する株式を発行した他の内国法人に対して譲渡する場合などは原則「みなし配当」があったものとされるが（法法24①），完全支配関係がある内国法人の株式を発行法人に譲渡する場合，グループ内の資産の譲渡であることに変わりはない。

このため，みなし配当の発生の基因となる事由により金銭その他の資産の交付を受けた場合には，当該内国法人の所有株式に係る譲渡利益額または譲渡損失額の計算上，その譲渡対価となる金額はその譲渡原価に相当する金額とされ，譲渡損益は計上されない（法法61の2⑰）。

### (3)　完全支配関係法人間の現物分配

完全支配関係がある内国法人間の現物分配（みなし配当を含む。）は，適格現物分配（法法2二十二の十五）により，資産を帳簿価額で譲渡したものとして，所得の計算を行う（法法62の5③）。分配法人には損益は計上されず，被分配法人は益金算入しない（法法62の5④）。なお，残余財産の事業税の額等は内国法人の所得の計算上損金の額に算入する（法法62の5⑤）。

### (4)　完全支配関係法人間の非適格株式交換等

非適格組織再編（第Ⅱ部第4章第3）により資産の移転がなされる場合は，第三者間取引と同様に，当該資産が時価で譲渡されたものとして，譲渡損益が計上されるのが原則である。しかしながら，非適格組織再編に該当する場合でも，その資産の移転が完全支配関係法人間で行われた場合には，すでに完全支配関係法人間の資産の譲渡損益（第Ⅱ部第3章第3）でみたとおり，譲渡損益調整資産により生じる譲渡損益は繰り延べられる（法法61の11①）。ただし，合

併の場合，譲渡法人である被合併法人は解散により消滅するため，譲渡法人（非適格合併の被合併法人）における譲渡損益調整資産の帳簿価額で移転するものとされる（法法61の11⑦，ただしグループ通算制度においては，別途の規定あり）。

非適格株式交換・移転が行われた場合，原則として，当該株式交換・移転に係る株式交換完全子法人が有する時価評価資産の評価益課税が行われるが，株式交換・移転の直前に，株式交換・移転完全子法人と株式交換・移転完全親法人との間に完全支配関係があった場合，またはその株式交換・移転の直前の株式交換・移転完全子法人と他の株式交換・移転完全子法人との間に完全支配関係があった場合には，その株式交換・移転は時価評価の対象から除外される（法法62の9①かっこ書き）。

## 第6 ● 中小法人向け特例措置の不適用

資本金の額等が1億円以下の法人（中小法人）については，中小企業対策の観点から，これまでみてきたとおり，税制面で優遇措置が設けられていた。

しかし，このような中小法人であっても資本金の額等が5億円以上の法人（大法人）による完全支配関係にある場合には，優遇措置を与える必要性に乏しいため，大法人の完全支配関係子法人および完全支配関係グループ内の複数の大法人に発行済株式の全部を保有されている中小法人に対しては，以下のような中小法人向け優遇措置は適用されない（法法66⑤二イ，67①ほか）。

(1) 法人税の軽減税率（第Ⅰ部第4章第2(2)）

(2) 特定同族会社の特別税率の不適用（第Ⅱ部第1章第4(4)）

(3) 貸倒引当金の損金算入，法定繰入率（第Ⅰ部第3章第9(2)②(ウ)）

(4) 交際費等の損金不算入制度における定額控除制度（第Ⅰ部第3章第8(1)①）

(5) 欠損金の繰戻還付の不適用の適用除外（第Ⅰ部第4章第1(5)）

(6) 欠損金の繰越控除限度額（第Ⅰ部第4章第1(2)）

## COLUMN❺⓪　グループ法人税制外し事件

　グループ法人税制の適用を免れるために意図的に完全支配関係を外した事例が確認されています（2016年1月6日裁決　TAINSコードF0-2-629）。本事例では，法人Aとその兄弟会社B（両社とも同一の者により株式を100％保有されています）における不動産取引が問題になりました。この場合，不動産の譲渡から生じる損益は繰り延べられます。そこで法人Aは，同社の経理部長に対して株式を1％割り当て，持株割合を99％にすることによって完全支配関係を外し，譲渡から生じる損失を認識しようとしました。

　これに対し国税不服審判所は，「法人税の負担を不当に減少させるか否かは，専ら経済的，実質的見地において，同族会社の行為または計算が純粋経済人として不合理，不自然なものと認められるかという客観的，合理的基準に従って判断すべき」とし，法人Aの処理を否認しました。ここでは，「同族会社の行為・計算の否認（法法132）」（第Ⅱ部第1章第3）がポイントになっています。

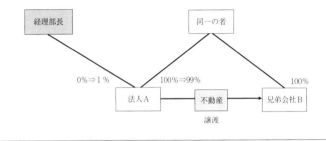

第 **4** 章

# 組織再編税制

## 第1 ● 組織再編税制の概要

### (1) 導入の背景

　近年の内外の経済情勢の変化に対応し，経営活動の円滑化や競争力強化のため，わが国企業は選択と集中に取り組み，M&Aやホールディング会社を頂点とした組織再編を加速させている。わが国税制面でも，このような企業行動に対応する必要から，再編スキームを統合的に扱う制度として2001（平成13）年度に「組織再編税制」が創設された。「組織再編税制」は，その後も数次の改正が進められ，2010（平成22）年度に導入された「グループ法人税制」との関係整備も完了し，2002年7月の法人税法の改正により創設された「連結納税制度」を加え，わが国のグループ経営を支える現行の税制面の一角を担っている。

　「連結納税制度（現：グループ通算制度）」，「グループ法人税制」を経営グループ化後の税制とするならば，「組織再編税制」は，わが国企業が合併，分割，現物出資，現物分配，株式交換・移転のスキームを使って企業組織の再編成を行う入り口の部分にあたる税制である。

　なお，2017（平成29）年度税制改正で，スピンオフ関連税制とスクイーズアウト関連税制が創設，2021（令和3）年度税制改正では株式交付制度に関する税制上の措置が講じられており，新しいタイプの「組織再編税制」も導入されつつある。

### (2)　組織再編税制の基本的考え方における移転資産等の譲渡損益の取扱い

　税務上，組織再編は，基本的には，法人間で行われる「事業用資産」や「株式」といった個々の資産の譲渡取引に分解すると考えて，そこでの課税関係はすでに第Ⅰ部でみたとおり，法人と他の法人の間に資産等の移転があった場合には，時価による譲渡があったものとして譲渡損益を計上するのが原則である。これは，組織再編により資産や負債が移転する場合も例外ではない。

　しかしながら，組織再編が行われる場面で，課税上の原則を貫き通すと，時価が簿価より高い場合には益金課税が生じたりして，課税関係も煩瑣となるので，せっかくの企業再編の動きの妨げになりかねない。そこで，組織再編税制では，資産の移転前後で，支配・投資，事業面で経済実態に実質的な変更がないと認められる場合に限り，特例的な扱いとして，移転資産の譲渡損益を繰り延べる（課税関係を継続する）ことが妥当（税制適格）と考え，税制が足かせとならぬよう，再編の入り口段階で生じる譲渡損益は認識しないこと，具体的には帳簿価額の引継ぎという形によって，将来に課税を繰り延べる規定を設けている（図表Ⅱ－4－1(1)参照）。

## 第2 ● 適格組織再編と非適格組織再編

### (1)　両者の境界

　組織再編税制は，合併，分割，現物出資，現物分配，株式交換・移転における課税関係（スキームは異なっていても経済効果が同じものは課税関係も同様とされる）を総合的に規定する制度である。

　そして，移転資産等の譲渡損益を繰り延べるという特例措置は，再編前後において支配・投資・事業の継続性ありと認められる一定の要件を満たす場合に適用され，この定性的・定量的に厳格に定められた一定の要件を満たす組織再編を適格組織再編，一方，そうでない（普通の）場合を，非適格組織再編とする。

　さて，経済実態に実質的な変更が生じるか否かは，その組織再編行為がどのような条件の下で，すなわち当該行為が当事者間のどのような関係によって実施されるかに関わっており，法人税法上は以下の3つの関係に分類している。

### 図表Ⅱ−4−1　組織再編の概要①

(1)　適格と非適格（適格における制限規定を含む。）

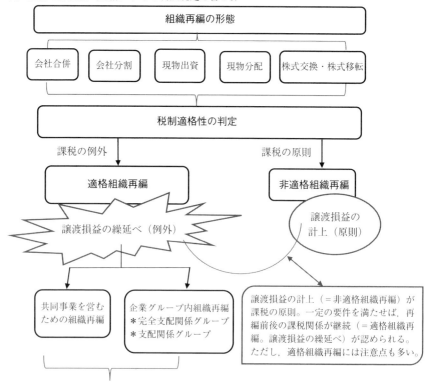

○適格組織再編に対する制限規定（合併を例に）

| 制限の内容 | 制限が必要な理由 | 留意点 | 条　文 |
|---|---|---|---|
| 繰越欠損金の引継制限 | 合併により欠損金を引き継ぐことで課税所得を圧縮することが可能となってしまう。 | 再編当事者間の支配関係が5年以上継続しているか否か。 | 法法57③，62の7 |
| 特定資産譲渡等損失の損金算入制限 | 合併により含み損資産を取得した直後に外部売却をし，損失を実現させることで課税所得を圧縮することが可能となってしまう。 | 欠損金および含み損が発生した時期に支配関係があったか否か。 | |
| 行為・計算の否認 | 事業上の必要性がないにもかかわらず形式的に合併をすることで課税所得を圧縮することが可能となってしまう。 | 合併行為に客観的なビジネスリーズンがあるか否か。 | 法法132の2 |

### 図表Ⅱ－4－1　組織再編の概要②

#### (2)　グループ通算制度と組織再編

　グループ通算制度の適用がすでに行われている状況の下でも，組織再編の考え方は単体納税下と同様である。このため，グループ通算制度下で行われる再編行為により，既存通算グループへの「加入」・「離脱」が伴う場合には留意が必要である。

**○グループ通算制度における組織再編**（合併を例に，通算グループに加入するケース）
- A社とB社が合併（⟺）する。A社は存続しB社は合併と同時に消滅する。
- C社が新たに通算グループに加入することとなる。C社について時価評価を行う。

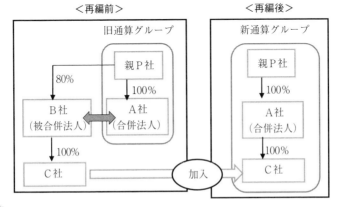

- 留意点

| ①加入法人C社が有する繰越欠損金の切捨てまたは引継ぎ | 再編事業年度以降の将来にわたる税コスト | 事業採算への影響考慮 |
|---|---|---|
| ②加入法人C社が有する特定資産の時価評価の必要性 | 再編時に発生する税コスト | |
| ③加入に伴う各種申告・届出（国税・地方税） | タックス・コンプライアンス，内部統制 | |

**○主な留意事項（まとめ）**

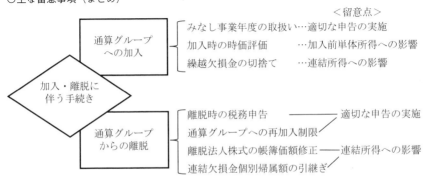

## 図表Ⅱ－4－2　税制適格要件の概要①

(1) 判定の流れ

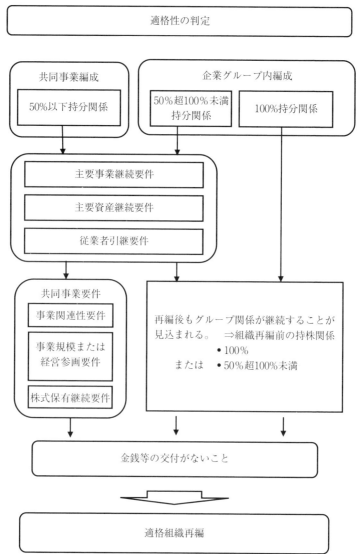

＊適格判定の主な要件は，再編の形態によって異なる（特に現物分配）ので注意。

### 図表Ⅱ－4－2　税制適格要件の概要②

(2)　**各適格要件の内容**（再編の形態によって異なるが，主要点を列挙するもの）

| 区　分 | | 内　容 | 根拠条文 |
|---|---|---|---|
| 継続引継要件 | 主要事業 | 組織再編により移転した事業が，再編後も移転元から移転先において継続的に行われることが見込まれること。 | 法法二十二の八ロ柱書，法令4の3③ほか |
| | 主要資産 | 組織再編により移転する事業の主要な資産（および負債）が，再編後も移転元から移転先に移転していること。 | |
| | 従業者 | 組織再編により移転する事業に係る従業員の80%が，再編後の法人の業務に従事することが見込まれること。 | 法法2十二の八ロ，ほか |
| 共同事業要件 | 事業関連性 | 組織再編により1つの法人組織で行うこととした事業が相互に関連するものであること。 | 法法2十二の八ロ，法令4の3④，法規3ほか |
| | 事業規模または経営参画 | 組織再編を行う法人それぞれの事業の規模（売上金額，従業員数もしくはこれらに準ずるもの）がおおむね5倍を超えないこと。 | |
| | | 組織再編に係る法人の特定役員（社長，副社長，代表取締役/執行役，専務・常務取締役等）が再編後も特定役員となることが見込まれていること。 | |
| | 株式継続保有 | 組織再編により割り当てられた新株のすべてを継続保有する株主の保有割合の合計が80%以上であること。株式交換・株主移転は完全支配関係継続（株主50人以上は除く。株主数では，被合併法人と分割型分割法人の株主が50人以上の場合も除く。）。 | |

　なお，例外として，金銭等の交付があっても，対価でないと考えられるものがある。たとえば，合併による編成にあたり金銭等交付が不可避である以下のもの。

| (1) | 最後事業年度の配当金 | 被合併法人の配当見合いとして被合併法人の株主に交付する金銭等（消滅後被合併法人への配当事務を合併法人が行う） |
|---|---|---|
| (2) | 端株の交付金 | 合併比率により端株が生じた株主に交付する金銭等（たとえば，合併比率0.5×3株＝1.5株中，0.5株分を精算する） |
| (3) | 買取代金 | 合併反対株主からの買取請求による買取に際して交付する金銭等（離脱する株主への手切れ金的な意味合い） |

　また，TOB（株式公開買付け）により被合併法人や株式交換完全子法人の株式の3分の2以上を取得した後，さらに少数株主から強制的に株式を取得して，対象となる会社を100%子会社化する（スクイーズアウト）場合に，すでに3分の2以上の株式を保有しているときには，少数株主への金銭対価を交付しても，他の適格要件を満たしていれば，適格合併または適格株式交換となる改正が行われた（2017年10月1日以降適用）。

① 100％支配関係 ⎫ 企業グループ内で
② 50％超支配関係 ⎬ 実施される組織再編
③ 上記以外……共同で事業を行うため実施する組織再編

　なお，上記のいずれかの状況にあり，経済実態に実質的な変更がない場合でも，移転する資産の取得対価として一部でも現金を交付した場合には，「単なる資産譲渡取引」と同様と考えて，原則どおり時価取引（税制上「非適格」）として取り扱われる。そのため，原則，金銭等の交付が伴わない非適格組織再編は存在しても，金銭等の交付がある適格組織再編は存在しないこととなる（図表Ⅱ－4－2⑴，例外として同表⑵下段参照）。

## ⑵　判定上の留意点

　適格組織再編の要件は，編成時に移転資産の対価として株式以外の金銭等の交付がないものが大前提であるが，編成の当事者に支配関係（法法2二の七の五）があること，すなわち，持株割合50％超のグループ法人間で組織再編が行われることを第1に想定している。そのため，完全支配関係（持株割合100％のグループ法人間）で行われた組織再編は適格組織再編となり，持株割合50％超～100％未満のグループ法人間で行われる組織再編について「適格」とするため，すなわち，経営の一体性（支配等の継続性）確保のため一定の要件（主要事業継続・主要資産継続・従業員引継の3要件）を定めている。

　第2に，持株割合が50％以下あるいは全く資本関係のない法人間であっても共同で事業を行うために組織再編が行われることが想定される。このような場合には，当事者の事業に関連性が備わっていることを要件とした上で，ハードルは高くなるが，上記3要件に加え，一定の事業規模比率要件または経営参画要件，一定の株式継続保有要件を満たせば適格組織再編と認められ，適格の扱いを受けることができる（図表Ⅱ－4－2⑵参照）。

## ⑶　グループ通算制度との関係

　グループ通算制度導入後であったとしても，組織再編の考え方は上記でみたとおり，単体納税の規定をベースにしている。合併を例にとれば，通算グループ外での合併，グループ内での合併，グループ外法人とグループ内法人の合併などが考えられるが，経済実態の同一性などの考え方について組織再編税制側

でグループ通算制度用に特別な規定を設けているわけではない。このため，再編行為によって，グループ通算制度への「加入」または「離脱」などが伴う場合に，グループ通算制度下特有の手続き上の取扱いに留意が必要である（図表Ⅱ－4－1(2)参照）。

## 第3 ● 非適格組織再編の取扱い

　組織再編税制の対象となる法人が，非適格組織再編によって，資産，負債を移転した場合には，課税の原則のとおり，その資産などを時価で譲渡したものとして取り扱われ，譲渡損益が課税対象となる（法法62）。このため，たとえば合併においては，被合併法人に譲渡損益が生じる。一方，合併法人では，合併により移転を受けた資産および負債を時価で受け入れ，被合併法人の純資産額の合併時の時価の合計額だけ資本金を含む資本金額等の額を増加させることとなる（法令8①五ほか）。さらに，合併，分割型分割については，再編により被合併法人の株主，分割法人の株主は，新株交付等対価を取得するため，これも原則のとおり，みなし配当事由となって，被合併法人，分割法人の株主に課税が生じる（法法24①）（☞第Ⅰ部第2章第3(2)②）。

> **設例Ⅱ－4－1**　非適格合併の数値例（**図表Ⅱ－4－3をあわせて参照**）
> 　被合併法人甲社，被合併法人の株主乙社（甲社株式を90％保有）の下で，合併法人丙社は，甲社を吸収合併したものとする。考慮すべき事項は以下(1)～(6)のとおりであるとして，被合併法人甲社，合併法人丙社，被合併法人の株主乙社の3当事者における，それぞれの税務仕訳を行ってみる。なお，合併法人は，被合併法人およびその株主と資本関係がなかったものとし，合併対価の金額は，被合併法人における移転資産の移転時の価額と同額であるものとする。便宜上，負債の額はゼロであったとする。
> 【考慮すべき事項】
> (1)　被合併法人甲社における移転資産の価額：2,500（時価），2,000（簿価）
> (2)　被合併法人甲社の資本金等の額：1,000
> (3)　被合併法人の株主乙社（90％保有）における被合併法人株式の帳簿価額：800
> (4)　被合併法人の株主乙社に交付された丙社株式の価額：1,980
> (5)　乙社（90％保有）に交付された金銭の額：270
> (6)　丙社が交付した金銭の額の合計額：300

### 図表Ⅱ－4－3　組織再編スキームと課税関係の相同

　組織再編には，合併，分割（分割型・分社型），現物出資，現物分配（会社法上の現物配当），株式交換・株式移転があるが，課税関係から組織再編の形態は 2 つに大別。

| 再編当事者の事業/資産負債の移転を伴う | 再編当事者の株式のみ移転をする |
|---|---|
| ● 合併<br>● 分割（分社型分割，分割型分割）<br>● 現物出資<br>● 現物分配 | ● 株式交換<br>● 株式移転<br>両者とも資産等の移転なし。株式移転が，ホールディングの新規設立を伴う。 |

　次いで，再編当事者の事業/資産負債の移転を伴う組織再編成では，合併と分割型分割とが，分社型分割と現物出資とが，取引形態として近似しており，法人税法上の取扱いについてもおおむね同等…合併法人，分割承継法人の新株等が受入資産等の対価として，被合併法人，分割法人株主に交付される。課税関係は，被合併/分割法人株主，被合併/分割法人，合併/分割承継法人の 3 者となる。

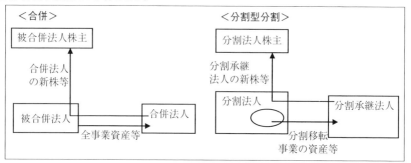

　上記に対して，分社型分割，現物出資の当事者は 2 法人となる。

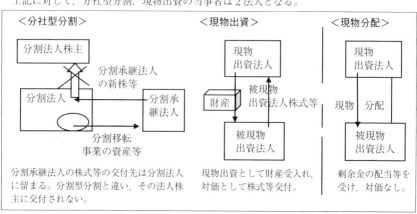

　… これら各スキームに対して，適格・非適格のいずれかによって，移転資産等の譲渡損益の扱いが決まる。

被合併法人の株主　2人

| 他の法人 (10%保有) | 乙社（甲社の株式90％保有） |
|---|---|

乙社における甲社株式の簿価：800

乙社が受け取る①丙社株式：1,980（＝2,200×0.9）

　　　　　　　　②金銭等：270（＝300×0.9）

＊乙社の「みなし配当」…（注）

交付（新株・金銭等）

資産移転

| 被合併法人　甲社 | ⇐⇒ | 合併法人　丙社 |
|---|---|---|

交付（新株・金銭等）

①新株　2,200（＝1,980÷0.9）

②交付金銭等　300（＝270÷0.9）

甲社　B/S

| 資産　2,000 (時価　2,500) | 資本金等　1,000 |
|---|---|
| | 利益積立金　1,000 |

実際の交付は，合併法人丙社から，被合併法人甲社の株主である乙社，他の法人になされるが，課税上は，いったん甲社が受け入れて，その後，株主に交付されたものと擬制して扱う。

**【税務上の仕訳】**

借方　　　　　　　被合併法人甲社仕訳　　　　　　　貸方

| 丙 社 株 式 | ~~2,200~~ | 資　　　産 | 2,000 |
|---|---|---|---|
| ~~現　　　金~~ | ~~300~~ | 譲　渡　益 | 500 |
| 資本金等の額 | 1,000 | ~~丙 社 株 式~~ | ~~2,200~~ |
| 利益積立金額 | 1,500 | ~~現　　　金~~ | ~~300~~ |

上記相殺（株主2人に交付する丙社株式，現金を相殺）後

| 資本金等の額 | 1,000 | 資　　　産 | 2,000 |
|---|---|---|---|
| 利益積立金額 | 1,500 | 譲　渡　益 | 500 |

被合併法人の株主乙社の仕訳

| 丙 社 株 式 | 1,980 | 甲 社 株 式 | 800 |
|---|---|---|---|
| 現　　　金 | 270 | みなし配当(注) | 1,350 |
| | | 譲　渡　益 | 100 |

合併法人丙社の仕訳

| 資　　　産 | 2,500 | 資本金等の額 | 2,200 |
|---|---|---|---|
| | | 現　　　金 | 300 |

(注)　乙社のみなし配当：時価2,500−資本金等1,000＝1,500を財源，保有割合
　　　90％（×0.9＝）1,350として，プロラタ計算でも求まる。

[乙社のみなし配当の計算]
① 取得金銭等の額：1,980（新株）＋270（金銭）＝2,250
② 資本金等の額：1,000×90％（乙社の保有割合）＝900
③ みなし配当の額：（①が②を超える部分）：2,250−900＝1,350

　被合併法人の株主に，みなし配当が生じるため，次いで，受取配当金の益金不算入（第Ⅰ部第2章第3(1)①）とその所得税額控除（第Ⅰ部第4章第3(2)）を考慮することとなる。

### 設例Ⅱ−4−2

　次の資料に基づき，当社の当期における税務調整すべき金額を計算しなさい。
（資料）
　当社が数年前から所有していた甲社株式の発行法人である甲社は，当期中に乙社に吸収合併（適格合併に該当しない）されたが，その内容は次のとおりである。
(1) 合併直前における甲社株式の発行済株式総数250,000株
　　うち，合併直前における当社所有株式数は15,000株（6％保有）であり，合併直前の帳簿価額は9,750千円（＝1株当たり650円×15千株）であった。
(2) 合併に際し，乙社から乙社株式20,000株（1株当たりの価額550円）および金銭300千円（うち，復興特別所得税額を含む源泉徴収税額163,360円）の交付を受けている。
(3) 合併直前における甲社の資本金等の額は175,000千円（うち資本金の額125,000千円）である。
(4) 当社は金銭を手取額で収益計上するとともに，乙社株式については甲社株式の帳簿価額をそのまま引き継ぐ処理をしている。

【計算過程】
[みなし配当金]
(1) 取得金銭等の額：1株当たり550円×20,000株＋金銭300千円（＝136,640円＋163,360円）＝11,300千円
(2) 資本金等の額：175,000千円×6％（＝15千株/250千株）＝10,500千円
(3) (1)−(2)＝800千円
[受取配当等の益金不算入額]
(1) 受取配当等の額：800千円
(2) 益金不算入額：(1)×50％＝400千円

［有価証券］
(1)　税務上簿価：1 株当たり550円×20,000株＝11,000千円
(2)　会社上簿価：9,750千円
(3)　調整金額：(1)－(2)＝<u>1,250千円</u>（計上もれ：「加算留保」）

＜別表四＞

（単位：円）

| 区　　　分 | | 総　額 | 処　分 | |
|---|---|---|---|---|
| | | | 留　保 | 社外流出 |
| 当期純利益 | | … | － | － |
| 加算 | 乙社株式計上もれ | 1,250,000 | 1,250,000 | |
| 減算 | 受取配当等の益金不算入額 | 400,000 | － | ＊　400,000 |
| 仮　　　計 | | | | |
| 法人税額から控除される所得税額等 | | 163,360 | － | 他　163,360 |

　また，非適格合併等（非適格合併，非適格分割型/分社型分割，非適格現物分配）では，通常，非適格組織再編の対価額が移転を受けた資産・負債の時価純資産額との間に相違が生じるが，移転を受けた法人にその相違差額に対して5年間で均等減額調整する以下の措置がある（法法62の8，法令123の10）。

**【非適格合併等に関する特別措置】**

| 区　分 | 内　　　容 |
|---|---|
| 資産調整勘定の損金算入 | いわゆる正ののれんを意味する資産調整勘定を計上し，5 年償却によって，各事業年度の損金の額に算入する（法法62の8①④⑤）。 |
| 負債調整勘定の益金算入 | ①　退職給与負債調整勘定（法法62の8②一）<br>②　短期重要負債調整勘定（法法62の8②二）<br>③　差額負債調整勘定（いわゆる負ののれん）（法法62の8③）<br>　これらについては，勘定ごとに減額すべき金額をその事業年度の益金の額に算入する。 |

　なお，非適格株式交換・非適格株式移転については，その交換等の直前に有していた時価評価資産（一定の固定資産・有価証券等。法法62の9①，法令123の11）について時価評価を行い，その評価差額を交換等のあった事業年度の益金または損金の額に算入する（法法61の2①，62の9）。完全子法人となる法人から株主へ資産の交付が伴わないため，完全子法人の株主に対するみなし配当課税はなくなる。

## 第4 ● 適格組織再編の取扱い

　組織再編税制の対象となる法人について，適格組織再編が行われた場合，その再編直前の帳簿価額による譲渡等が行われたものとして，各事業年度の所得の計算をすることとなり，そこには譲渡損益は生じず，課税は発生しないこととなる（スキームごとの繰延べの内容は，**図表Ⅱ－4－4**にまとめる）。

　たとえば合併の場合における被合併法人では，移転資産や負債はその時の帳簿価額により合併法人に引き継がれることとなり（法法62の2①），被合併法人の株主については，非適格合併と異なり，みなし配当課税がなくなる（法法24①一かっこ書き）。被合併法人の利益積立金は合併法人に引き継がれる（法令9①二）。

　適格合併を行ったときの処理をみるため，設例Ⅱ－4－1から「金銭等の交付」300を省き，適格合併法人丙社は適格被合併法人甲社に株式のみを交付（甲社の資本金等の額1,000を交付）したものを次の設例とする。なお，乙社は甲社株式を100％保有していたものとする。

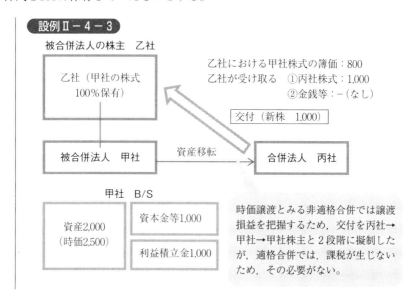

【税務上の仕訳】

借方　　　　　　　　被合併法人甲社仕訳　　　　　　　　貸方

| 丙社株式 | 1,000 | 資　　産 | 2,000 |
|---|---|---|---|
| 利益積立金額 | 1,000 | | |
| 資本金等の額 | 1,000 | 丙社株式 | 1,000 |

上記相殺

| 資本金等の額 | 1,000 | 資　　産 | 2,000 |
|---|---|---|---|
| 利益積立金額 | 1,000 | | |

※反対仕訳　甲社消滅（⇒丙社の中で継続する）

被合併法人の株主乙社の仕訳

| 丙社株式 | 800 | 甲社株式 | 800 |
|---|---|---|---|

※甲社株式が丙社株式に置き替わるだけ

合併法人丙社の仕訳

| 資　　産 | 2,000 | 資本金等の額 | 1,000 |
|---|---|---|---|
| | | 利益積立金額 | 1,000 |

※甲社　B/S　をそのまま引継ぎ

　上記のように，合併法人は，被合併法人の資産，負債，利益積立金を被合併法人の簿価で引き継ぐこととなる。加えて，被合併法人の繰越欠損金（法法57②），国庫補助金等に係る特別勘定（法法48⑧），各種引当金（法法52⑧）等の引継ぎを受ける（いわゆる租税属性の引継ぎ）。

　したがって，移転資産・負債に課税繰延項目（たとえば，繰越超過額，圧縮積立金）が含まれていれば，これを引き継ぐこととなる。非適格合併との対比は，以下のとおりである。

| 区　分 | 繰越超過額 | | 圧縮積立金 | |
|---|---|---|---|---|
| | 被合併法人 | 合併法人 | 被合併法人 | 合併法人 |
| 非適格・原則（時価譲渡） | 甲社：認容 | 丙社：－ | 甲社：取崩し | 丙社：－ |
| 適格・例外（簿価引継ぎ） | 甲社：－ | 丙社：引継ぎ | 甲社：－ | 丙社：引継ぎ |

＊適格の場合，甲社の計算を乙社が引き継ぐ。非適格では，原則のとおり，譲渡資産に係る繰延処理（繰越超過額の認容，圧縮積立金の取崩し）は被合併法人（譲渡元）で行われる。

#### 図表Ⅱ－4－4　適格組織再編税制の概要

○譲渡損益の取扱い

| 区　分 | 資産等の移転と課税関係（譲渡損益の取扱い） ||
|---|---|---|
| 非適格組織再編 | 原則：時価課税取引 | 譲渡損益を計上 |
| 適格組織再編 | 特例：簿価譲渡/簿価受入れ（＊） | 譲渡損益の繰延べ |

○適格組織再編における繰延べの内容と根拠条文

| 区分 | 繰延べの内容 | 条文 |
|---|---|---|
| 適格合併 | 被合併法人は，最後の事業年度終了時に帳簿価額の引継ぎを行ったものとする。 | 法法62の2① |
| 適格分割型分割 | 分割法人による資産等の移転は，分割事業年度の終了時の帳簿価額により引継ぎをしたものとする。 | 法法62の2① |
| 適格分社型分割 | 分割法人による資産等の移転は，分割の直前の帳簿価額により引継ぎをしたものとする。 | 法法62の3① |
| 適格現物出資 | 現物出資法人による資産・負債の移転は，現物出資直前の帳簿価額により譲渡したものとする。 | 法法62の4① |
| 適格現物分配 | 内国法人が適格現物分配により資産を移転したときは，その適格現物分配直前の帳簿価額により譲渡したものとする。 | 法法62の5① |

＊たとえば，移転資産の中に，繰越償却超過額や国庫補助金圧縮積立金のような課税繰延べが含まれていてもそのまま引き継ぐ。非適格組織再編では，原則のとおり，移転元（譲渡元）で，繰越超過額→「認容」，圧縮積立金→「取崩し」を行えばよい。

＊＊適格合併・適格分割型分割等が行われた場合には，合併法人または合併承継法人から国庫補助金等に係る特別勘定，各種引当金および各種準備金等の各種の勘定を引き継ぐこととされている（法法52⑧ほか）。

| 適格株式移転・交換 | 株式交換・移転の直前に有していた時価評価資産の評価益または評価損が計上されない。 | 法法62の2⑧ |
|---|---|---|

＊非適格株式移転・交換では，各事業年度の所得の計算上，その直前の時に有する時価評価資産の評価益（損）は益（損）金の額に算入される（法法62の9①）。株式を通じた間接的な会社財産取得という点で，合併と共通していることから合併の適格・非適格と平仄を合わせた取扱いとしている。

## 第5 ● 組織再編に係る租税回避防止の規定

さまざまなビジネスリーズンから組織再編は行われ，その形態や方法は複雑，かつ，多様であるがために，再編自体が租税回避の手段として濫用されるおそれがある。

そこで，租税回避を防止するための規定が置かれることとなるが，ここでは，(1)組織再編にかかる行為・計算の否認，(2)繰越欠損金・含み損の使用制限を取り上げる（**図表Ⅱ－4－1**(1)下段参照）。

### (1)　組織再編に係る行為・計算の否認

組織再編により資産・負債が移転をした場合においてその行為または計算を認めると，法人税の負担を不当に減少させる結果と認められるときは，その行為・計算にかかわらず，税務署長の認めるところにより計算することができるものとされる（法法132の2）。

これは，同族会社課税やかつての連結納税制度（現：グループ通算制度）と同様，租税回避に対応する否認規定である。

### (2)　適格合併における繰越欠損金・含み損の使用制限

非適格組織再編では，原則，繰越欠損金の引継ぎ，資産の簿価引継ぎはできないが，組織再編が適格となることを逆手にとって，たとえば，被合併会社の繰越欠損金を通算する，引き継ぐ資産の含み損を後に損失として実現するなどを通じて課税所得を減少させる租税回避の濫用を防止するため，一定の損失使用を制限する必要がある。

このため，適格組織再編に際して，次の個別的規定が設けられている。

①　新たにグループ内法人となった法人の繰越欠損金の引継ぎを適格組織再編にあたり制限する（法法57③ほか。「繰越欠損金の引継ぎ制限」）。

②　グループ加入時点の含み損が，適格組織再編後に実現した場合，損金算入を制限する（法法62の7ほか。「特定資産譲渡等損失の損金算入制限」）。

上記①の規定は，合併法人と被合併法人の間に特定資本関係（50％超を保有する等一定の支配関係。法法57③かっこ書き，法令112④）があり，かつ，その特定資本関係が合併法人の適格合併にかかる合併事業年度開始の日の5年前の日

以後に生じている場合（支配が始まってから未だ5年経過していない）等には，その組織再編に一定のビジネスリーズン（みなし共同事業要件，法令112③⑩）が伴わない限り，被合併法人の未処理欠損金の引継ぎに一定の制限を課すという内容である。

また，合併法人等の繰越欠損金の利用にも同様な制限が課せられる（法法57④）。

さて，上記①のような関係にある内国法人と支配関係法人との間では，再編を進める上で，比較的容易な要件で適格合併を含む一定の適格組織再編を行うことができるが，さらに，そこでは，原則，簿価引継ぎが認められるため，支配関係が生じる前から有していた資産等の含み損を利用して，適格再編後，当該資産に係る含み損失を実現させることも容易である。

そこで上記②の防止規定は，①と同様，原則として支配関係が始まって5年経過せずに行われた適格再編に一定のビジネスリーズンが伴わない限り，原則として，当該組織再編が行われた日の属する事業年度開始の日から3年経過していない期間内等に生じた一定の資産（特定引継資産または特定保有資産）の譲渡等損失について，一定の損失額を損金不算入とするものである。

---

### COLUMN㊶　組織再編と租税回避　～ヤフー事件～

　「ヤフー事件」は，みなし共同事業要件のうち比較的充足が容易な「特定役員要件」というものを利用して「適格合併」をつくり出して被合併法人の未処理欠損金を引き継ぐことが，法人税法132条の2「…法人税の負担を不当に減少させる結果となると認められるもの…」に該当するか否かが争われた事例（平成28年2月29日最高裁（一小）判決）。「IDCF事件」は，「完全支配関係継続見込み要件」の不充足を利用して「非適格会社分割」をつくり出して分割法人に生じる資産調整勘定の減額を損金算入することが，「ヤフー事件」と同様に，同条の2に該当する「不当」なものと評価することができるか否かが争われた事例（同日最高裁（二小）判決）。両件は，企業グループ内の組織再編として一体として行われたものですが，結果は，どちらも，納税者敗訴。「ヤフー事件」は欠損金の引継ぎを行うために「適格」を作出した合併，「IDCF事件」は資産調整勘定の減額を損金算入するために「適格外し」を作出した会社分割として，ともに，税負担を不当に減少させるものと判断されました。租税回避以外に正当な理由やきちんとした事業目的がなく，納税者がとった一連の取引―「特定役員要件」の充足や「完全支配関係継続見込み要件」の不充足などの行為計算―が該当する組織再編税制の個別規定の趣旨・目的に沿ったものとはいえなかったからです。

# 第Ⅲ部

# 国際課税の進展

#### 学習の動機づけ

　国際課税に関する研究は20世紀の第4四半世紀以降，急速に重要性を増しています。ここでは，国際的二重課税（多国間における課税の重複）をどのように排除するか，外国の国民や企業に対してどのように課税するか，国際的な脱税や租税回避にどのように対抗するかが重要な論点です。

　BEPS（Base Erosion and Profit Shifting）という言葉を一度は耳にしたことがあるでしょう。日本語訳は「税源浸食と利益移転」です。多国籍企業がその活動実態とルールの間のずれを利用して，課税所得を人為的に操作し，課税逃れを行う行為を指します。これに対処するために，OECD租税委員会によってBEPSプロジェクトが立ち上がり，世界各国で国際課税にかかる制度面がかつてない速さで変革されているのです。わが国でも，OECD/G20諸国によるBEPS行動計画2「ハイブリッド・ミスマッチ取決めの効果の無効化」による勧告（2014年）に基づき，国際的二重非課税を是正するための措置として外国子会社配当益金不算入制度の見直し（2015年）が行われました。これまでも節税インセンティブへの対抗措置として，タックスヘイブン対策税制（1978年），移転価格税制（1986年），過少資本税制（1992年），過大支払利子税制（2012年），国際最低課税額に対する法人税（2023年）が置かれましたが，制度の拡充と改善が今後の課題です。

　次いで，国際的二重課税の排除です。この状態を放置すると，取引を行う者の利益が損なわれ経済発展の阻害要因になります。排除の方法は国外所得免除方式と外国税額控除方式に大別され，各国はこの2つの方法のいずれか，あるいはその折衷方式を用いています。わが国では折衷方式によっていますが，このような国内法による対応だけでは十分とはいえません。主要国と租税条約のネットワークを構築し国際的二重課税を排除しています。

第　**1**　章

# 国際課税の枠組み

　これまで，内国法人等が国内で稼得した課税所得及びその税額の計算のルールをみてきた。今度は，日本国内に本店または主たる事務所を有する法人（内国法人）が，国外で所得を稼得した場合や，外国法人が日本国内で所得を稼得した場合の課税ルールをみていく。

　例えば，A国に本店をもつ企業が，A国とB国において活動し，両国において所得を稼得しているとする。このとき，A国もB国も当該企業の所得に対して課税をしたいと考えるだろう。もし両国が同じ所得に対して課税権を行使すれば，企業は同じ所得に対して二重に課税されることになってしまう。そうなれば，国際投資や事業を阻害することになりかねない。

　そこで，日本の国内法では原則として外国税額控除によって二重課税を排除するとともに，各国と租税条約を締結し，二重課税の除去や脱税の防止を進めている。

　本章では，第1に，日本国内法における国際取引に対する課税ルール，第2に，国際的な二重課税の調整方法，第3に，租税条約の意義と内容を概観する。

## 第1 ● 日本国内法における国際取引に対する課税ルール

　国際取引に対する課税ルールには次の2つの考え方がある。第1に，居住地国課税，第2に源泉地国課税，である。前者は，国内に住所がある者に対して，その者とつながりがある全世界の所得に対して課税を行い，後者は，所得の獲得主体に関わらず，国内で生じた所得に対して課税を行う。日本の法人税法・所得税法では，この2つの考え方を併用しており，居住者・内国法人に対しては前者を，非居住者・外国法人に対しては後者を適用している（**図表Ⅲ-1-1**

参照）。

　まず，居住地国課税は，国が課税権を行使するのは“居住者”に対してであり，居住者が稼得する所得に対してはその発生場所を問わずに課税することをいう。したがって，居住者（内国法人）か否か，すなわち住所または居所（本店または事務所）が国内にあるか否か（本店所在地基準）が重要となる。

　次に，源泉地国課税は，国の課税権の対象は“国内に源泉をもつ所得”（国内源泉所得：法人税法138条，所得税法161条）に対してであり，誰が稼得したかを問わずに，国内で発生した所得に課税することをいう。したがって，所得の源泉が国内にあるか否か，が重視される。所得の源泉地がどこかを決めるルールのことを「ソース・ルール」と呼ぶ。

### 図表Ⅲ－1－1　国内法における国際課税ルール

| 居住者・内国法人 | 居住地国課税（全世界所得課税） |
|---|---|
| 非居住者・外国法人 | 源泉地国課税（領土内所得課税） |

　例えば，内国法人が日本国内で500の所得を，国外で100の所得を稼得したとしよう。このとき，日本国は（500＋100）に対して課税権を有するのか，それとも500のみに対してであろうか。内国法人に対しては全世界所得に対して課税が行われるため，前者ということになる。つまり，内国法人がどこで所得を稼得したかは関係なく，内国法人が得た所得全てに対して課税される。これは所得の発生場所ではなく所得を稼得した者（今回の例では内国法人）とのつながりを重視した考え方であるといえる。ただし，内国法人が外国子会社から配当を受け取った場合にはその95％が益金不算入となるため，この部分に関しては全世界所得課税が修正されている（法法23条の2①）。

　これに対して，外国法人が日本国内で100の所得を，外国で500の所得を稼得

### 図表Ⅲ－1－2　定義と根拠条文

| 居住者（所法2①三） | 国内に住所を有し，又は現在まで引き続いて一年以上居所を有する個人 |
|---|---|
| 非居住者（所法2①五） | 居住者以外の個人 |
| 内国法人（法法2三） | 国内に本店又は主たる事務所を有する法人 |
| 外国法人（法法2四） | 内国法人以外の法人 |

したとする。この場合，日本国は国内で発生した100の所得に対してのみ課税を行う。今度は所得が発生した場所を重視する考え方が採用される。

このように，内国法人（または居住者）か外国法人（または非居住者）かによって，2つの考え方が使い分けられている。居住者，非居住者，内国法人及び外国法人の定義と根拠条文は**図表Ⅲ-1-2**の通りである。

ここで2つ疑問が生じる。居住者や内国法人が稼得した国内所得に対して納税を求めることはできても，彼らが稼得した国外所得を日本国がどのように把握するのであろうか。また非居住者や外国法人が得る国内源泉所得を日本国がどのように捕捉し課税を実行するのであろうか。

第1の疑問に対しては，租税条約の締結によって情報交換や調査が可能となるし，その他にも各国の課税当局との協力体制は整備されてきている。また第2の疑問に対しては，非居住者や外国法人（海外投資家）が直接投資をせずに日本の国債，日本企業の社債や株式等を購入した場合，海外投資家が得る所得に対しては源泉徴収によって課税関係を終わらせることになっている。例えば日本企業が海外投資家に対して利子や配当を支払う場合，事前に税額を控除した残りの額のみを支払う。なお，令和2年の源泉徴収税額（非居住者等所得）は6,640億円となっている（第七十二回「日本統計年鑑（令和5年）」JAPAN STATISTICAL YEARBOOK 2023，5-6-D 租税　源泉所得税参照）。

## 第2 ● 国際的な二重課税の調整方法

### (1)　国際的二重課税

日本の国内法では上記のようなルールが適用されるが，海外の国々もそれぞれのルールを有している。例えば，居住者の定義，所得の源泉の決定方法等が各国で異なれば，同じ所得に対して二重に課税されたり，二重に課税されない（二重非課税）といったことが生じうる。

例えば，日本企業Aが，自社が持つ特許に関して海外企業Bとライセンス契約を締結し，年間100の使用料（ロイヤルティ）をBから受け取ることを考えてみよう。まずこの100をBが支払う際に20が源泉徴収され，Aが受けとる金額は80であるとする。Aは日本国に対して所得100に対して30を納税する。この

場合，100の所得に対して国際的な二重課税が生じており，合計50の税金をA
は支払うことになる。

　このように国際的に二重課税が発生すると，企業や個人の国際投資の足枷と
なってしまう恐れがある。そこで，居住地国側で国内法を整備し，また租税条
約を締結することによって二重課税が取り除かれている。先の例でいえば，租
税条約での限度税率があればその税率まで引き下げられ，また限度額はあるも
のの，外国税額控除によってAの実質的な税負担が30に収まるように調整され
る。二重課税を排除するための考え方として第1に，外国税額控除，第2に，
国外所得免除がある。

## (2)　二重課税の排除方法：外国税額控除

　まず，外国税額控除は，居住者の全世界所得に対して居住地国での課税額を
計算した上で，当該税額から外国で支払った税額を控除する仕組みである。例
えば，ある内国法人が外国で1,000の所得を稼得し，当該外国において100を納
税したとする。この時，日本では全世界所得に対して課税を行うため，1,000
に対して30％の税率を乗じて300の納税を求めるところ，すでに外国で支払っ
た分の税金100の控除を認めるため，日本での納税額は200になる。つまり，納
税者が外国に支払った分の税金（外国税額）の徴収を日本国が放棄するという
ことになる。

　ただし，全ての外国税額を控除できるわけではない。控除対象となる外国法
人税額か否かを確認する必要があるし，また外国で支払った税額全ての控除が
認められるわけではなく，その企業の税額の，全世界所得に占める国外所得の
割合が限度額とされている（後述：第3章参照）。

　なお，全世界所得課税を前提として外国税額控除を認める方式は，資本輸出
中立性の考え方に合う（図表Ⅲ-2-1参照）。資本輸出中立性とは，仮に居住者
が投資先を探しているとして，国内に投資するか国外に投資するかに関して課
税環境を中立にしようとする考え方をいう。国外に投資したとしても外国税額
控除が適用されて二重課税は排除されるため，どちらに投資したとしても中立
であろうと考える。

　日本では，原則として外国税額控除の方式によって二重課税の排除がなされ
ている。

### 図表Ⅲ－2－1 資本輸出中立性とは

資本輸出中立性（Capital Export Neutrality; CEN）

(a) 居住地国 工場？　居住者　(b) 居住地国外 工場？

居住者が(a)国内に工場を設けて事業を行うか，(b)国外で工場を設けて事業を行うか，どちらを選択しても課税上等しく扱うためには国外での課税分を控除する必要がある。

## (3) 二重課税の排除方法：国外所得免除

　次に，国外所得免除は，文字通り，居住地国が国外の源泉所得に対して課税を行わない，というものである。例えば，先の例のように内国法人が外国で1,000の所得を稼得し，当該外国において100を納税したとしても，日本は国外を源泉とする所得1,000をそもそも課税の対象としないことになる。

　なお，国外所得を免除する方式は，資本輸入中立性の考え方に合致する（図表Ⅲ－2－2参照）。資本輸入中立性とは，源泉地国の視点にたち，内国法人であろうと外国法人であろうと国内投資に対して中立的に課税をしようという考え方をいう。この場合の外国企業が居住する国において，国外所得を免除することによって両者が同様に源泉地国で課税される。

### 図表Ⅲ－2－2 資本輸入中立性とは

資本輸入中立性（Capital Import Neutrality; CIN）

源泉地国の視点

(a)内国法人　　工場設立　　(b)外国法人

(a)と(b)を課税上，源泉地国で等しく扱うためには，(b)の居住地国で国外所得を免除する必要がある。

## 第3 ● 租税条約：日米租税条約を例として

### (1)　租税条約とは

　主に二国間で交わされる課税に関する合意ないし協定のことを「租税条約」という。租税条約を締結する目的は，第1に，国際的な二重課税の除去，第2に，脱税の防止とされる。例えば，「所得に対する租税に関する二重課税の回避及び脱税の防止のための日本国政府とアメリカ合衆国政府との間の条約」（以下，日米租税条約）では，「二重課税を回避し及び脱税を防止するための新たな条約を締結することを希望して次のとおり協定した」と前文に書かれている。

　このような条約は法的にどのように位置付けられるのだろう。日本国憲法では第98条2項で「日本国が締結した条約及び確立された国際法規は，これを誠実に遵守することを必要とする。」と規定する。このように条約の誠実遵守義務があるものの，憲法84条には租税法律主義も示されている。そのため，課税根拠は法律であり，租税条約は法が定める租税の免税等を制限しない（法律による減免が優先され，それを条約がくつがえすことはない）という考え方がある。実際に日米租税条約1条2では「この条約の規定は…現在又は将来認められる非課税，免税，所得控除，税額控除その他の租税の減免をいかなる態様においても制限するものと解してはならない。」という文言がある。これは減免を保持するプリザベーション条項と呼ばれる。

　日本では，2024年1月1日時点で72本，79カ国・地域と租税条約を，その他にも情報交換協定（租税に関する情報交換を主たる内容とする条約）や，税務行政執行共助条約等も締結している（**図表Ⅲ−3−1**参照）。租税条約を結んでいる国との間の課税権の配分に関しては，両国の国内法及び租税条約の内容を総合的に確認する必要がある。

　なお，租税条約の内容はそれぞれ全く異なるわけではなく，一定のパターンが見られる。それは，OECDモデル租税条約及び国連モデル租税条約というモデル租税条約が存在し，それらが雛形として影響を与えているからである。

**図表Ⅲ－３－１　日本の租税条約ネットワーク《85条約等、154か国・地域適用／2024年1月1日現在》（注１）（注２）**

**凡例**
- ● 租税条約
- ● 情報交換協定
- ● 税務行政執行共助条約のみ
- ● 日台民間租税取決め

**北米・中南米 (35)**
アメリカ
ウルグアイ
エクアドル
カナダ
コロンビア
ジャマイカ
チリ
ブラジル
メキシコ
ペルー
（情報交換協定）
ケイマン諸島（※）
英領バージン諸島（※）
パナマ（※）
バハマ（※）
バミューダ（※）
（執行共助条約のみ）
アルゼンチン
アルバ
アンティグア・バーブーダ
エルサルバドル
グアテマラ
グレナダ
コスタリカ
セントクリストファー・ネービス
セント・ルシア
セント・ビンセント
ドミニカ国
ドミニカ共和国
バルバドス
ベリーズ
モントセラト

**欧州 (46)**
アイスランド
アイルランド
イギリス
イタリア
エストニア
オーストリア
オランダ
クロアチア
スイス
スウェーデン
スペイン
スロバキア
スロベニア
セルビア
チェコ
デンマーク
ドイツ
ノルウェー
ハンガリー
フィンランド
フランス
ブルガリア
ベルギー
ポルトガル
ポーランド
ラトビア
リトアニア
ルクセンブルク
ルーマニア
（情報交換協定）
ガーンジー（※）
ジャージー（※）
マン島（※）
リヒテンシュタイン（※）
（執行共助条約のみ）
アルバニア
アンドラ
北マケドニア
キプロス
サンマリノ
ジブラルタル
フェロー諸島
ボスニア・ヘルツェゴビナ
マルタ
モナコ
モンテネグロ

**ロシア・NIS諸国 (12)**
アゼルバイジャン
アルメニア
ウクライナ
ウズベキスタン
カザフスタン
キルギス
ジョージア
タジキスタン
トルクメニスタン
ベラルーシ
モルドバ
ロシア

**中東 (10)**
アラブ首長国連邦
イスラエル
オマーン
カタール
（執行共助条約のみ）
バーレーン
ヨルダン
クウェート
サウジアラビア
トルコ
レバノン

**アフリカ (22)**
エジプト
ザンビア
南アフリカ
モロッコ
（執行共助条約のみ）
ウガンダ
ガーナ
エスワティニ
カーボベルデ
カメルーン
ケニア
セーシェル
ナイジェリア
ナミビア
ブルキナファソ
ベナン
ボツワナ
モーリタニア
リベリア
ルワンダ

**アジア・大洋州 (29)**
インド
インドネシア
オーストラリア
韓国
（執行共助条約のみ）
クック諸島
ナウル
ニウエ
シンガポール
スリランカ
タイ
中国
ニュージーランド
パキスタン
バヌアツ
フィジー
パプアニューギニア
フィリピン
ブルネイ
ベトナム
香港
マーシャル諸島
モルディブ
マレーシア
サモア（※）
マカオ（※）
台湾（注３）
モンゴル

（注１）　税務行政執行共助条約が多数国間条約であること、及び、旧ソ連・旧チェコスロバキアとの条約が複数国へ承継されていることから、条約等の数と国・地域の数が一致しない。
（注２）　条約等の数及び国・地域数の内訳は以下のとおり。
・租税条約（二重課税の除去並びに脱税及び租税回避の防止を主たる内容とする条約）：72か国・地域
・情報交換協定（租税に関する情報交換を主たる内容とする協定）：11本・11か国・地域
・税務行政執行共助条約：締約国は我が国を除いて124か国（図中、国名に下線）。適用拡張により142か国・地域（図中・適用・地域名に（※））。このうち我が国が国と二国間条約を締結していない国・地域は63か国・地域。
（注３）　台湾については、公益財団法人交流協会（日本側）と亜東関係協会（台湾側）との民間租税取決め及びその内容を日本国内で実施するための法令によって、全体として租税条約に相当する枠組みを構築（現在、公益財団法人日本台湾交流協会（日本側）及び台湾日本関係協会（台湾側）にそれぞれ改称されている。

出典：財務省HP（https://www.mof.go.jp/tax_policy/summary/international/tax_convention/index.htm）より転載。

**COLUMN㉜　節税，脱税，租税回避の違いは？**

　この３つの言葉の違いを知っていますか。よく耳にしますが，使い分けが十分にできていないように思われます。節税（tax wise）とは合法的かつ合理的に租税負担を減少させる行為のことをいいます。一方，脱税（tax evasion）は不当に租税負担を少なくすることです。二重帳簿の作成や，経費の水増しがこれにあたり，もちろん違法行為です。

　では，租税回避（tax avoidance）とはどのようなものでしょうか。学説上の定義はさまざまですが，その特徴として①法的には有効（とはいっても限りなくグレーゾーン），②通常行われないような異常な行為・形式による，③当該行為により納税額が減少する，といった３つが挙げられます。

## (2)　日米租税条約の中身の例：不動産所得，利子所得

　では，租税条約には具体的にどのような内容が規定されているのであろうか。簡単に不動産所得と利子所得に関して見てみよう。

　まず，不動産所得に関して，日米租税条約６条１では「一方の締結国の居住者が他方の締結国内に存在する不動産から取得する所得…に対しては，当該他方の締結国において租税を課すことができる」とある。例えば，米国居住者が日本国内にある不動産から所得を稼得した場合，源泉地国である日本が，租税を課すことができることになる。不動産からの所得については源泉地国に課税権が優先的に配分されている。

　次に，利子所得に関して，日米租税条約11条１及び２は「一方の締結国内において生じ，他方の締結国の居住者に支払われる利子に対しては，当該他方の締結国において租税を課すことができる」及び「一の利子に対しては，当該利子が生じた締結国においても，当該締結国の法令に従って租税を課することができる。その租税の額は当該利子の受益者が他方の締結国の居住者である場合には，当該利子の額の十パーセントを超えないものとする」とある。日本の国内法では，非居住者や外国法人等の海外投資家が日本を源泉とする利子所得を得た場合，その支払いをする者は20％の源泉徴収をし，残りを海外投資家に支払う（所法161①八，212①，213①一）。この国内法をそのまま適用したのでは，海外投資家は源泉税の低い国に資本を移してしまいかねない。そこで，一定の要件を満たす場合には，租税条約によって20％から10％に軽減される。もっとも国内法（租税特別措置法）による非課税措置がおかれているものに関しては

源泉徴収税も0となる。

　このように，国際的な課税関係を考える際には，国内法の定めに加えて，租税条約が締結されているか否か，締結されている場合には国内法における課税が制限を受けるかどうかを総合的にみる必要がある。

---

### COLUMN㊼ 「国籍」の決め方

　例えば，アメリカ人のお父さんと日本人のお母さんから生まれた子供の「国籍」はどう決まるでしょうか。その決め方は大きく2つあります。一つは，血統主義，もう一つは出生地主義といいます。前者は親の国籍を引き継ぐもの，後者は領域内で生まれた子はその国の国民とするものです。親の国籍を重視するのか，出生の場所を重視するのかという違いがあることがわかります。国際課税の文脈でも人とのつながりか又は所得発生の場所で見るかという考え方がありましたね。なお，国際課税では「国籍」ではなく，住所（個人なら住所，法人なら本店または主たる事務所の所在地）が重視されますが，例えば日本国籍を持つ者は「非永住者」に当たらない（平成18年改正〜）等，「国籍」が出てくる場面もあります。

第 **2** 章

# 外国法人に対する課税

## 第1 ● 法人税法上の国内源泉所得

　2014（平成26）年度改正で国内源泉所得の定義は大きく見直された。改正前は外国法人が国内に恒久的施設（Permanent Establishment, PE）を設立して事業を行っている場合，その外国法人のすべての国内源泉所得（PEに帰属する国内源泉所得とPEに帰属しない国内源泉所得）を合算して，課税が行われるという総合主義が採用されていた（後述図表Ⅲ-2-1左側参照）。改正後はPEに帰属する所得を国内源泉所得の1つと位置づけ，それにいくつかの項目（その他の国内源泉所得）を付加するという帰属主義による課税へと移行した。

### ⑴　恒久的施設（PE）

　PEは，以下の3つに分類される（法法2十二の十九）。

#### ㋐　事業所PE

　外国法人の国内にある支店，工場その他事業を行う一定の場所で，政令で定めるものをいう。

#### ㋑　建設作業PE

　外国法人の国内にある建設作業場をいう。建設作業場とは外国法人が国内において建設作業等（建設，据付け，組立てその他の作業またはその作業の指揮監督の役務の提供で1年を超えて行われるものをいう）を行う場所をいい，当該外国法人の国内における当該建設作業等を含む。

#### ㋒　代理人PE

　外国法人が国内に置く自己のために契約を締結する権限のある者その他これ

に準ずる者で政令に定めるものをいう。

　建設作業PEと代理人PEは，事業所を日本国内に置いていなくても，建設作業場や代理人がいればPEに認定される。日本では事業所得について，「PEなければ課税なし」という原則を採用しているため，駐在員事務所など事業の準備のための活動や貿易取引を課税の対象から除外している。

### (2)　PE帰属所得

　PE帰属所得は，外国法人が恒久的施設を通じて事業を行う場合において，当該恒久的施設が当該外国法人から独立して事業を行う事業者であるとしたならば，当該恒久的施設が果たす機能，当該恒久的施設において使用する資産，当該恒久的施設と当該外国法人の本店等との間の内部取引その他の状況を勘案して，当該恒久的施設に帰せられるべき所得である（法法138①一）。すなわち，PEの事業によって生じた所得やPEの投融資などによる利子や配当なども含まれる（図表Ⅲ-2-1右側参照）。また，総合主義のときには含まれなかった，PEが第三国で投資した企業からの配当などといった第三国で稼得した所得が含まれる（第三国でも課税される場合には外国税額控除が適用される）。

　一方で，総合主義を採用していたときに対象になっていた本国の外国法人（本店）がPEを介さずに日本で得た有価証券の譲渡益などはPEの帰属所得ではなく申告の対象外である（図表Ⅲ-2-1左側参照）。

### (3)　その他の国内源泉所得

　その他の国内源泉所得は以下のものである（法法138①二〜六）。

#### ㋐　国内にある資産の運用・保有により生ずる所得

　該当する資産は，公社債のうち日本国の国債，地方債，内国法人の発行する債券・コマーシャルペーパーや，個人居住者に対する貸付金に係る債権で当該居住者の行う業務に係るものなどである（法令177①）。

　債券の利子，貸付金の利子，配当，使用料などは国内源泉所得に該当せず，原則として所得税の源泉徴収のみで課税関係が終了する（法法138①二）。源泉徴収は所得税法上の事項とされているためである。

**図表Ⅲ－2－1** 総合主義と帰属主義の違い

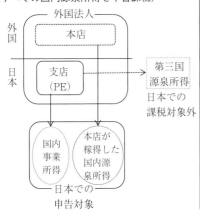

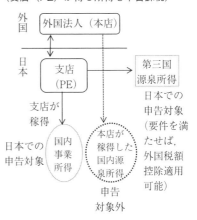

（出所）　財務省資料より大和総研作成。

#### ㈰　国内にある資産の譲渡により生ずる所得

不動産の譲渡による所得，山林の伐採による所得等が該当する（法令178①）。

#### ㈱　人的役務提供事業の対価

映画などの俳優，音楽家その他の芸能人，弁護士，公認会計士，建築士といった役務の提供を主たる内容とする事業の対価が該当する（法令179）。

#### ㈲　国内不動産等の貸付に係る対価

#### ㈹　その他その源泉が国内にある所得

---

**COLUMN㊺　外国事業体の租税法上の扱い　～米国デラウェア州LPS事件～**

外国の事業体はわが国の法人や人格のない社団等にあたるのでしょうか。デラウェア州LPSの法人該当性が争われた事件で，最高裁は①準拠法である外国の法令において法人格を付与されているか（法人格付与基準），②権利義務の帰属主体であるか（損益帰属主体性基準），という2要件を示しています（最判平成27年7月17日民集69巻5号1253頁）。また，バミューダLPSかつバミューダEPSの人格のない社団等該当性に係る事件では，東京高裁は最高裁判決（最判昭和39年10月15日民集18巻8号1671頁）に従い，4要件（①団体としての組織を備えている，②多数決の原則が行われている，③構成員の変更にかかわらず団体が存続する，④その組織により代表の方法，総会の運営，財産の管理その他団体と

しての主要な点が確定している）により判断しています（東京高判平成26年2月5日判タ1407号86頁）。

## 第2 ● 課税される所得と課税方式

　課税される所得と課税方式は，外国法人が保有するPEの有無と国内源泉所得がPEに帰属するかどうかによって区分される。

### ㋐　PEを有する外国法人（法法141一）

　PEを有する外国法人では，PE帰属所得とその他の国内源泉所得に分けて，それぞれの規定に基づいて課税所得が計算される。なお，PE帰属所得ではない債券の利子や配当などは所得税の源泉徴収で課税関係が終了する。

### ㋑　PEを有しない外国法人（法法141二）

　PEを有しない外国法人では，その他の国内源泉所得を所定の規定に基づいて課税所得が計算される。なお，債券の利子や配当などは所得税の源泉徴収で課税関係が終了する。

---

**COLUMN㉟　今まさに国際的な議論が行われているデジタル課税って何？**

　みなさんは，グーグルの検索サービスやフェイスブックなどのSNSを使わない日はありますか。おそらくないと思います。これらのサービスはいまや生活に必須なものになっていると言ってよいでしょう。

　しかし，これらのサービスに対する課税方法については，実はやっと国際的な議論が始まったばかりです。なぜ，国際的な課税ルールがまだ決まっていないのでしょうか。それは，製造業のような従来型の企業活動は物理的な施設（PE）を伴うため，価値が創造された場所で課税が行われますが，グーグルやフェイスブックなどのような多くのユーザーを抱えるデジタル企業の活動は物理的な施設を伴わず，オンライン上で書籍・音楽・動画などのサービスの提供がグローバルに行われているためです。さらに，ユーザーのオンライン上の活動履歴といった価値の測定が難しい無形資産によって利益が生み出されています。価値が創造される場所を捉えることが非常に難しくなっているのです。

　このように国際的な租税政策では想定していなかったビジネスが行われているため，OECD加盟国等で検討が行われ，2021年10月に主要項目の合意に至っています。この点については，第Ⅲ部第5章第3で状況を確認します。

---

第 **3** 章

# 国際的二重課税への対応

## 第1 ● 外国税額控除

　日本は，内国法人に対して全世界所得課税を前提として，外国税額控除を併せて適用している。外国税額控除は，日本の内国法人が外国支店で稼いだ所得のように外国法人税を納付することになる場合，控除限度額を限度として，控除対象外国法人税の額を当該事業年度の所得に対する法人税の額から控除することで，国際的な二重課税を排除する制度である（法法69①）。

　なお，外国法人に対する課税については帰属主義へ移行したことにより，外国法人のPEが本店所在地国以外の第三国で所得を稼得し，そこで課税される場合には日本で外国税額控除が適用される。

### (1) 外国法人税と控除対象外国法人税

　ここでの外国法人税は，外国の法令により課される法人税に相当する税で政令で定めるものである（法法69①）。これは外国の法令に基づき外国またはその地方公共団体により法人の所得を課税標準として課される税をいう（法令141①）。控除対象外国法人税の額は外国法人税の額から所得に対する負担が高率な部分などを除いたものである（法法69①）。

　高率な部分とは，外国法人税の額のうち当該外国法人税を課す国または地域において当該外国法人税の課税標準とされる金額に35％を乗じて計算した金額を超える部分の金額である（法令142の2①）。外国の法人税負担が日本よりも大きい場合，その負担を控除しきれなかったとしても，日本と外国で二重課税が生じていないため，高率な部分は除かれる。

## (2) 控除限度額

控除限度額は以下の算式によって求められる（法令142①）。

$$
控除限度額 = \frac{各事業年度の全世界所得に対する法人税額}{} \times \frac{当該事業年度の調整国外所得金額}{当該事業年度の全世界所得金額}
$$

この式の意味を大雑把に捉えると，内国法人の法人税額に，全世界所得金額に占める一定の修正を行った国外所得の割合を乗じて控除限度額を算出している。すなわち，控除限度額は内国法人税額を超えないように計算される。あくまで日本と外国で二重課税が生じている部分だけを税額控除するという意図がある。

さて，この式で重要なのは調整国外所得金額である。調整国外所得金額は，内国法人の各事業年度に生じた国外所得金額から非課税国外所得金額を控除した金額である（法令142③）。ここで国外所得金額とは，内国法人の各事業年度の国外源泉所得に係る所得の金額の合計額をいう（法法69①）。国外源泉所得は国外事業所等帰属所得を中心として16種類に分けられ，国外事業所等帰属所得とそれ以外の国外源泉所得に区分して所得計算する必要がある。

国外事業所等とは国外にある恒久的施設に相当するものその他政令で定めるものであり（法法69④一），国外事業所等帰属所得は内国法人が国外事業所等を通じて事業を行う場合において，当該国外事業所等が当該内国法人から独立して事業を行う事業者であるとしたならば，当該国外事業所等が果たす機能，当該国外事業所等において使用する資産，当該国外事業所等と当該内国法人の本店等との間の内部取引その他の状況を勘案して，当該国外事業所等に帰せられるべき所得である（法法69④一）。

これは，第Ⅲ部第2章第1(2)で解説した国内源泉所得におけるPE帰属所得と平仄を合わせたものである。それ以外の国外源泉所得には，国外資産の運用・保有所得（法法69④二），国外資産の譲渡所得（法法69④三）などが含まれる。

ここで簡単な例で控除限度額の計算方法のイメージをつかんでみよう。内国法人の国内源泉所得220，国外源泉所得180（ここでは調整国外所得金額ではなく，簡便的に国外源泉所得で計算），非課税国外所得金額30，国内法人税率30％としたときの控除限度額を算出すると**図表Ⅲ-3-1**のように54になる。

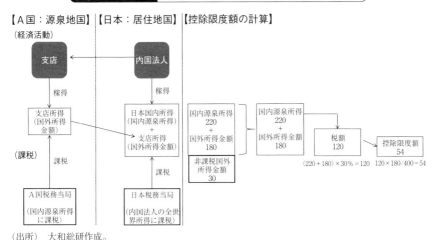

図表Ⅲ－3－1　外国税額控除における控除限度額の計算

（出所）　大和総研作成。

　なお，控除対象外国法人税額が当期の控除限度額に満たない場合の控除余裕額は，翌期以降3年間以内の繰越しが認められている。また，控除対象外国法人税額が当期の控除限度額を超える場合の控除超過額は，翌期以降3年間以内の事業年度において控除限度額に余裕が生じた際に法人税額から控除することができる（法法69③）。

## 第2 ● 外国子会社配当益金不算入制度

### (1)　制度の目的と概要

　外国税額控除は主に内国法人の外国支店に対する制度であるが，外国子会社配当益金不算入制度は日本の内国法人（親会社）が外国に設立した外国法人（子会社）に関する二重課税の調整制度である。すなわち，外国子会社から国内親会社に配当等を行った場合，その配当等の額の95％は，その国内親会社の各事業年度の所得の金額の計算上，益金の額に算入されない（法法23の2，法令22の4②）。ここで外国子会社とは，国内親会社の外国法人に対する持分割合が25％以上であり，かつ，その保有期間が剰余金の配当等の額の支払義務が確定する日以前6か月以上であるものをいう（法法23の2①，法令22の4①）。

本制度は2009（平成21）年度改正で導入されたもので，外国子会社が日本へ配当する場合の税制上の障害を取り除く目的がある。導入前は外国子会社の配当は日本の親会社に分配されるときに課税される，言い換えれば外国子会社に所得を留保していれば日本では課税されないため（もちろん，外国子会社合算税制などの対象外の場合），配当を行うか否かというバイアスがあった。これに対しては間接外国税額控除制度（2009（平成21）年度改正で廃止）で対応していたものの，日本の法人税率よりも外国の法人税率のほうが高い場合，当該制度を利用しても配当を受けると追加的な納税が必要になっていた。間接外国税額控除制度とは，外国子会社からの配当を国内親会社の益金にいったん算入し，全世界所得に対する日本で納める税額を計算し，そこから外国子会社の所得に課された外国法人税について配当を受け取る時点で受取配当に対応する額の税額控除を認めていた制度である。

## (2) 配当等に係るみなし経費の損金不算入

外国子会社配当益金不算入制度で益金不算入とされる額は，外国子会社から受ける剰余金配当等の額に費用等の額に相当する金額を控除した金額とされており（法法23の2①），その費用等の額に相当する額とは，具体的にはその剰余金の配当等の額の5％相当額とされている（法令22の4②）。外国子会社からの剰余金の配当等の5％を益金に算入することにより，当該費用と相殺され，税法上のメリットを二重に享受させることを防止している。

▷ ☞第Ⅰ部第2章第3　COLUMN㉑

---

**COLUMN㊶　増加する日本企業の海外進出**

日本企業の海外進出は年々増加しています。経済産業省「海外事業活動基本調査」によれば，日本企業の海外現地法人は2021（令和3）年度時点で25,325社と2000（平成12）年度（14,991社）と比較すると1.7倍に増加しています。中国や東南アジアへの進出が増加の大半を占めています。海外現地法人の売上高は，2021年度が303兆円と2000年度（129兆円）と比較すると2.3倍に増加しています。

なお，この調査での現地法人は海外子会社（日本側出資比率が10％以上の外国法人）と海外孫会社（日本側出資比率が50％超の海外子会社が50％超の出資を行っている外国法人）を意味します。

第 **4** 章

# 国内法における租税回避への対応

## 第1 ● 移転価格税制

### (1) 制度の目的

　法人が国外関連者（主に親会社や子会社）と売買取引を行うとすれば，その移転価格（トランスファー・プライス）を操作する余地が残されるので，法人グループ全体の納税額を最小にするために，あるいは所得を外国へ移転する手段として移転価格を恣意的に決定する傾向がみられてきた。そこで，1986（昭和61）年度改正で，法人がその国外関連者との取引（国外関連取引）でその対価の額が独立企業間価格（アームスレングス・プライス）と異なることによって法人の所得の額が減少する場合には，独立企業間価格で取引がなされたものとして，課税所得計算を見直すことにした（措法66の4①）。

　たとえば，A国の内国法人A社が子会社であるB国に所在するB社に価格100の自動車部品を販売したとする。A社は自動車部品の対価100を受け取り，それはA社の所得としてA国で課税される。しかし，A社が独立の第三者に全く同じ自動車部品を200で販売していたとすると，A国課税当局は，B社との取引の対価100は独立の第三者との取引対価200に比べて過少ではないかと考える。A国課税当局の立場で考えると，A社の所得が100減れば課税所得の減少を通じて税収の減少につながることから看過することはできない事態となる。このような場合に移転価格税制の発動が想定される。

　以下では移転価格税制で重要な要素となる国外関連者，独立企業間価格の算定方法，独立企業間価格幅（レンジ）について解説する。

### (2)　国外関連者

　ここで，国外関連者とは，外国法人であり，法人と特殊関係にあるもので，次の３つの類型に分けられる（措法66の４①，措令39の12①）。

(ア)　２つの法人のいずれか一方の法人が他方の法人の発行済株式の総数または出資金額（発行済株式等）の100分の50以上の株式の数または出資の金額を直接または間接に保有する関係

(イ)　２つの法人が同一の者によってそれぞれの発行済株式等の100分の50以上の株式の数または出資の金額を直接または間接に保有される関係

(ウ)　次に掲げる事実その他これに類する事実が存在することにより，２つの法人のいずれか一方の法人が他方の法人の事業の方針の全部または一部につき実質的に決定できる関係

　　１）他方の法人の役員の２分の１以上または代表する権限を有する役員が，一方の法人の役員もしくは使用人を兼務している者または一方の法人の役員もしくは使用人であった者であること

　　２）他方の法人がその事業活動の相当部分を一方の法人との取引に依存して行っていること

　　３）他方の法人がその事業活動に必要とされている資金の相当部分を一方の法人からの借入れにより，または一方の法人の保証を受けて調達していること

### (3)　独立企業間価格

　棚卸資産の売買，役務の提供その他の損益取引で，独立企業間価格を算定するため，個々の国外関連取引の内容および国外関連取引の当事者が果たす機能その他の事情を勘案して，国外関連取引が独立の事業者の間で通常の取引の条件に従って行われるとした場合に国外関連取引につき支払われるべき対価の額を算定するためのもっとも適切な方法を以下の方法の中から選定することになる（措法66の４②一）。これをベスト・メソッド・ルールという。

#### (ア)　独立価格比準法（措法66の４②一イ）

　特殊関係にない売手と買手が，国外関連取引に係る棚卸資産と同種の棚卸資産をその国外関連取引と取引段階，取引数量その他が同様の状況のもとで売買

した取引の対価の額に相当する金額を独立企業間価格とする方法である。この方法は，法人が必ず特殊関係にない者と売買取引を行っていなければ使えないというわけではなく，特殊関係にない第三者間の取引価格を参考にし，それが独立企業間価格とみなしうるのであれば，それを用いることもできる。

### ㈄ 再販売価格基準法（措法66の4②一ロ，措令39の12⑥）

外国の独立会社が国外関連取引に係る棚卸資産を本国の親会社から購入し，その棚卸資産を特殊関係にない独立会社に対し再販したとすれば，その再販売価格から通常の利益の額を控除して計算した金額をもって，その国外関連取引の棚卸資産の対価の額とする方法をいう。ここでいう通常の利益の額とは，その再販売価格に通常の売上総利益率を乗じて計算されるが，その通常の利益率は，国外関連取引に係る棚卸資産と同種または類似の棚卸資産を，非関連者から購入，製造その他の行為により取得した者が，その棚卸資産を非関連者に販売した取引での売上総利益の額の総収入額（売上総利益＋その棚卸資産の原価）に対する割合で計算される。

### ㈅ 原価基準法（措法66の4②一ハ，措令39の12⑦）

国外関連取引に係る棚卸資産の売手親会社の購入，製造その他の行為による売上原価に通常の売上総利益の額を加算した金額を独立企業間価格にする方法である。この方法も，上記㈄のように，他の法人の売上総利益率を参考にして独立企業間価格を計算することも認められる場合がある。

### ㈆ 利益分割法（措令39の12⑧一）

内国法人と国外関連者による棚卸資産の購入，製造その他の行為による取得および販売等に係る所得を，その棚卸資産の購入等のために支出した費用の額，使用した固定資産の価額その他これらの者がその取得の発生に寄与した程度を推測するに足る要因に応じてその内国法人およびその国外関連者に帰属するものとして計算した金額をもってその国外関連取引の対価の額とする方法である。利益分割は，分割する方法によって寄与度利益分割法，比較利益分割法，残余利益分割法の3つに分類される。

### ㈇ 取引単位営業利益法（措令39の12⑧二～五）

再販売価格基準法および原価基準法が売上総利益を基礎としているのに対し，営業利益を基礎にして独立企業間価格を算定する。すなわち，国外関連取引と同種または類似の棚卸資産取引の営業利益率を基礎にして，独立した企業であ

れば通常用いられるであろう営業利益を計算して独立企業間価格を算定する。

　なお，2019（平成31）年度改正によって，2020年4月1日以後に開始する事業年度からあらたな価格算定方法として，ディスカウント・キャッシュ・フロー法（DCF法）が追加された（措令39の12⑧六）。比較対象取引が特定できない場合，無形資産の使用から得られる予測キャッシュ・フロー等の割引現在価値を用いた評価手法により無形資産取引に係る独立企業間価格を算定するために採用される。これは第Ⅲ部第5章で取り上げる「BEPSプロジェクト」の勧告により改訂されたOECD移転価格ガイドライン等を踏まえた改正である。

### (4)　独立企業間価格幅（レンジ）

　国外関連取引に係る比較対象取引が複数存在し，独立企業間価格が一定の幅を形成している場合には，その幅の中に国外関連取引の対価の額があるときは，その国外関連取引については移転価格課税が行われることはない（措通66の4(3)-4）。また，国外関連取引がその幅の外にある場合には，比較対象取引の平均値に加え，その分布状況等に応じた合理的な値を用いた独立企業間価格を算定し，移転価格課税が行われることになる。

## 第2 ● 外国子会社合算税制（タックスヘイブン対策税制）

### (1)　制度の目的

　タックスヘイブン（tax haven）のような軽課税国・地域に外国子会社を設立して，租税負担の意図的な縮小を図る傾向が，以前より国際的な活動を行う企業でみられる。軽課税国等に所得を留保させることで租税負担を免れる，または軽減させ，本国の親会社の課税を低減させるものである。

　このような国際的な租税回避防止のために，日本では諸外国の制度に倣って1978（昭和53）年度改正時にタックスヘイブン対策税制が導入された。その後，幾度の改正を経て，2015（平成27）年度改正では所得額に対して租税額が占める割合である租税負担割合20％未満（いわゆるトリガー税率）の国等に所在する特定外国子会社等の所得を日本の親会社の所得に合算する制度になった。

しかし，トリガー税率以上であれば，経済実態を伴わないような外国子会社の所得であっても本制度の適用外になり，対照的にトリガー税率未満の場合，経済実態を伴う事業から稼得した所得であっても適用対象となってしまう問題が生じていた。そのため，2017（平成29）年度改正では，改正前の制度の骨格は維持しつつ，トリガー税率の廃止，適用除外基準の見直し等，比較的大きな改正が行われた。これは，「外国子会社の経済実態に即して課税すべき」というBEPSプロジェクトの基本的な考え方に基づき，租税回避リスクを外国子会社の個々の活動によって把握するための改正である。

### (2)　制度の概要

本制度は，ペーパーカンパニー等に該当，または事業の内容や会社の実体の有無等によって判別する経済活動基準を満たさず，それぞれ一定の租税負担割合未満（前者は30％未満，後者は20％未満）である場合，外国子会社の所得を日本の内国法人である親会社の所得とみなして合算するものである（会社単位の合算課税）。さらに，経済活動基準をすべて満たしても，租税負担割合が20％未満である場合，実質的な活動のない事業から得られる所得である受動的所得は親会社の所得とみなして合算して課税するものである（受動的所得の合算課税）。すなわち，第1に活動内容，第2に租税負担割合によって合算課税の対象かどうかが判別される（図表Ⅲ-4-1参照）。

2017（平成29）年度の改正前は，租税回避リスクを外国子会社の租税負担率（20％未満）等により把握していた。この方法の場合，租税負担率が20％未満の場合，実体のある外国子会社であっても合算課税の対象となった。しかし，このような状況は適切ではなく，また，上述したBEPSプロジェクトの基本的な考え方に基づき，租税回避リスクを外国子会社の個々の活動（所得の種類など）によって把握することになった。

### ①　納税義務者

一定の基準を満たした外国子会社の所得が合算される納税義務者は以下の内国法人が該当する（措法66の6①一～四）。

- 内国法人の外国関係会社（後述）に対する直接および間接の株式等保有割合が10％以上である内国法人

**図表Ⅲ－4－1　外国子会社合算税制のしくみ**

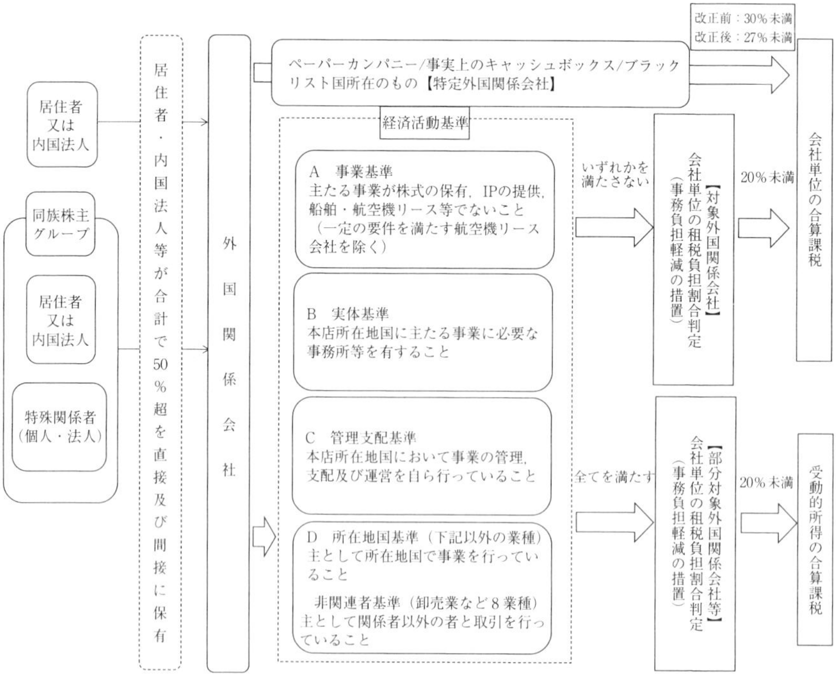

居住者
又は
内国法人

同族株主
グループ

居住者
又は
内国法人

特殊関係者
（個人・法人）

居住者・内国法人等が合計で50％超を直接及び間接に保有

外国関係会社

ペーパーカンパニー/事実上のキャッシュボックス/ブラックリスト国所在のもの【特定外国関係会社】

改正前：30％未満
改正後：27％未満

経済活動基準

A　事業基準
主たる事業が株式の保有，IPの提供，船舶・航空機リース等でないこと（一定の要件を満たす航空機リース会社を除く）

B　実体基準
本店所在地に主たる事業に必要な事務所等を有すること

C　管理支配基準
本店所在地において事業の管理，支配及び運営を自ら行っていること

D　所在地基準（下記以外の業種）
主として所在地国で事業を行っていること

　　非関連者基準（卸売業など8業種）
主として関係者以外の者と取引を行っていること

いずれかを満たさない

【対象外国関係会社】
会社単位の租税負担割合判定
（事務負担軽減の措置）

20％未満

会社単位の合算課税

全てを満たす

【部分対象外国関係会社等】
会社単位の租税負担割合判定
（事務負担軽減の措置）

20％未満

受動的所得の合算課税

（出所）　財務省資料より大和総研作成。

- 外国関係会社との間に実質支配関係がある内国法人
- 内国法人との間に実質支配関係がある外国関係会社の他の外国関係会社に対する直接および間接の株式等保有割合が10％以上である場合における当該内国法人
- 直接および間接の株式等保有割合が10％以上である一の同族株主グループに属する内国法人

　ここで，実質支配関係とは，居住者または内国法人と外国法人との間に，資本関係によらない（たとえば，残余財産のおおむね全部を請求する権利を有している）事実が存在する関係が該当する（措法66の6②五，措令39の16①）。

### ②　外国関係会社の範囲

　外国関係会社とは，外国法人のうち，居住者および内国法人によって発行済

株式等の50％超を直接および間接に保有されている外国法人や実質支配関係がある外国法人である（措法66の6②一）。この外国関係会社が，ペーパーカンパニー等や経済活動基準の該当有無，租税負担割合の大きさによって判別され，これらの基準に該当した場合，外国関係会社の所得に相当する金額が内国法人等の所得とみなされる。

　なお，間接保有割合の計算は各段階での持分割合に乗じて計算した割合が50％超という掛け算方式ではなく，50％超の連鎖関係の有無という連鎖方式で判定される。実質支配関係は，①の納税義務者で述べたように，居住者または内国法人と外国法人との間に，資本関係によらない事実が存在する関係である。

### ③　会社単位の合算課税の対象となる特定外国関係会社

　受動的所得しか得ていないような租税回避リスクの高い外国関係会社は，特定外国関係会社と定義される。具体的には，事務所等の実体がなく，かつ，事業の管理支配を自ら行っていないというペーパーカンパニー（措法66の6②二イ），受動的所得の割合が一定以上という事実上のキャッシュボックス（措法66の6②二ロ），情報交換に関する国際的な取組みへの協力が著しく不十分なブラックリスト国または地域所在法人（措法66の6②二ニ）のいずれかに該当する場合である。特定外国関係会社は，後述する経済活動基準の判別とは関係なく，租税負担割合が30％以上の場合は会社単位の合算課税の適用が免除され（措法66の6⑤），30％未満の場合は合算課税の対象になる。なお，2023（令和5）年度税制改正では，グローバル・ミニマム課税の所得合算ルールが法制化される関係で，租税負担割合が27％未満の場合に会社単位の合算課税の対象になる。この改正は2024（令和6）年4月1日以後に開始する事業年度から適用される。

### ④　経済活動基準

　外国関係会社について，経済活動の実体のある事業から得られた能動的所得を得るために必要な実体を備えているかを判定する基準が経済活動基準である。この基準は以下の4つで構成されている（措法66の6②三）。

　A　事業基準

　　主たる事業が株式の保有，知的財産（Intellectual property，IP）の提供，

船舶・航空機リース等でないこと（一定の要件を満たす航空機リース会社を除く）

B　実体基準

本店所在地国に主たる事業に必要な事務所等を有すること

C　管理支配基準

本店所在地国において事業の管理，支配および運営を自ら行っていること

D　所在地国基準（下記以外の業種）

主として所在地国で事業を行っていること

非関連者基準（卸売業など8業種）

主として関係者以外の者と取引を行っていること

### ⑤　会社単位の合算課税の対象となる対象外国関係会社

外国関係会社のうち，経済活動基準のいずれかを満たさない会社は対象外国関係会社と定義され（措法66の6②三），租税負担割合が20％以上の場合は会社単位の合算課税の適用が免除され（措法66の6⑤二），20％未満の場合は合算課税の対象となる。

### ⑥　受動的所得の合算課税の対象となる部分対象外国関係会社

外国関係会社に該当し，経済活動基準のすべてを満たした場合，部分対象外国関係会社と定義される（措法66の6②六）。部分対象外国関係会社は，租税負担割合が20％以上の場合，受動的所得の合算課税の適用が免除され（措法66の6⑩），20％未満の場合は合算課税の対象になる。受動的所得には配当等，受取利子等，有価証券の貸付けによる対価など11種類が指定されている。

## 第3 ● 過少資本税制と過大支払利子税制

### (1)　過少資本税制

### ①　制度の目的・概要

外国法人が日本に進出するに際して，日本に子会社を設立することがよくみられる。その際，子会社の資本・利付負債比率で，利付負債に不当に高いウェ

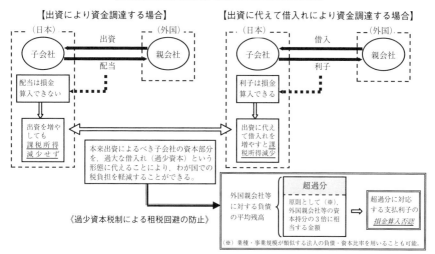

図表Ⅲ－4－2　過少資本税制のしくみ

（出所）　財務省資料（http://www.mof.go.jp/tax_policy/summary/international/179.htm）

イトを置いて租税回避を図ることが可能である。すなわち，子会社の資本部分の配当の支払いは利益処分として扱われ，損金算入されないが，借入金の利息の支払いは損金算入となるので，借入金によるほうが課税上有利となるため，日本での課税所得の圧縮を目的として行われる（図表Ⅲ－4－2参照）。親会社が内国法人であれば，支払利息は受取り側では益金算入となるものの，親会社が外国法人であれば，利息の受取りは日本で前もって源泉課税を行えるが，法人税を課すことができない。そこで，子会社が資本部分に比して借入金を極端に多くしている場合には借入金利息の一定の額を超える部分については損金算入を認めない措置を講じてきた（措法66の5）。

　この制度は過少資本税制とよばれ，多くの先進国で導入されており，日本では1992（平成4）年度改正で導入され，2006（平成18）年度に改正され，現在に至る。

## ②　損金不算入となる利息

　日本の内国法人（子会社）が国外支配株主等または資金供与者等に負債の利子等を支払う場合において，その国外支配株主等および資金供与者等に対する

負債に係る平均負債残高が国外支配株主等の資本持分の3倍に相当する金額を超えるときは，その負債の利子等の額のうち，その超える部分に対応するものとして計算した金額は，損金の額に算入されない（措法66の5①）。

ここで国外支配株主等とは非居住者または外国法人が内国法人の発行済株式等の50％以上を直接または間接に保有する関係その他の特殊の関係にあるものとされ（措法66の5⑤一），資金供与者等は内国法人に資金を供与する者および当該資金の供与に関係のある者をいう（措法66の5⑤二）。

ただし，当該内国法人の事業年度の総負債に係る平均負債残高が自己資本の額の3倍に相当する金額以下となる場合にはその限りではなく（措法66の5①），また，上記倍数に代えて，同種の事業を営む法人で事業規模その他の状況が類似するもの（類似法人）の総負債額に対する純資産額の比率に照らし，妥当な倍数を用いることもできる（措法66の5③）。

### (2) 過大支払利子税制

資本に比べて負債が過大なものには過少資本税制で対応してきたが，所得金額に比べて支払利子額が過大であることは以前は考慮されていなかった。本制度はそれに対応するものとして，2012（平成24）年度改正で導入されたものである。2019（平成31）年度改正では，支払利子の損金算入を制限する制度の導入を勧告したBEPSプロジェクトに合わせた改正が行われた。ただし，従前より日本の制度は勧告と同様の考え方に基づく制度であるため，制度の大枠に変更はなく，対象とする利子，調整所得金額，基準値の見直しが行われた。この改正は2020年4月1日以後に開始する事業年度から適用されている。

#### ① 改正前の制度概要

法人の所得金額に比し過大な利子を法人の関連者に対して支払うことによる租税回避を防止するために，関連者に対する純支払利子等の額が調整所得金額の50％を超える場合には，当事業年度の損金の額に算入されない（**図表Ⅲ－4－3参照**）。

ここで関連者の範囲は，その法人との間に直接または間接の持分割合50％以上の関係にある者および実質支配・被支配関係にある者等である。関連者に対する純支払利子等の額は関連者への支払利子からそれに対応する受取利子を控

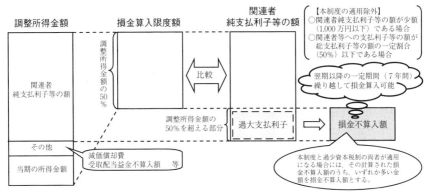

**図表Ⅲ－4－3　改正前の過大支払利子税制のしくみ**

（出所）　財務省資料（https://www.mof.go.jp/tax_policy/summary/international/336.pdf）

除したものである。調整所得金額とは，当事業年度の所得金額に，関連者純支払利子等，減価償却費等および受取配当等の益金不算入等を加算し，ならびに貸倒損失等の特別の損益について加減算する等の調整を行った金額である。

　ただし，その調整所得金額の50％に関連者純支払利子等の額が満たない場合であっても，前7年以内に開始した事業年度に本制度の適用によって損金不算入とされた金額があるときは，その関連者純支払利子等の額と調整所得金額の50％に相当する金額との差額を限度として，当事業年度の損金の額に算入される。

### ②　改正の概要

　この改正の背景には，BEPSプロジェクトにおいて，関連者間だけではなく，多国籍企業グループが利子を活用したタックスプランニングを活用しているという指摘がなされたことがある。具体的には多国籍企業グループにおいて，あえて税率の高い国の企業から借入を行い，その借入金をより税率の低い国の企業に出資することなどにより，税率の高い国で支払利子の損金算入と受取配当金の益金不算入が行われるという懸念である。

　主な改正点は，対象とする利子，調整所得金額，基準値の見直しである。対象とする利子は関連者に対する純支払利子等とされていたが，関連者だけではなく全くの第三者を含む純支払利子等とされた（措法66の5の2①）（**図表Ⅲ－**

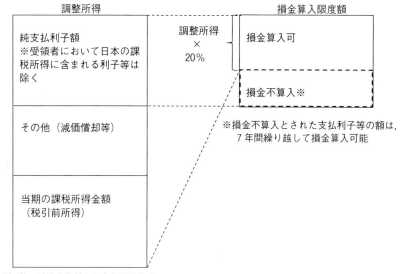

図表Ⅲ−4−4　改正後の過大支払利子税制の仕組み

（出所）　財務省資料より大和総研作成。

4−4参照）。調整所得金額は当事業年度の所得金額に，関連者純支払利子等，減価償却費等および受取配当等の益金不算入等が加算されていたが，この受取配当益金不算入額が加算されないことになった（措令39の13の2①）。最後に基準値であるが，基準値とは損金算入できる金額の計算に使用される数値である。調整所得の50％を乗じた金額が損金算入限度額であったが，改正では基準値が50％から20％へと変更された（措法66の5の2①）。

　これらの改正に伴って，超過利子額の損金算入については対象純支払利子等の額が調整所得金額の20％に満たない場合において，前7年以内に開始した事業年度に本制度の適用により損金不算入とされた金額（超過利子額）があるときは，その対象純支払利子等の額と調整所得金額の20％に相当する金額との差額を限度として，当該超過利子額に相当する金額を損金の額に算入されることとなった（措法66の5の3①）。

# 第5章

# BEPSプロジェクトによる国際課税改革

## 第1 ● BEPSプロジェクトの背景・経緯

　BEPSとは多国籍企業による「税源浸食と利益移転」を指す。多国籍企業による調達・生産・販売・管理等の活動が複数国間にわたるなかで，その活動が既存の国際課税ルールの間隙を縫い，課税所得を人為的に操作し，課税逃れを行う（二重非課税の状況を作り上げる）行為である。OECDによれば，BEPSによって失われている各国の歳入は控えめに見積もっても年間1,000億〜2,400億米ドル，世界全体の法人税収入の4〜10％に相当するとみられている。

　一部の多国籍企業のこのような行動に対しては納税者から多くの批判の声が上がったが，その声がよりいっそう大きなものになった背景の1つにリーマン・ショックがある。2008年に起きたリーマン・ショックによって世界各国の金融市場は混乱に陥り，景気も低迷した。それに対応するために，各国中央銀行が大規模な金融緩和政策を行うと同時に政府は大型の財政出動を行った。財政状況を大きく悪化させるなか，各国政府は必要な歳出を補うために多くの国民負担を求めた。一方で一部の多国籍企業が税制の抜け穴を活用した租税回避を行っていたことが広く知られることになり，大きな社会・政治問題となった。納税者がより多くの租税負担を強いられる状況において，一部の多国籍企業は租税負担を免れる，もしくは最低限にとどめる行為を行っていたわけであり，その不公平感が多国籍企業に対する納税者からの多くの批判につながった。また，タックスヘイブンをめぐる不透明な資金の流れが，リーマン・ショックに伴う金融危機を増幅させたという疑念も背景の1つといえる。

　多国籍企業の租税回避行為に対して，企業の経済活動の実態に沿った適正か

つ公平な国際課税ルールを見直すために，OECD租税委員会は2012年6月に
BEPSプロジェクトを立ち上げた。2015年11月に最終報告書がG20サミットで
各国首脳から承認された。

## 第2 ● BEPS行動計画の概要

　BEPS行動計画には15の行動があるが（図表Ⅲ－5－1），それらは第1の柱
である価値創造の場での課税という観点からの国際課税原則の再構築（行動1
～10に該当），第2の柱である各国政府・グローバル企業の活動に関する透明
性向上（行動11～13に該当），第3の柱である企業の不確実性の排除と予見可能
性の確保（行動14，15に該当）の3つに分類される。

　第1の柱は今まで築いてきた国際課税原則を見直して，他国間にまたがって
調達・生産・販売・管理等を行う企業の経済活動の実態に則した課税ルールを
構築するものである。価値が創造される場で企業は租税を負担すべきという考

**図表Ⅲ－5－1　BEPS 行動計画**

| 行動 | 行動計画 |
|---|---|
| 1 | 電子経済の課税上の課題への対応 |
| 2 | ハイブリッド・ミスマッチ（金融商品や事業体に対する複数国間における税務上の取扱い差異）の無効化 |
| 3 | 外国子会社合算税制の強化 |
| 4 | 利子等の損金算入を通じた税源浸食の制限<br>（各国が最低限導入すべき基準について勧告を策定） |
| 5 | 有害税制への対抗 |
| 6 | 租税条約濫用の防止 |
| 7 | 恒久的施設(PE)認定の人為的回避の防止（PEの定義変更） |
| 8 | 移転価格税制：①無形資産<br>（親子会社間等で特許等の移転で生じるBEPSを防ぐルールを策定） |
| 9 | 移転価格税制：②リスクと資本<br>（親子会社間等で資本の過剰な配分によるBEPSを防ぐルールを策定） |
| 10 | 移転価格税制：③他の租税回避の可能性が高い取引 |
| 11 | BEPS関連のデータ収集・分析方法の確立 |
| 12 | タックス・プランニングの義務的開示 |
| 13 | 多国籍企業情報の報告制度（移転価格税制に係る文書化） |
| 14 | より効果的な紛争解決メカニズムの構築 |
| 15 | 多国間協定の開発 |

（出所）　財務省資料より大和総研作成。

えである。たとえば，行動3は第Ⅲ部第4章第2で触れた外国子会社合算税制の2017（平成29）年度改正で対応されたものである。

第2，3の柱は第1の柱を補強するものである。第2の柱は多国籍企業の活動や納税状況を各国間で共有するという透明性の向上を強化していくものであり，第3の柱は租税に係る紛争手続きの強化などについてである。第Ⅲ部第1章第4(2)で取り上げたBEPS防止措置実施条約は行動15に該当する。

## 第3 ● デジタル課税とグローバル・ミニマム課税

BEPS行動計画の策定においては，G20参加国とOECD加盟国の合計46か国が最終的に参加したが，その実施においてはこれらの国で行動に移すだけでは不十分である。2016年以降，BEPSプロジェクト参加国の枠組みをさらに拡大することを目的とした「BEPS包摂的枠組み（Inclusive Framework on BEPS, IF）」とよばれる組織体が活動している。2016年6月には京都で第1回会合が行われ，82か国・地域が参加した。参加国はBEPSの15の行動計画それぞれの最終報告書をまとめたBEPSパッケージの実施にコミットし，グローバルな実施を支援するための実践的ガイダンスの策定を始めた。IFには，2023年12月時点で143か国・地域が参加している。

IFの中で最も注目されてきたのはデジタル課税とグローバル・ミニマム課税であり，それぞれBEPS行動計画1と行動計画5に応じた取組みである。

デジタル課税は，法人の物理的拠点（PE）がなくても，ビジネスが行われ，売上や利益が発生した国（市場国）に一定の課税権を認めるものである。たとえば，オンライン上で書籍・音楽・動画を配信するサービスなどによって，市場国に物理的な拠点を置かずにリモートで事業活動を行っている多国籍企業への市場国による課税が想定される。第Ⅲ部第2章第1でも述べたように，日本では「PEなければ課税なし」という原則が採用されているが，その原則が大きく修正され，PEがなくても課税できるようになることを意味する。

売上高200億ユーロ超で利益率が10％超の資源関連・金融業を除く多国籍企業がデジタル課税の対象となり，市場国には今まで認められなかった多国籍企業への新たな課税権が付与される。すなわち，多国籍企業の利益のうち，多国籍企業グループの全体収入10％を超える利益部分を超過利益とし，その超過利

益の25%が各市場国での多国籍企業の売上高等に基づいて配分され，各市場国の法人所得税で課税される（図表Ⅲ－5－2）。

　新たに課税権が認められる市場国は，対象となる多国籍企業が100万ユーロ以上の売上を得ている国に限られる。ただし，GDPが400億ユーロ未満の国は25万ユーロ以上の売上を上げている国とされている。OECDは制度導入の影響として毎年1,250億ドルの利益に対する課税権が市場国に再分配されると推計し，対象企業は世界全体で100社程度としている。現在，デジタル課税に関する多国間条約について，2025年の発効を目指し作業が進められている。

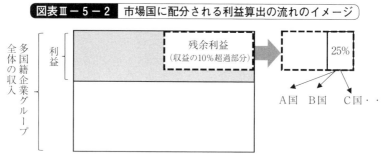

**図表Ⅲ－5－2 　市場国に配分される利益算出の流れのイメージ**

（出所）　OECD資料などより大和総研作成。

　この他，上述した法人の物理的拠点がない場合とは異なり，多国籍企業が市場国で物理的拠点を置いて販売・流通活動をしたケースについても検討が別途行われている。このケースでは，現状，移転価格税制などのルールが適用されているが，特に税務執行能力の低い国に対して既存のルールを簡素化する検討作業が行われている。

　次に，グローバル・ミニマム課税は世界共通最低税率の設定である。デジタル課税がこれまでの国際課税原則を見直すことで市場国に課税権を適切に付与するものである一方で，ミニマムタックスは多国籍企業に課税権を行使しない，または実効率が低い状況が生じている場合に，グループ内の別の会社に課税を再度行う権利を付与するものである。

　グローバル・ミニマム課税は，所得合算ルール（Income Inclusion Rule, IIR），軽課税所得ルール（Undertaxed Profit Rule ,UTPR），租税条約特典否認ルール（Subject to Tax Rule, STTR）から構成されており，前二者をあわせてGloBE（Global Anti-Base Erosion）ルールと呼ぶ。適用対象は，年間収入合計額が7.5億

ユーロ超の多国籍企業で，最低税率は15％である。

IIRとは軽課税国に所在する子会社等に係る実効税率と最低税率（15％）の差分を最終親会社等の所在する国・地域において上乗せ課税するルールである（図表Ⅲ－5－3）。しかし，最終親会社等が軽課税国・地域に所在している場合や最終親会社等の所在地国・地域でIIRが導入されていない場合，IIRでは課税することができない。このような場合に，IIRのバックストップとして設けられたルールがUTPRである。UTPRにより，同ルール導入済みの国・地域に所在する多国籍企業グループ内の会社等に上乗せ課税し，これらの会社等の所在地国・地域で納税することができる。

### 図表Ⅲ－5－3　所得合算ルールのイメージ

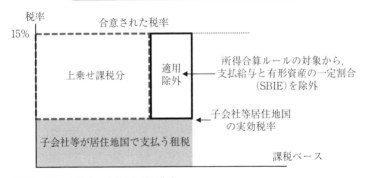

（出所）OECD資料などより大和総研作成。

なお，GloBEルールには，多国籍企業が実体を伴う事業を営んでいる場合，追加課税額が減額されるしくみがある。これは実体ベース所得控除（Substance-based Income Exclusion, SBIE）と呼ばれ，支払給与と有形資産の帳簿価額の5％に相当する金額を課税ベースから控除することができる（ただし，10年間の移行期間が設けられている）。そのため，支払給与や有形資産が一定程度大きい多国籍企業では追加課税が緩和されることになる。

2023（令和5）年度税制改正では，IIR（各対象会計年度の国際最低課税額に対する法人税）（以下，国際最低課税）が法制化された（法法82～82の10）。2024（令和6）年4月1日以後に開始する対象会計年度から適用され，最初の申告は2026（令和8）年9月末である（法法82の6①②）。なお，UTPRは2025年度以降の法制化を目指し作業が進められている。

　国際最低課税の対象は，直前の4年の対象会計年度のうち，2以上の年度で総収入金額が7.5億ユーロ相当以上の多国籍企業グループ等の内国法人である。多国籍企業グループの国外で負担している税率（実効税率）が基準税率である15％を下回る場合，多国籍グループの最終親会社等である内国法人に課税を行う制度である。その計算方法を簡潔に述べると，以下のようになる。

　①　多国籍企業グループ等に属する構成会社等（例：外国子会社）の所在地
　　　国ごとに実効税率を計算

　基準税率の15％を下回るかどうかを判断する実効税率は，所在地国での構成会社等の当期純損益等に対する合計租税額（「国別調整後対象租税額」）を，所在地国での構成会社等の純損益に一定の受取配当などを除外した合計所得額（「国別グループ純所得」）で除して求められる。

　②　実効税率が15％を下回る場合にその所在地国の国際最低課税額を計算
　　　次の算式に基づいて国際最低課税額を計算する。

**（15％－国別実効税率）×（国別グループ純所得－実質ベースの所得除外額）**

　ここで，「実質ベースの所得除外額」とは人件費・有形固定資産等の金額に一定の割合を乗じて計算したものである。「国別グループ純所得」から「実質ベースの所得除外額」を控除することで，ペーパーカンパニーではなく，実体のある事業を行っていれば，税額が少なくなる。なお，構成会社等が各種投資会社等に該当したり，租税特別措置で日本国内の構成会社等の実効税率が15％未満になり，外国において上乗せ課税されるのを防ぐために行う措置（国内ミニマム課税）が適用されたりする場合には一定の調整が行われる。

　③　所在地国ごとに算出された国際最低課税額を，各構成会社等に所得額に
　　　応じて配分
　④　各構成会社等の税額を最終親会社等の持分割合等に応じて課税

　進出国が数十か国に及ぶような場合，事務負担が大きくなるため，適用免除基準が定められ，事務負担の軽減が図られる。

# 終　章

# 会計基準の変容と課税所得計算

## 学習の動機づけ

　　現在，日本には企業利益を計算するための会計ルールがいくつあるか知っていますか。「えっ，１つじゃないの？」。普通はそう思いますよね。正解は，なんと６つ。これまでも資本市場では，日本基準，米国基準，国際財務報告基準（IFRS）の３つを用いることができましたが，2016年３月期から，そこに修正国際基準（JMIS）が加わりました。このほかにも中小企業向けの会計ルールが２つあり，それらを合わせると６つのルールが併存することになるのです。このような状況は「会計基準の複線化」とよばれ，その中心になるのはIFRSです。

　　2000年以降，各国の会計ルールをIFRSに統合しようとする世界的な動きが起こり，日本もその奔流に飲み込まれましたが，現状は「統合」とは程遠いものです。このような企業会計の混迷は，会計の世界のみならず隣接する学問領域にも大きなインパクトを与えています。もちろん法人税法もその１つ。企業が納める法人税は会計上の利益をベースに算定されるので，利益を計算するためのルールが変われば法人税法にもその影響が及ぶというわけです。

　　まさに，喫緊の問題といえますが，税務会計の観点から会計基準の複線化について考える際のポイントは次の２つです。

　　①　個別財務諸表に適用される会計基準（個別基準）かどうか

　　②　コンバージェンス（日本基準をIFRSに近づける作業）の対象かどうか

　　まず，①ですが，課税所得計算に影響するのは個別基準だけです（連結財務諸表に適用される会計基準（連結基準）は関係ありません。）。そうなると６つの会計ルールのうち，検討すべきは日本基準と中小企業向け会計ルールだけになります。これでかなり射程が絞られましたね。

　もっとも，日本基準には，コンバージェンスによりIFRSの影響が及んでいます。ただし，留意すべきはIFRSの全項目（基準）がコンバージェンスの対象になっているわけではないことです。よって，コンバージェンスの対象かどうか（②）が重要なポイントになります。

　以上を踏まえると，税務上の課題は，コンバージェンスによって日本基準に反映されたIFRSに法人税法上，どのように対応するかということになります。具体的には，どのような「別段の定め」を新たに制定するか（立法論上の課題），また，「別段の定め」を置かない部分について，企業の会計処理が公正処理基準にあたるかどうか（解釈論上の課題）におおむね集約されます。

　終章では，わが国の現状に沿って，この問題の考え方を整理してみましょう。


# 第1 ● 会計基準の複線化と法人税法

## (1) 会計基準の複線化とは

　2015年6月30日付けで，企業会計基準委員会（ASBJ）よりJMISが公表された（2016年3月期より適用可）。これにより，わが国の資本市場では，日本基準，米国基準，IFRS，JMISの4つの会計基準の中からいずれか1つを適用することが可能となった。中小企業向けの会計である「中小企業の会計に関する指針」（中小会計指針），「中小企業の会計に関する基本要領」（中小会計要領）をあわせると6つの会計基準や指針等が併存することになる。会計基準の国際的統合化に歩を進める一方で，国内に目を転じれば複数の会計基準や指針等が併存する，かつてない状況といえよう。

　このような会計基準の複線化は中小企業の側から生じ，その嚆矢となったのは2005年に施行された中小会計指針である。1990年代後半における会計基準の国際的調和化を背景に中小企業に対する負担の増加等の影響が懸念されたことが端緒となり，その後，会社法が「株式会社の会計は一般に公正妥当と認められる企業会計の慣行に従うものとする」（431条）と定めたことにより，この流れに拍車がかかった。同条は，金融商品取引法会計の会社法への全面的な受入れを意図しているため，IFRSの対象がすべての企業に広がることが危惧され

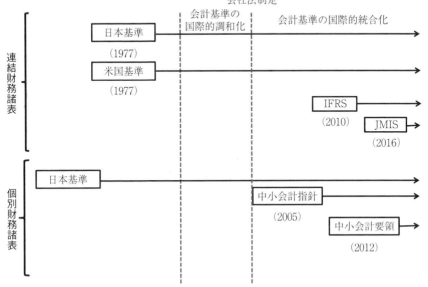

**図表終−1**　会計基準の複線化とその背景

たのである。

　図表終−1は会計基準の複線化とその背景をとりまとめたものである。本書の時代区分（序章第2）によると変革期（1998年〜）にあたり，とりわけその後半に複線化していく状況がみてとれる。

---

**COLUMN㊼　コンバージェンスとアドプション**

　これらは近年の会計基準の国際的統一化という文脈のなかでたびたび用いられている用語です。日本基準をIFRSに近づけていく作業を「コンバージェンス」といいます。わが国では，2005年以降，コンバージェンスを継続しています。

　その後，2010年3月期からは，一定の上場企業は連結財務諸表にIFRSを適用できるようになりました。このように，IFRSをそのまま自国内で用いることを「アドプション」といいます。IFRS適用企業数は年々増加し，2024年1月時点でIFRS適用済会社数は267社です。なお，日本基準は3,645社，米国基準は6社（富士フイルムHD，小松製作所，オムロン，キヤノン，オリックス，野村HD），JMISは0社となっています（https://上場企業サーチ.com）。

## (2) 課税所得計算への影響

　当初は，中小企業向け会計ルールと法人税法上の処理との関係や調整のあり方に焦点があてられていたが，ASBJと国際会計基準審議会（IASB）とのコンバージェンス・プロジェクトが開始された2005年以降，税務上の議論の中心はIFRSにシフトすることになる。東京合意（2007年）によってコンバージェンスが加速するなか，2009年6月30日付けで企業会計審議会から「我が国における国際会計基準の取扱いに関する意見書（中間報告）」が公表され，一定の上場企業の連結財務諸表につき，IFRSの任意適用を認める方針が示されたことを機に議論が本格化したといえよう。公正価値評価やプリンシプル・ベースといった特徴を有するIFRSが適正かつ公平な課税の実現を求めている法人税法と相容れない局面が多いからである。

　このことを踏まえ，6つの会計ルールを上場の有無，個別と連結という観点から区分し，さらに，IFRSの課税所得計算への影響を図示したものが**図表終−2**である。

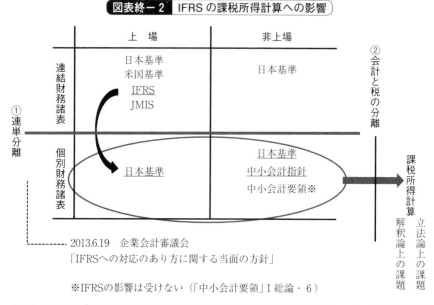

**図表終−2** IFRS の課税所得計算への影響

※IFRSの影響は受けない（「中小会計要領」I 総論・6）

（出所）坂本雅士「IFRSの日本の税務への影響」（小津稚加子編著『IFRS適用のエフェクト研究』（第12章）中央経済社，2017年，221頁）。

　連結基準を除き，いずれも法人税制と直接に関連するわけだが，IFRSの影響はコンバージェンスにより個別基準に及び（同図表の下線部：日本基準，中小会計指針），さらに課税所得計算にも及んでいることが確認できる。それゆえ法人税法がいかに対応すべきかが課題（立法論，解釈論）になるのだが，すぐに気がつくのは，そもそもコンバージェンスの対象にならない項目は税務に影響しないこと，そして，税務上の課題は制度設計のあり方と密接な関係を有していることである。制度設計の観点からは，連結基準と個別基準とを分離させる（連単分離（①））か，あるいは，会計と税の分離（②）が完全に実現されるのであればIFRSに係る論点のほとんどは消滅するであろう。

　以上より，税務上の検討が必要とされるのは，コンバージェンスの対象になり，なおかつ①または②の選択が行われないケースに限定されることになる。

### (3)　わが国の対応

　わが国では，2013年6月19日付けで企業会計審議会から「国際会計基準（IFRS）への対応のあり方に関する当面の方針」が公表され，連単分離の方針が示されている。ただし，ここでいう連単分離が何を意味するのかは必ずしも明らかではない。個別基準のコンバージェンスの有無のみならず範囲ないし程度に解釈の余地が残るからである。現に，包括利益計算書や退職給付の数理計算上の差異等の一部の例外を除き連結基準と個別基準は一致（連単一致）しており，個別基準にはIFRSの影響が及んでいる。この状態は今後も続くであろう。

　それでは，もう1つの構想—会計と税の分離—は，どうであろうか。これについては，わが国がいわゆる確定決算主義を堅持していることは周知のとおりである（第Ⅰ部第1章第1）。わが国に限らず両者のリンクが密な国では，税制や関連諸法制に多大な影響を及ぼすこともあり，このような根本的な解決策は提案されることはあっても実現には至っていない。

## 第2 ● 法人税法上の課題

### (1)　立法論上の課題

　第1で概観したとおり，個別基準へのIFRSの影響を抑えつつも，それが課

**図表終－3** 会計基準のコンバージェンスと法人税法の対応― CHART ―

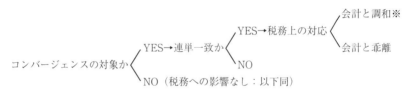

※ 会計との調和が図られた主な税制改正
2018（平成30）年度改正：収益認識，返品調整引当金及び長期割賦販売等の延払基準の廃止
2009（平成21）年度改正：棚卸資産評価…後入先出法の廃止
2008（平成20）年度改正：工事契約…工事進行基準の適用範囲の拡大
2007（平成19）年度改正：リース取引…所有権移転外ファイナンス・リース取引を売買取引に準じた処理に変更

税所得計算に及んでいるのがわが国の実情である。もっとも，そのインパクトは企業会計と法人税法とのリンクの程度に左右される。両者の関係が強固になるほどインパクトは大きく，脆弱になるほど小さくなる。すでにみたように，わが国では確定決算主義を採りながらも1990年代を境に，企業会計と法人税法のリンクが弱まる傾向にある（☞序章第2(1)）。

　日本基準がIFRSとコンバージェンスした際，その影響が直接的に課税所得計算に及ぶのは「別段の定め」が置かれていない場合である。ただし，それゆえIFRSの影響が狭い範囲のものであると解すべきではない。近年の税制改正をみるとコンバージェンスに呼応している部分がみられ，法人税法自体の改正を通じてIFRSの内容が反映されているからである。他方，コンバージェンスに呼応しない，あるいは税法独自の改正により日本基準から乖離している項目もあり，結果として，企業会計と法人税制との関係は調和と乖離とが混在したものとなっている（**図表終－3**参照）。

　このような行き方が法人税法に与える影響を考えてみると，企業会計と調和するのであれば，コンバージェンスを経た日本基準の内容に沿って法人税法の規定を改正する必要が生じる。また，公正処理基準に委ねていた部分については，これまでどおり定めを置かないか，あるいは，その内容を確認する性質の規定を新設するといった選択肢もある。反対に，企業会計から乖離する場合には，法人税法の規定は基本的にそのまま維持されるが，これまで公正処理基準に委ねていた部分は，「別段の定め」により新たに手当てされることになる。

　いずれにせよ，立法上の解決が求められた場合，法人税法がどのように対応すべきかについては法人税の課税所得の決定要素に照らして論じる必要がある。本書で取り上げた租税原則，租税理論からの要請，租税政策からの要請（第Ⅰ部第1章第3）に照らして立法上の判断を行うべきである。

## (2)　解釈論上の課題

　解釈論の観点からは，公正処理基準や個別規定（たとえば，評価損や時価）の解釈が問題になると考えられる。

　法人税法では，「別段の定め」が置かれていない場合の課税所得計算は公正処理基準に委ねられている。したがって，公正処理基準の解釈次第で，IFRSの影響が直接的に課税所得計算に及ぶこともあれば，反対に税務上否認される可能性もある。学説上は，公正処理基準が企業会計制度そのものを指すのか，あるいは，そこには租税法的な要素（税法の趣旨や目的）も入り込む余地があるのか，といった解釈の対立がみられるが，裁判例では後者が支配的である（第Ⅰ部第1章第1　COLUMN❽）。このことは，納税者の会計処理が税務上否認され得ることを意味している。

---

**COLUMN㊳　新基準への対応は続く　〜収益認識，リース，…〜**

　長年，わが国には収益の認識および測定に関する包括的な会計基準が存在しておらず，法人税法や通達の取扱いが会計実務に大きな影響を与えていました。そうした中，2018年4月1日から，新たな収益認識基準（企業会計基準第29号）の適用が始まりました。もちろん，これもコンバージェンスプロジェクトの一環です。背景には，2014年5月にIASBとFASBが共同開発した「顧客との契約から生じる収益」（IFRS第15号，Topic 606）の公表があります。この動きに，2018（平成30）年度改正で法人税法がいち早く対応したことは本書でみたとおりです（第Ⅰ部第2章第1 参照）。

　最近では，2023年5月2日付でASBJより新リース会計基準の公開草案が公表されました。こちらはIFRS第16号「リース」（2016年1月13日公表，2019年1月1日以降に開始する事業年度より適用）への対応で，2024年中には基準の最終化が見込まれています。従来よりも広い範囲で資産計上を求めていることから，会計処理や税制に及ぼす影響は極めて大きいといえます。学界の注目度も高く，いち早くテーマアップ（税務会計研究学会第36回大会「統一論題テーマ」，2024年10月26〜27日，於 青山学院大学）されました。税制をとりまく環境は絶えず変化し，そうした環境変化に対応することは税制の定めといえるでしょう。

**資料 1** 2024（令和 6 ）年度税制改正における法人税関連の主な改正事項

○賃上げ促進税制の改正
  ・大企業向け（税額控除率15％を10％に引下げ）
      継続雇用者給与等支給額の増加割合が一定以上増加ごとに税額控除率を加算
    →増加割合 4 ％以上（税額控除率 5 ％加算），同 5 ％以上（同10％加算），同 7 ％以上
      （同15％加算）
    →次の場合には上乗せで税額控除率5％加算：教育訓練費について一定の条件を満た
      した場合，プラチナくるみん認定又はプラチナえるぼし認定を受けている場合
  ・中堅企業（従業員の数2,000人以下，全体の合計数が10,000人を超えないグループに属
    する企業）向け
    →継続雇用者給与等支給額の増加割合が 4 ％以上の場合，税額控除率15％加算
    →上乗せ部分は上記に加え， 3 段階目のえるぼし認定でも可
  ・中小企業向け
    →控除限度超過額の 5 年間の繰越しが可能に
    →上乗せ部分は上記に加え， 2 段階目以上のえるぼし認定でも可

○交際費等の損金不算入制度の見直し
  ・令和 6 年 4 月 1 日以後に支出する飲食費については， 1 人当たり10,000円以下（現
    行：5,000円以下）であれば交際費等の範囲から除外

○中小企業事業再編投資損失準備金制度の見直し
  ・特別事業再編計画（仮称）の認定を受けた認定特別事業再編事業者（仮称）が，その
    計画に従って株式等を購入し，中小企業事業再編投資損失準備金として積み立てた金
    額は，その事業年度において損金算入（株式等の取得価額が 1 億円以上100億円以下
    の場合に限る）
  ・積立てできる金額は，①上記計画に従って最初に取得をした株式等 90％，②上記①
    に掲げるもの以外の株式等 100％（現行70％）

○戦略分野国内生産促進税制の創設
  ・産業競争力強化法の事業適応計画の認定を受けた認定事業適応事業者が，計画に記載
    された産業競争力基盤強化商品の生産をするための設備を新設又は増設し，国内にあ
    る事業の用に供したとき，一定額の税額控除が可能に

○イノベーションボックス税制の創設
  ・青色申告法人が居住者又は内国法人対する特定特許権等の貸付けをした場合，一定の
    金額のうちいずれか少ない金額の30％に相当する金額をその事業年度に損金算入

### 資料2　法人税関係法令等　俯瞰マップ

〈法人税法〉
1編　総則………1～20条
2編　内国法人の法人税

---

**別表四関連**

課税標準，所得の金額の計算の通則………21，22条
22条にいう別段の定め
　益金の額の計算………22条の2～27条
　損金の額の計算………29条，31～34条，36～50条，52条，54～55条，
　　　　　　　　　　　57～60条の3
　利益の額又は損失の額の計算……………………………………61～61条の11
　組織再編成に係る所得の金額の計算……………………………62条
　収益及び費用の帰属事業年度の特例……………………………63～64条
　リース取引………………………………………………………64条の2
　法人課税信託に係る所得の金額の計算………………………64条の3
　公益法人等が普通法人等に移行する場合の所得の金額の計算…64条の4
　完全支配関係がある法人の間の損益通算及び欠損金の通算……64条の5～64条
　　　　　　　　　　　　　　　　　　　　　　　　　　　　　の14
　所得金額の計算の細目（政令委任）……………………………65条

---

**別表一関連**

税額の計算………66～70条の2

---

申告，納付及び還付等…………………………71～81条
国際最低課税に対する法人税……………………82～82条の10
退職年金等積立金に対する法人税…………83～91条
青色申告関連………………………………121～128条
更正及び決定………………………………129～135条
3編　外国法人の法人税……………………138～147条の4
4編　雑則…………………………………148～150条の3，152条，158条
5編　罰則…………………………………159～160条，162～163条
附則

(注) 削除条文………………28条，30条，35条，51条，53条，56条，81条，92～120条，136条，
　　　　　　　　　　137条，151条，153～157条，161条

〈法人税法施行令〉

1編　総則

　1章 通則（1〜14条の5），2章 法人課税信託（14条の6），2章の2 課税所得等の範囲等（14条の7），3章 所得の帰属に関する通則（15条），4章 納税地（16〜18条）

2編　内国法人の法人税

　1章 各事業年度の所得に対する法人税（18条の2〜155条の2），2章 各対象会計年度の国際最低課税額に対する法人税（155条の3〜156条），3章 退職年金等積立金に対する法人税（156条の2〜172条），4章 更正及び決定（173〜175条）

3編　外国法人の法人税

　1章 国内源泉所得（176〜183条），2章 各事業年度の所得に対する法人税（184〜206条），3章 退職年金等積立金に対する法人税（207条），4章 更正及び決定（208〜210条）

4編　雑則（211条）

附則


〈法人税法施行規則〉

1編　総則

　1章 通則（1条），2章 公益法人等の範囲（2条・2条の2），2章の2 適格組織再編成（3〜3条の3），2章の3 恒久的施設の範囲（3条の4），3章 収益事業の範囲（4〜8条の2の2），3章の2 資本金等の額（8条の2の3），4章 有価証券に準ずる者の範囲（8条の2の4），4章の2 信託の通則（8条の3・8条の3の2），5章 事業年度の特例（8条の3の3）

2編　内国法人の法人税

　1章 各事業年度の所得に対する法人税（8条の4〜38条），2章 各対象会計年度の国際最低課税額に対する法人税（38条の2〜38条の48），3章 退職年金等積立金に対する法人税（39〜51条），4章 青色申告（52〜60条），5章 更正（60条の2）

3編　外国法人の法人税

　1章 国内源泉所得（60条の3），2章 各事業年度の所得に対する法人税（60条の4〜61条の8），3章 退職年金等積立金に対する法人税（61条の9），4章 青色申告（62条），5章 恒久的施設に係る取引に係る文書化（62条の2・62条の3）

4編　雑則（63〜70条）

附則

〈法人税基本通達〉

1章 総則（1-1-1〜1-8-1）

2章 収益並びに費用及び損失の計算（2-1-1〜2-6-3）

3章 受取配当等（3-1-1〜3-3-6）

4章 その他の益金等（4-1-1〜4-2-6）

5章 棚卸資産の評価（5-1-1〜5-4-1）

6章 削除

7章 減価償却資産の償却等（7-1-1〜7-9-5）

8章 繰延資産の償却（8-1-1〜8-3-8）

9章 その他の損金（9-1-1〜9-7-20）

10章 圧縮記帳（10-1-1〜10-6-10）

11章 引当金（11-1-1〜11-2-22）

12章 繰越欠損金（12-1-1〜12-3-9）

12章の2 組織再編成に係る所得の金額の計算（12の2-1-1〜12の2-3-1）

12章の3 削除

12章の4 完全支配関係がある法人の間の取引の損益（12の4-1-1〜12の4-3-10）

12章の5 リース取引（12の5-1-1〜12の5-2-3）

12章の6 法人課税信託に係る所得の金額の計算等（12の6-1-1〜12の6-2-3）

12章の7 完全支配関係がある法人の間の損益通算及び欠損金の通算（12の7-1-1〜12の7-3-21）

13章 借地権の設定等に伴う所得の計算（13-1-1〜13-1-16）

13章の2 外貨建取引の換算等（13の2-1-1〜13の2-2-18）

14章 特殊な損益の計算（14-1-1〜14-4-8）

15章 公益法人等及び人格のない社団等の収益事業課税（15-1-1〜15-2-14）

16章 税額の計算（16-1-1〜16-5-3）

17章 申告，納付及び還付（17-1-1〜17-2-8）

18章 各対象会計年度の国際最低課税額に対する法人税（18-1-1〜18-2-11）

19章 退職年金等積立金額の計算（19-1-1〜19-1-5）

20章 外国法人の納税義務（20-1-1〜20-8-3）

附則

# 索　引

## ◆監修者紹介

**成道　秀雄**（なりみち　ひでお）

成蹊大学名誉教授

1982年3月成蹊大学大学院経営学研究科博士後期課程単位取得。成蹊大学経済学部助教授，同教授（2019年3月退職）。現在，税務会計研究学会会長，（公財）日本税務研究センター常務理事，（公財）租税資料館理事，日本税理士会連合会税制審議会特別委員，国税庁税務大学校非常勤講師。

［主要著書］

『法人税の損金不算入規定』編著，中央経済社，2012年

『税務会計―法人税の理論と応用』第一法規，2015年

『新版 税務会計学辞典』編著，中央経済社，2017年　他多数

## ◆編著者紹介

**坂本　雅士**（さかもと　まさし）　　担当：序章，第Ⅰ部第1章，第2章第5(5)，第3章第1，第3，第9〜第10，第12，第14〜第15，第Ⅲ部第5章，終章

立教大学経済学部教授

大原大学院大学客員教授

2000年一橋大学大学院商学研究科博士後期課程単位取得。富山大学経済学部専任講師，立教大学経済学部助教授・准教授を経て2012年より現職。現在，税務会計研究学会理事，（一財）産業経理協会評議員，経営関連学会協議会評議員，（公財）日本税務研究センター研究員，（公社）日本租税研究協会・税務会計研究会主査，（公財）租税資料館研究助成等選考委員。

［最近の論文］

「アメリカ税法と企業会計―CAMT導入の視点から」『會計』204巻4号，2023年

「国際興業管理事件がもたらしたもの―最高裁判所3.11判決その後」『会計・監査ジャーナル』35巻9号，2023年

## ◆執筆者紹介（執筆順）

**髙橋絵梨花**（中村学園大学助教）　第Ⅰ部第2章第1〜第2，第3章第2

**上松　公雄**（税理士・大原大学院大学准教授）　第Ⅰ部第2章第3（改訂：髙橋），第4（改訂：渡邉），第5(1)〜(4)，第3章第6〜第8（改訂：髙橋），第11，第13

**渡邉　宏美**（近畿大学専任講師）　第Ⅰ部第3章第4〜第5，第Ⅲ部第1章

**東条　美和**（千葉商科大学専任講師・日本大学大学院講師）　第Ⅰ部第4章〜第5章

**岩井恒太郎**（税理士・前金沢学院大学准教授）　第Ⅱ部第1章

**津島　由佳**（前東京経営短期大学講師）　第Ⅱ部第2章

**堀　治彦**（東北学院大学准教授）　第Ⅱ部第3章〜第4章（改訂）

**神尾　篤史**（大和総研主任研究員・立教大学講師）　第Ⅲ部第2章〜第4章（改訂：渡邉）

**現代税務会計論（第7版）**

| | |
|---|---|
| 2018年4月20日 | 第1版第1刷発行 |
| 2019年4月1日 | 第2版第1刷発行 |
| 2020年3月10日 | 第3版第1刷発行 |
| 2021年4月1日 | 第4版第1刷発行 |
| 2022年4月1日 | 第5版第1刷発行 |
| 2023年4月1日 | 第6版第1刷発行 |
| 2024年3月25日 | 第7版第1刷発行 |

監修者　成　道　秀　雄

編著者　坂　本　雅　士

発行者　山　本　　　継

発行所　㈱中央経済社

発売元　㈱中央経済グループ
　　　　　パブリッシング

〒101-0051　東京都千代田区神田神保町1-35
電話　03（3293）3371（編集代表）
　　　03（3293）3381（営業代表）
https://www.chuokeizai.co.jp
印刷／三英グラフィック・アーツ㈱
製本／誠　製　本　㈱

© 2024
Printed in Japan

●実務・受験に愛用されている読みやすく正確な内容のロングセラー！

## 定評ある税の法規・通達集シリーズ

### 所 得 税 法 規 集
日本税理士会連合会
中央経済社 編

❶所得税法 ❷同施行令・同施行規則・同関係告示 ❸租税特別措置法（抄）❹同施行令・同施行規則・同関係告示（抄）❺震災特例法・同施行令・同施行規則・同関係告示（抄）❻復興財源確保法（抄）❼復興特別所得税に関する政令・同省令 ❽災害減免法・同施行令（抄）❾新型コロナ税特法・同施行令・同施行規則 ❿国外送金等調書提出法・同施行令・同施行規則・同関係告示

### 所 得 税 取 扱 通 達 集
日本税理士会連合会
中央経済社 編

❶所得税取扱通達（基本通達／個別通達）❷租税特別措置法関係通達 ❸国外送金等調書提出法関係通達 ❹災害減免法関係通達 ❺震災特例法関係通達 ❻新型コロナウイルス感染症関係通達 ❼索引

### 法 人 税 法 規 集
日本税理士会連合会
中央経済社 編

❶法人税法 ❷同施行令・同施行規則・法人税申告書一覧表 ❸減価償却耐用年数省令 ❹法人税関係告示 ❺地方法人税法・同施行令・同施行規則 ❻租税特別措置法（抄）❼同施行令・同施行規則・同関係告示（抄）❽震災特例法・同施行令・同施行規則（抄）❾復興財源確保法(抄) ❿復興特別法人税に関する政令・同省令 ⓫新型コロナ税特法・同施行令 ⓬租特透明化法・同施行令・同施行規則

### 法 人 税 取 扱 通 達 集
日本税理士会連合会
中央経済社 編

❶法人税取扱通達（基本通達／個別通達）❷租税特別措置法関係通達（法人税編）❸減価償却耐用年数省令 ❹機械装置の細目と個別年数 ❺耐用年数の適用等に関する取扱通達 ❻震災特例法関係通達 ❼復興特別法人税関係通達 ❽索引

### 相 続 税 法 規 通 達 集
日本税理士会連合会
中央経済社 編

❶相続税法 ❷同施行令・同施行規則・同関係告示 ❸土地評価審議会令・同省令 ❹相続税法基本通達 ❺財産評価基本通達 ❻相続税法関係個別通達 ❼租税特別措置法（抄）❽同施行令・同施行規則（抄）・同関係告示 ❾租税特別措置法（相続税法の特例）関係通達 ❿震災特例法・同施行令・同施行規則（抄）・同関係告示（抄）⓫震災特例法関係通達 ⓬災害減免法・同施行令（抄）⓭国外送金等調書提出法・同施行令・同施行規則・同関係通達 ⓮民法（抄）

### 国 税 通 則 ・ 徴 収 法 規 集
日本税理士会連合会
中央経済社 編

❶国税通則法 ❷同施行令・同施行規則・同関係告示 ❸同関係通達 ❹国外送金等調書提出法・同施行令・同施行規則 ❺租税特別措置法・同施行令・同施行規則（抄）❻新型コロナ税特法・令 ❼国税徴収法 ❽同施行令・同施行規則・同告示 ❾滞調法・同施行令・同施行規則 ❿税理士法・同施行令・同施行規則・同関係告示 ⓫電子帳簿保存法・同施行令・同施行規則・同関係告示・同関係通達 ⓬行政手続オンライン化法・同国税関係法令に関する省令・同関係告示 ⓭行政手続法 ⓮行政不服審査法 ⓯行政事件訴訟法（抄）⓰組織的犯罪処罰法（抄）⓱没収保全と滞納処分との調整令 ⓲犯罪収益規則（抄）⓳麻薬特例法（抄）

### 消 費 税 法 規 通 達 集
日本税理士会連合会
中央経済社 編

❶消費税法 ❷同別表第三等に関する法令 ❸同施行令・同施行規則・同関係告示 ❹消費税法基本通達 ❺消費税申告書様式等 ❻消費税等関係取扱通達 ❼租税特別措置法（抄）❽同施行令・同施行規則（抄）・同関係告示・同関係通達 ❾消費税転嫁対策法・同ガイドライン ❿震災特例法・同施行令（抄）・同関係告示 ⓫震災特例法関係通達 ⓬新型コロナ税特法・同施行令・同施行規則・同関係告示・同関係通達 ⓭税制改革法等 ⓮地方税法（抄）⓯同施行令・同施行規則（抄）⓰所得税・法人税政省令（抄）⓱輸徴法令 ⓲関税法（抄）・同施行令・同施行規則（抄）⓳消費税率等に関する法令 ⓴国税通則法令・同関係告示 ㉑電子帳簿保存法令

### 登録免許税・印紙税法規集
日本税理士会連合会
中央経済社 編

❶登録免許税法 ❷同施行令・同施行規則 ❸租税特別措置法・同施行令・同施行規則（抄）❹震災特例法・同施行令・同施行規則（抄）❺印紙税法 ❻同施行令・同施行規則 ❼印紙税法基本通達 ❽租税特別措置法・同施行令・同施行規則（抄）❾印紙税額一覧表 ❿震災特例法・同施行令・同施行規則（抄）⓫震災特例法関係通達等

# 中央経済社